Nina

Die Sterne sind dein Schicksal

NINA
the starry bride

4

Rikachi

CHARAKTERE

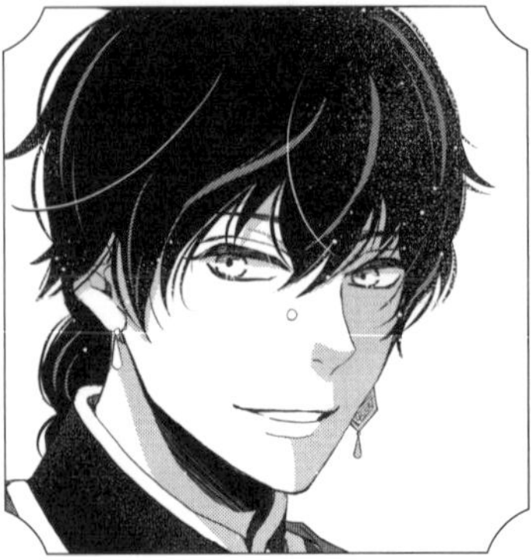

Azur

Er war der zweite Prinz des Königreichs Fortuna, trat jedoch vor Kurzem die Nachfolge des Königs an. Als Kind wurde er als Double des verstorbenen Prinzen in den Palast gebracht.

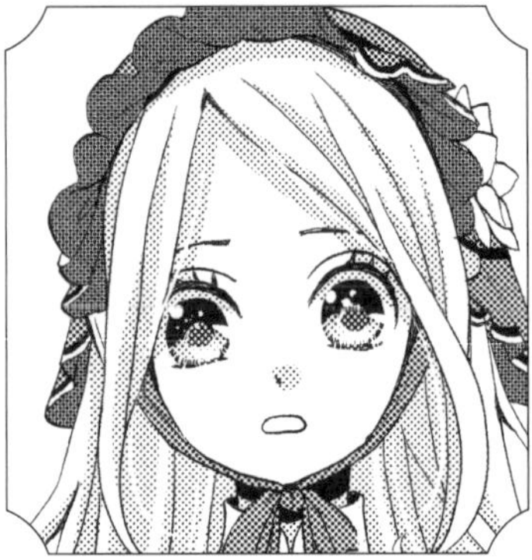

Nina

Sie wurde von Azur dazu auserkoren, das Double der Prinzessin Alicia – Sternenpriesterin des Königreichs Fortuna – zu spielen. Um Azur zu retten, ist sie bemüht, die Gemahlin Setos zu werden.

Seto

Erster Prinz des Königreichs Galgada. Er wird gefürchtet für seine Kaltherzigkeit.

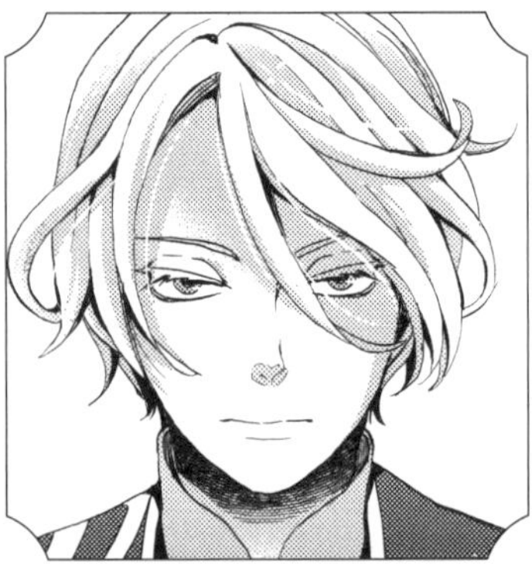

HANDLUNG

Nina sehnte sich danach, von jemandem gebraucht zu werden. Eines Tages wurde sie in den Königspalast entführt und sollte von nun an das Double der Prinzessin Alicia spielen, die kurz vor ihrer Heirat durch einen Unfall verstorben war.

Es war Prinz Azur, der zweite Prinz in der Thronfolge des Königreichs Fortuna, der »Nina« tötete und ihr ein neues Zuhause gab. Auch Azur war in seiner Kindheit als Double in den Königspalast gebracht worden, um den verstorbenen Prinzen zu ersetzen.

Nina und Azur, beide unter einem einsamen Stern geboren, verlieben sich mit der Zeit ineinander. Um ihn zu beschützen, entschließt sich Nina, den Rang der ersten Gemahlin des Königreichs Galgada zu erlangen, und lässt Fortuna hinter sich. Doch Seto, der erste Prinz Galgadas, weist sie kaltherzig ab. Als Nina ihre Willensstärke beweist und selbst dann nicht aufgibt, als er sie mit seinem Schwert verletzt, beginnt Seto allmählich sich für sie zu interessieren.

Zur gleichen Zeit besteigt jedoch ein neuer König den Thron ...

Inhalt

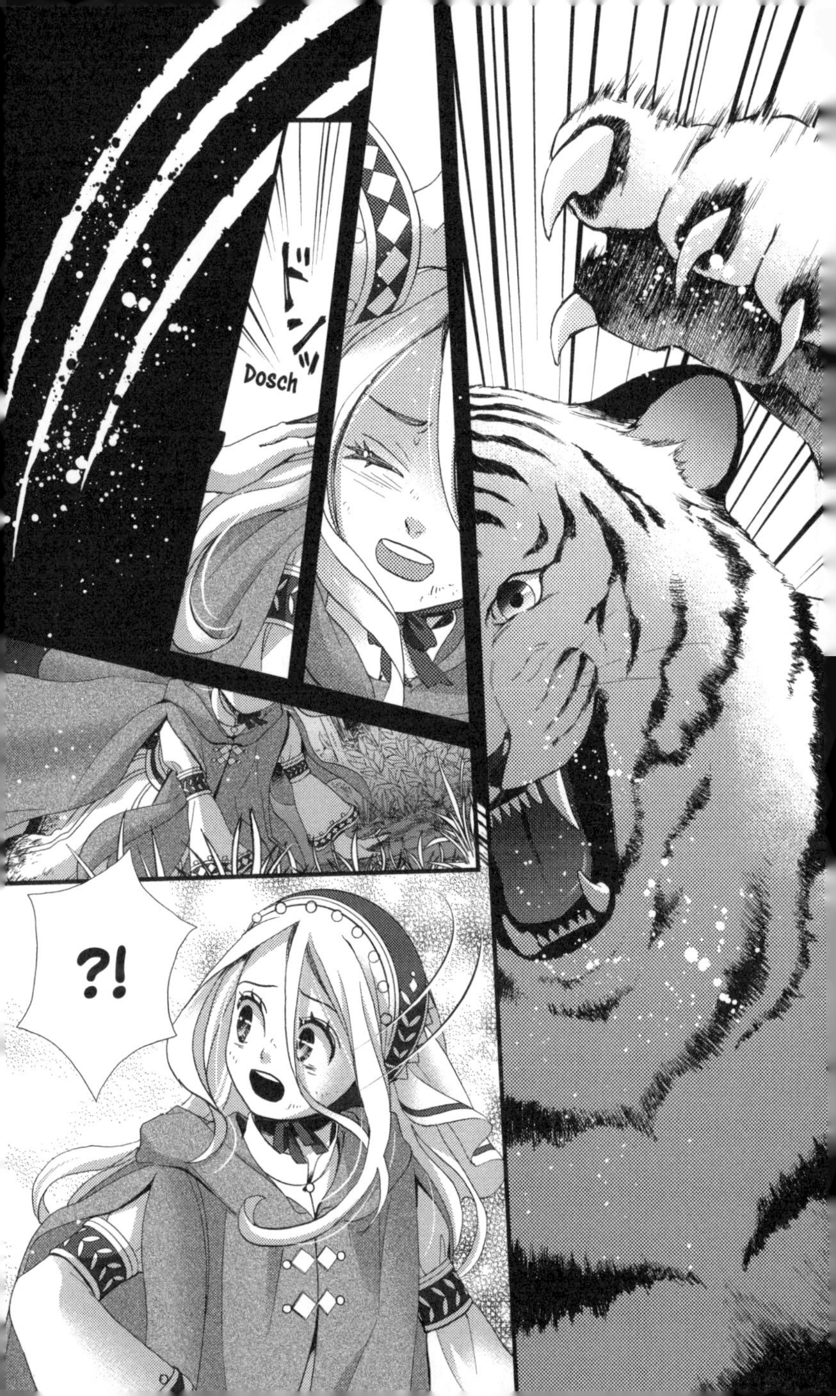

ドーンッ
Dosch
?!

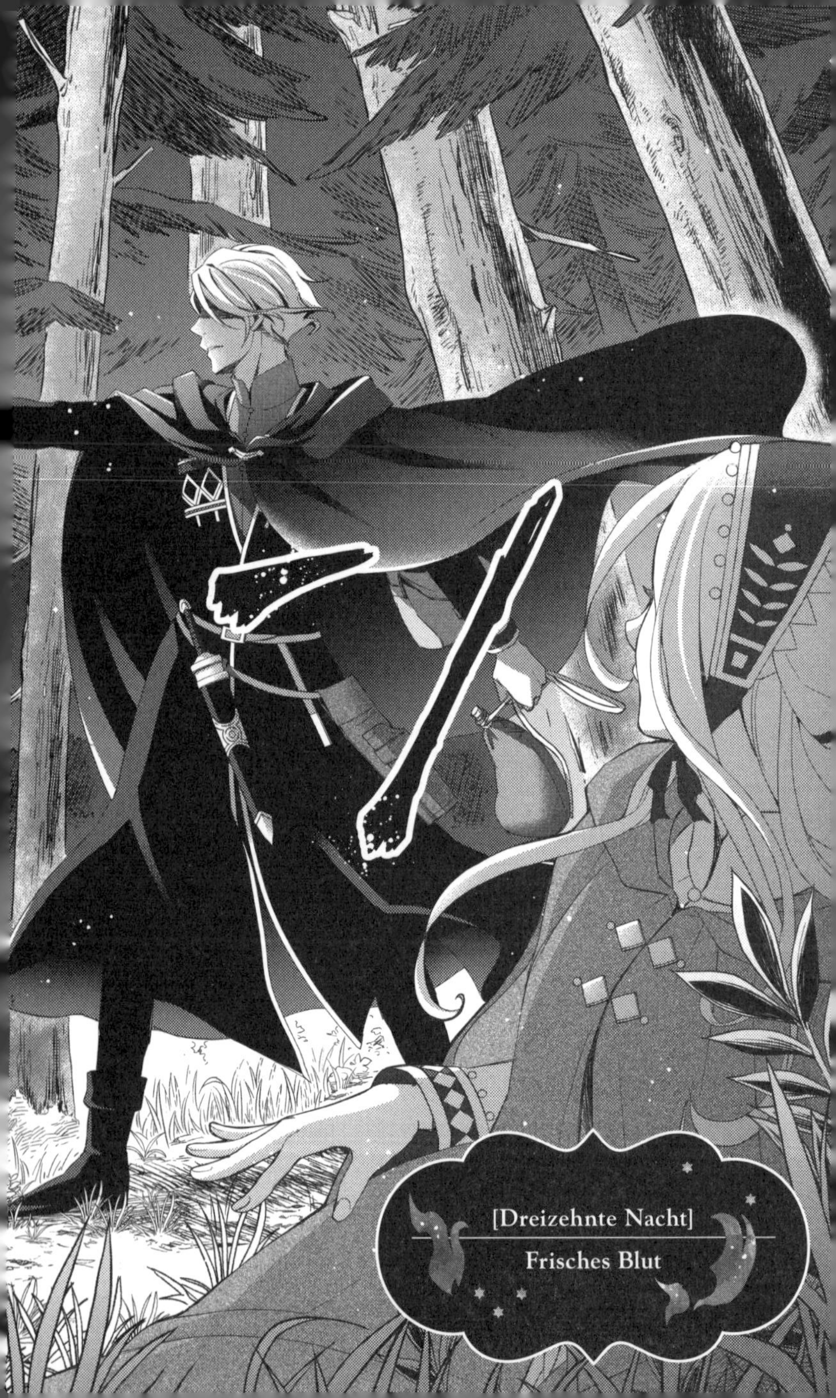
[Dreizehnte Nacht]
Frisches Blut

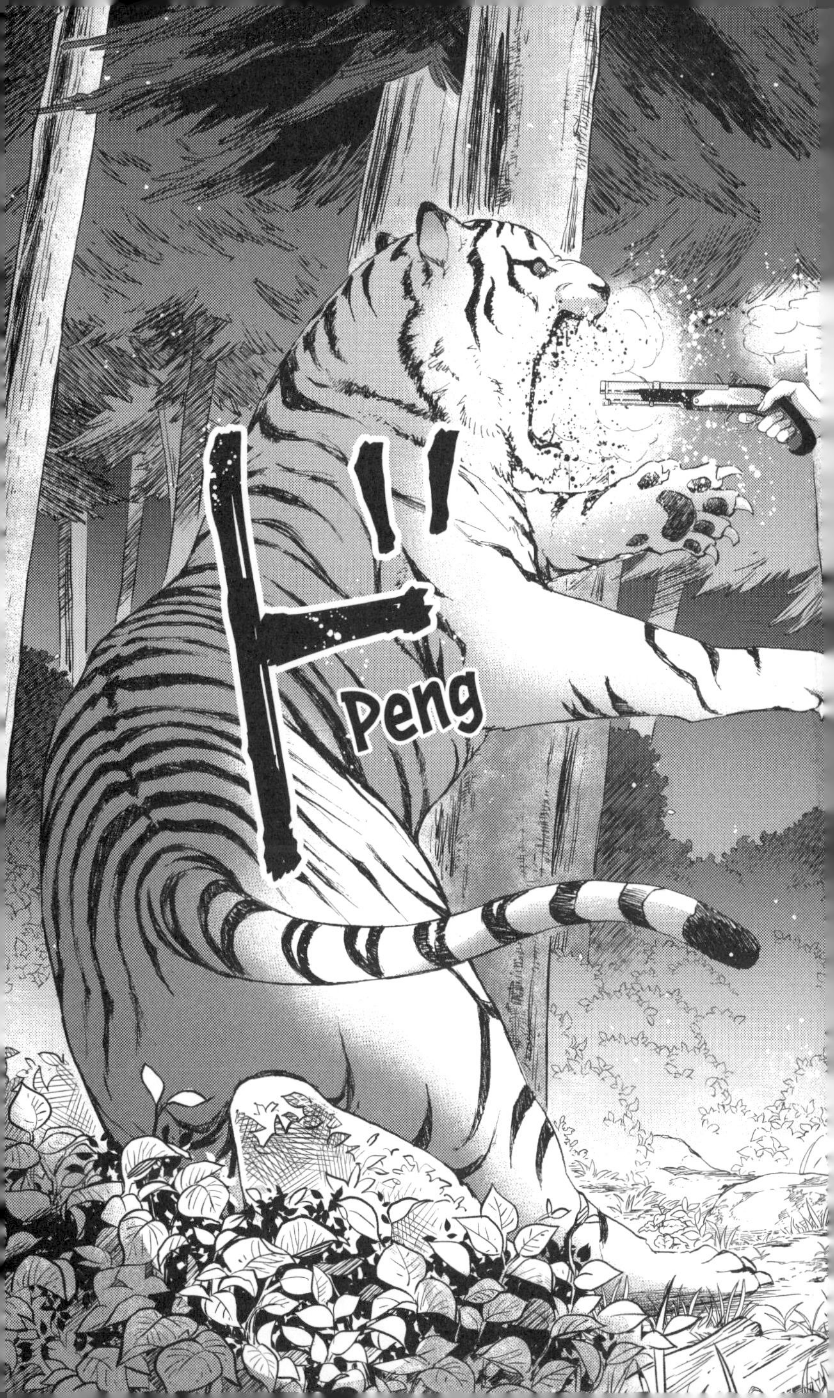
Peng

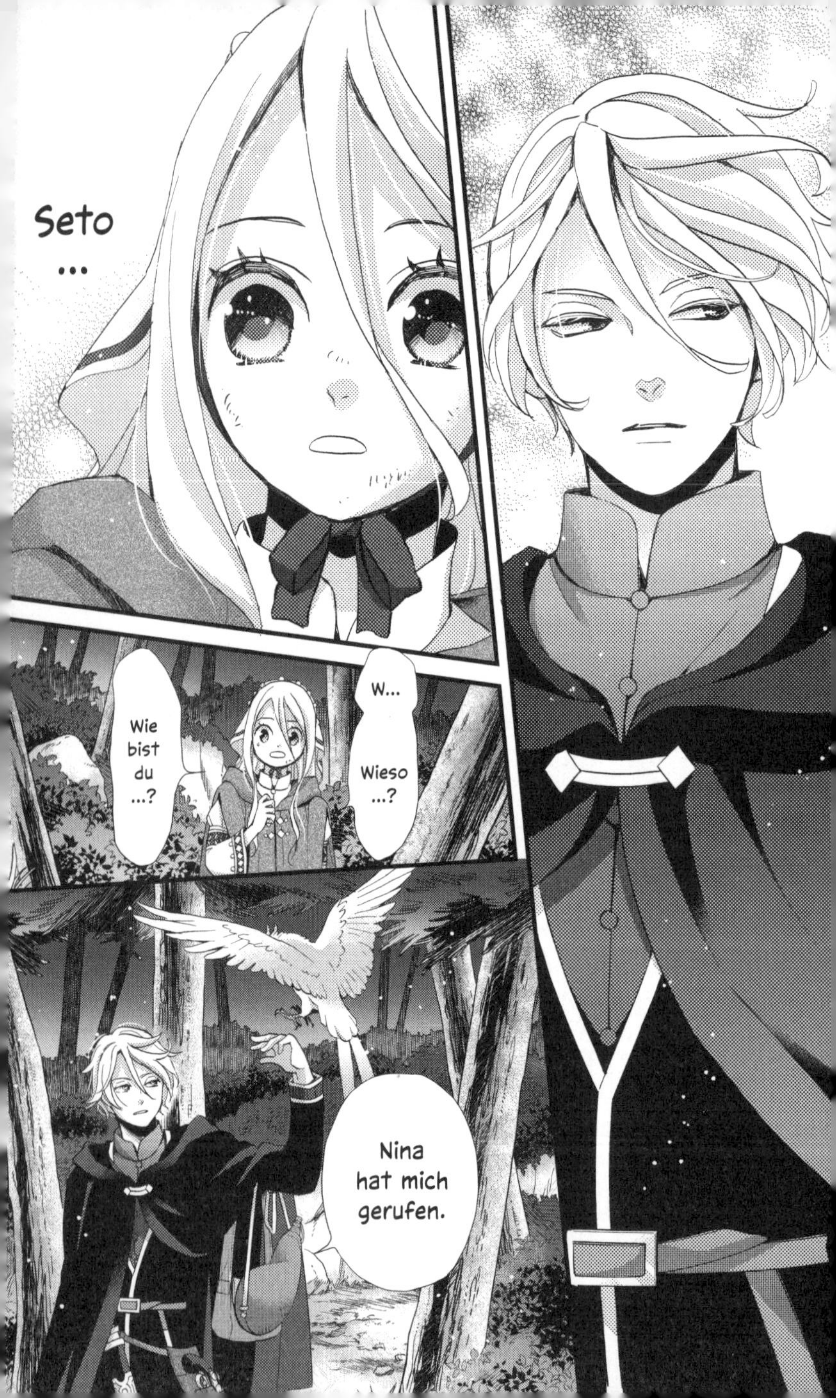
Seto ...
W... Wieso ...?
Wie bist du ...?
Nina hat mich gerufen.

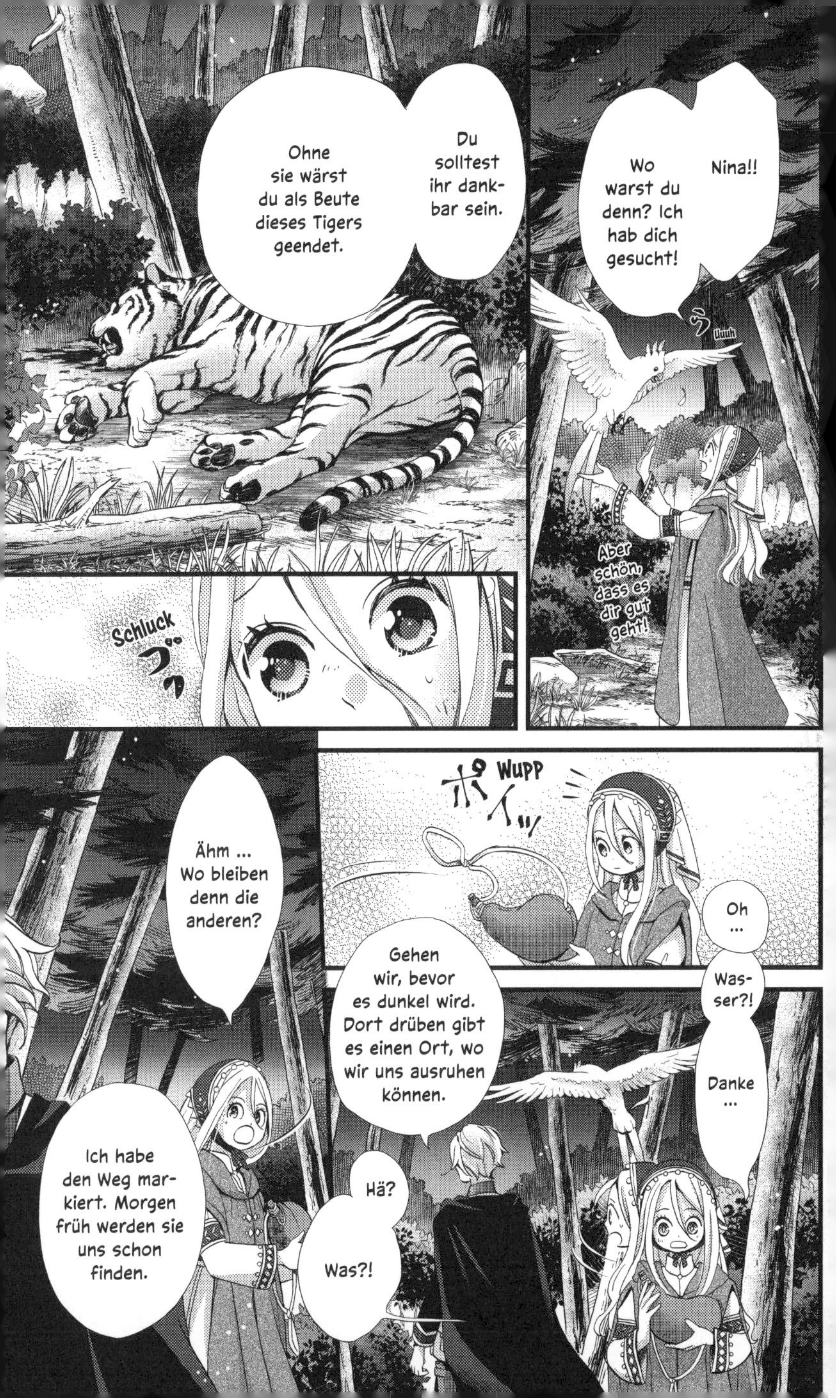
Nina!!
Wo warst du denn? Ich hab dich gesucht!
Uuuh
Aber schön, dass es dir gut geht!
Du solltest ihr dankbar sein.
Ohne sie wärst du als Beute dieses Tigers geendet.
Schluck
Wupp
Oh ...
Was-ser?!
Danke ...
Gehen wir, bevor es dunkel wird. Dort drüben gibt es einen Ort, wo wir uns ausruhen können.
Hä?
Was?!
Ähm ... Wo bleiben denn die anderen?
Ich habe den Weg markiert. Morgen früh werden sie uns schon finden.

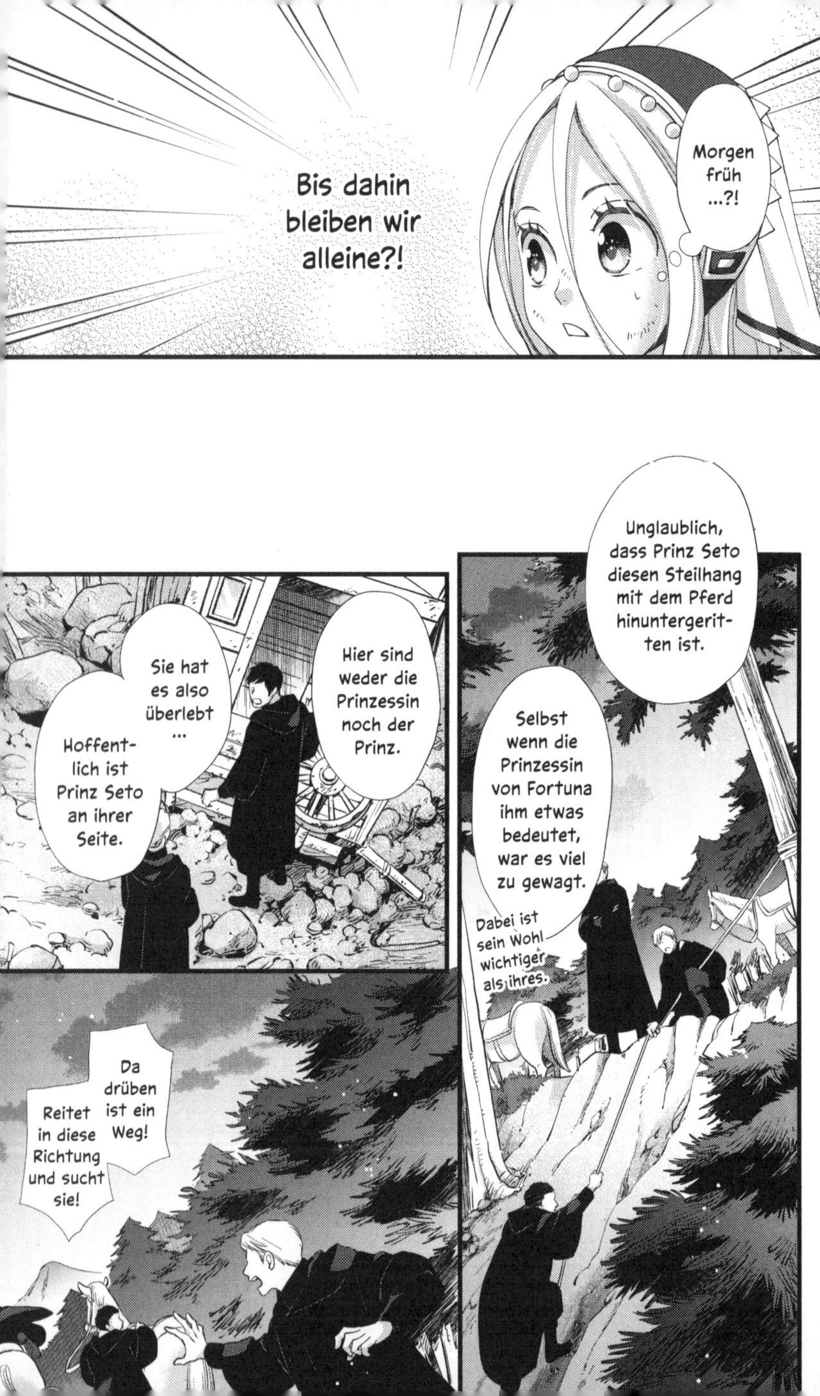
Morgen früh ...?!
Bis dahin bleiben wir alleine?!
Unglaublich, dass Prinz Seto diesen Steilhang mit dem Pferd hinuntergeritten ist.
Selbst wenn die Prinzessin von Fortuna ihm etwas bedeutet, war es viel zu gewagt.
Dabei ist sein Wohl wichtiger als ihres.
Hier sind weder die Prinzessin noch der Prinz.
Sie hat es also überlebt ...
Hoffentlich ist Prinz Seto an ihrer Seite.
Da drüben ist ein Weg!
Reitet in diese Richtung und sucht sie!

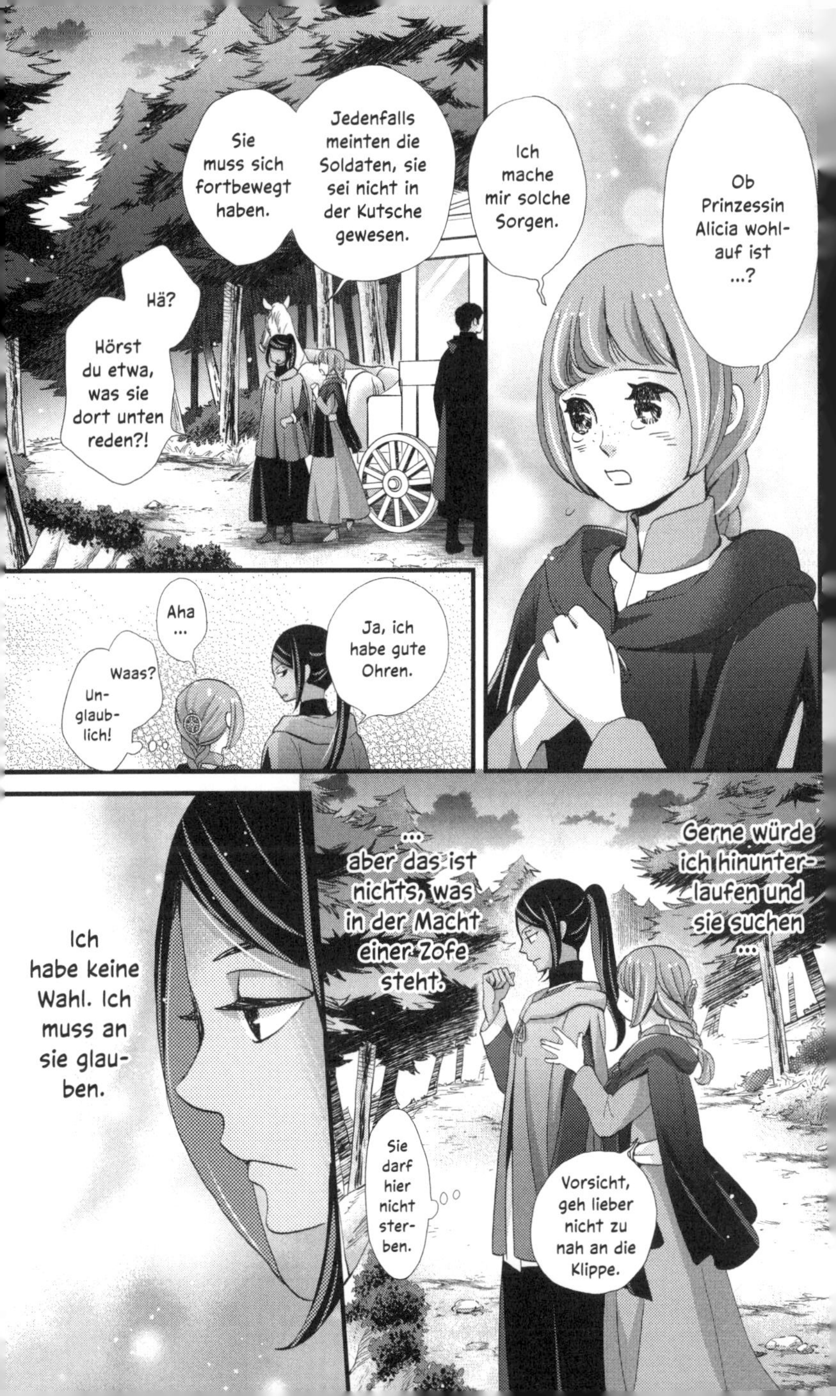
Ob Prinzessin Alicia wohlauf ist ...?
Ich mache mir solche Sorgen.
Jedenfalls meinten die Soldaten, sie sei nicht in der Kutsche gewesen.
Sie muss sich fortbewegt haben.
Hä?
Hörst du etwa, was sie dort unten reden?!
Ja, ich habe gute Ohren.
Aha ...
Waas?
Unglaublich!
Gerne würde ich hinunterlaufen und sie suchen ...
... aber das ist nichts, was in der Macht einer Zofe steht.
Vorsicht, geh lieber nicht zu nah an die Klippe.
Sie darf hier nicht sterben.
Ich habe keine Wahl. Ich muss an sie glauben.

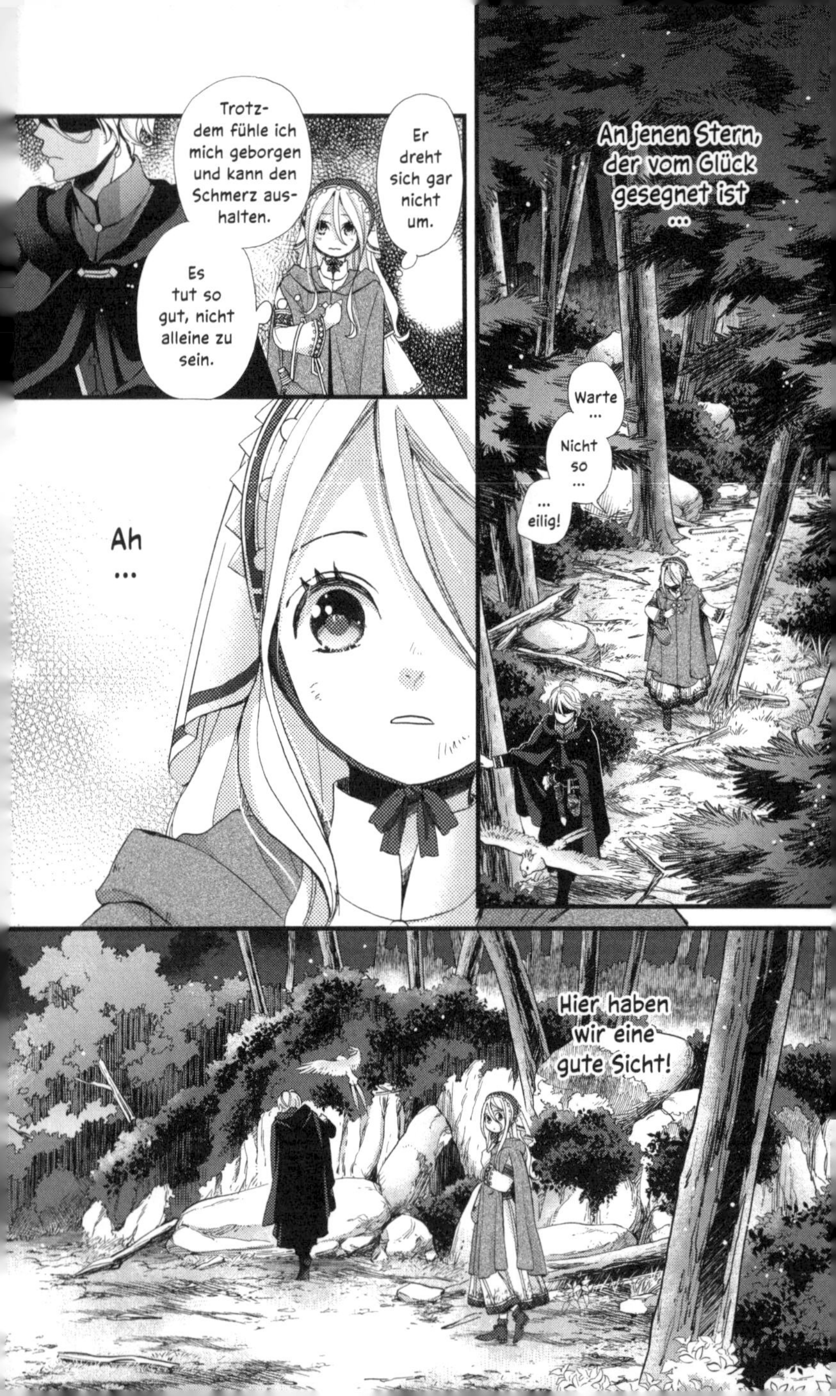
An jenen Stern, der vom Glück gesegnet ist …
Er dreht sich gar nicht um.
Trotz- dem fühle ich mich geborgen und kann den Schmerz aus- halten.
Es tut so gut, nicht alleine zu sein.
Warte …
Nicht so …
… eilig!
Ah …
Hier haben wir eine gute Sicht!

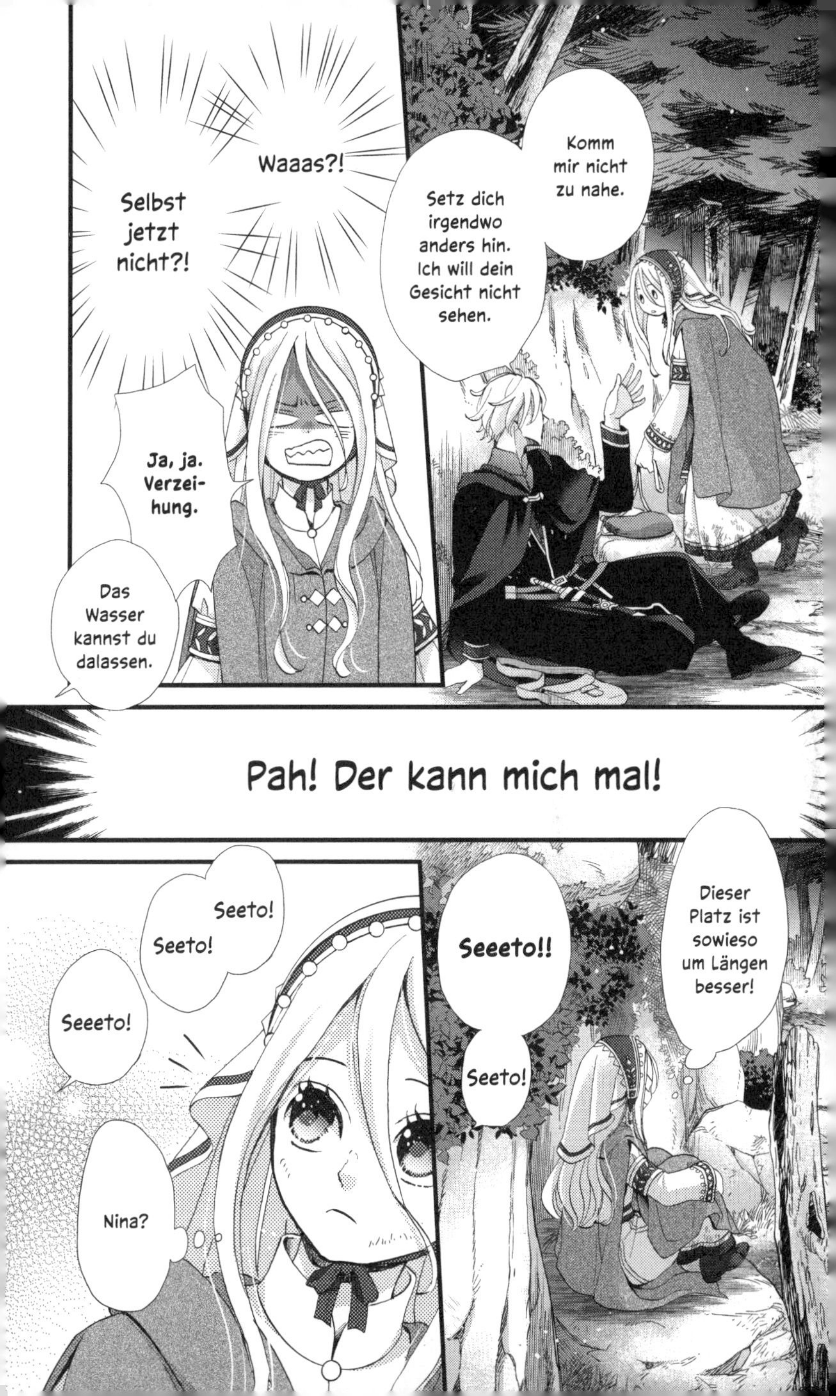
Komm mir nicht zu nahe.
Setz dich irgendwo anders hin. Ich will dein Gesicht nicht sehen.
Waaas?!
Selbst jetzt nicht?!
Ja, ja. Verzeihung.
Das Wasser kannst du dalassen.
Pah! Der kann mich mal!
Dieser Platz ist sowieso um Längen besser!
Seeeto!!
Seeto!
Seeto!
Seeto!
Seeeto!
Nina?

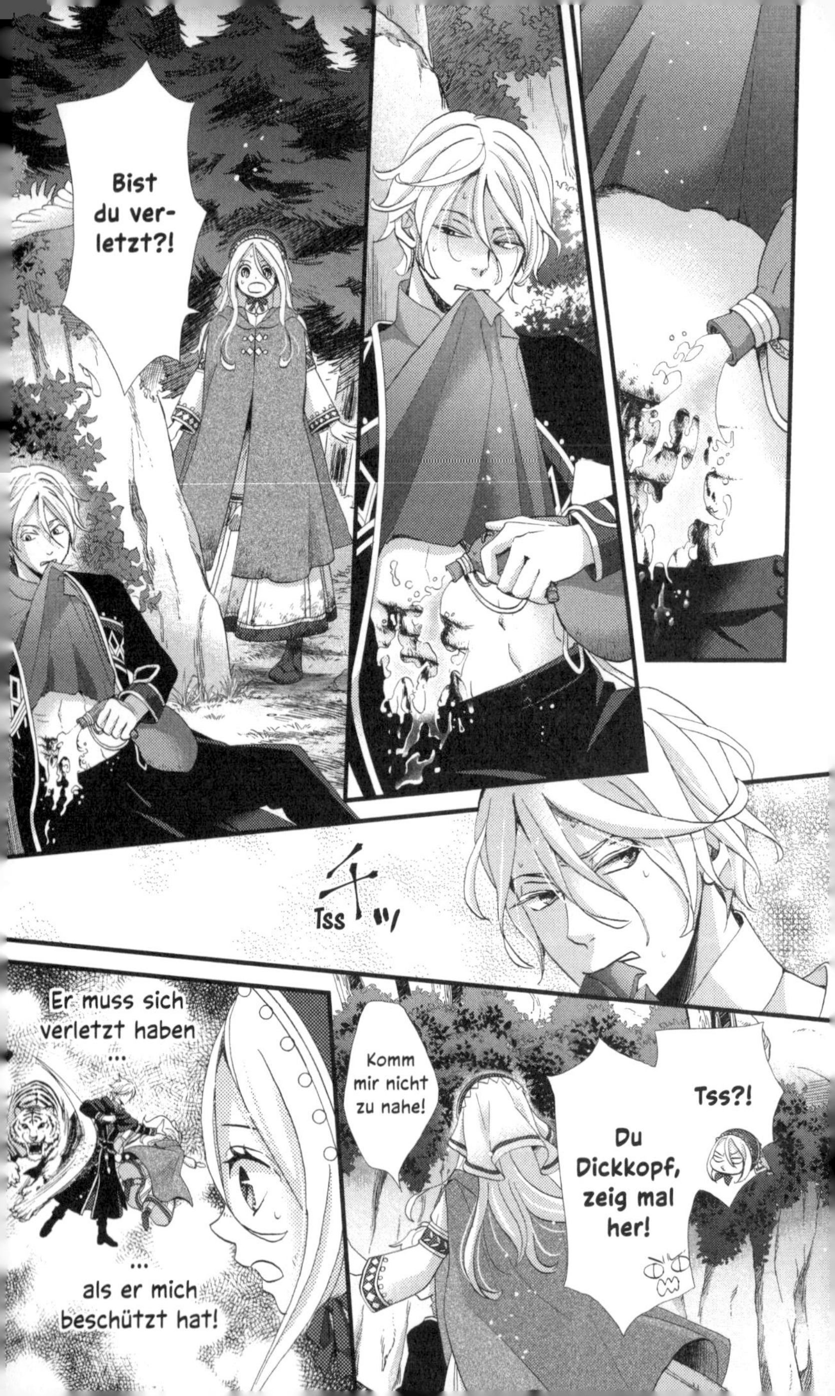
Bist du ver-letzt?!
Tss
Tss?!
Du Dickkopf, zeig mal her!
Komm mir nicht zu nahe!
Er muss sich verletzt haben ...
... als er mich beschützt hat!

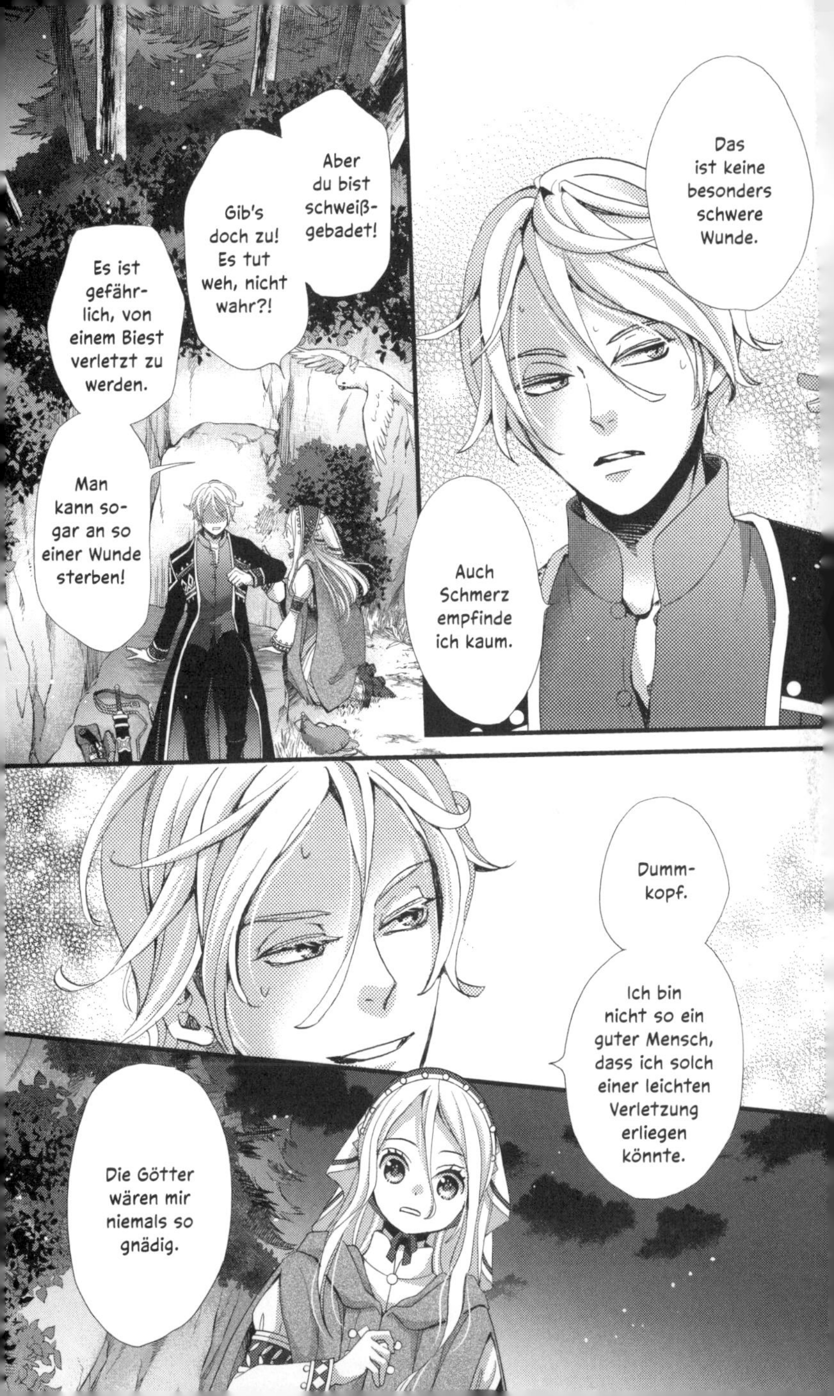
Das ist keine besonders schwere Wunde.
Auch Schmerz empfinde ich kaum.
Aber du bist schweißgebadet!
Gib's doch zu! Es tut weh, nicht wahr?!
Es ist gefährlich, von einem Biest verletzt zu werden.
Man kann sogar an so einer Wunde sterben!
Dummkopf.
Ich bin nicht so ein guter Mensch, dass ich solch einer leichten Verletzung erliegen könnte.
Die Götter wären mir niemals so gnädig.

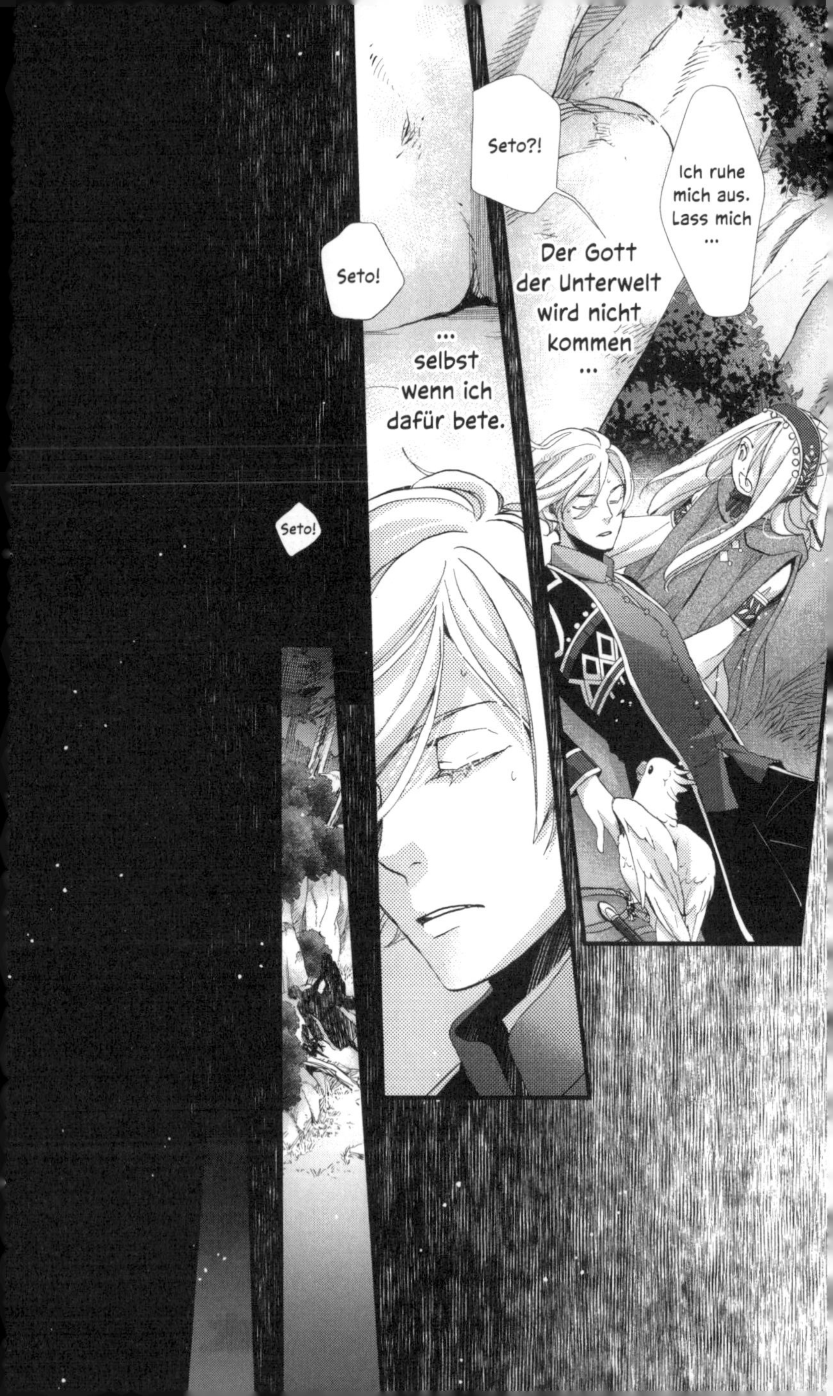
Ich ruhe mich aus. Lass mich …
Seto?!
Der Gott der Unterwelt wird nicht kommen …
Seto!
… selbst wenn ich dafür bete.
Seto!

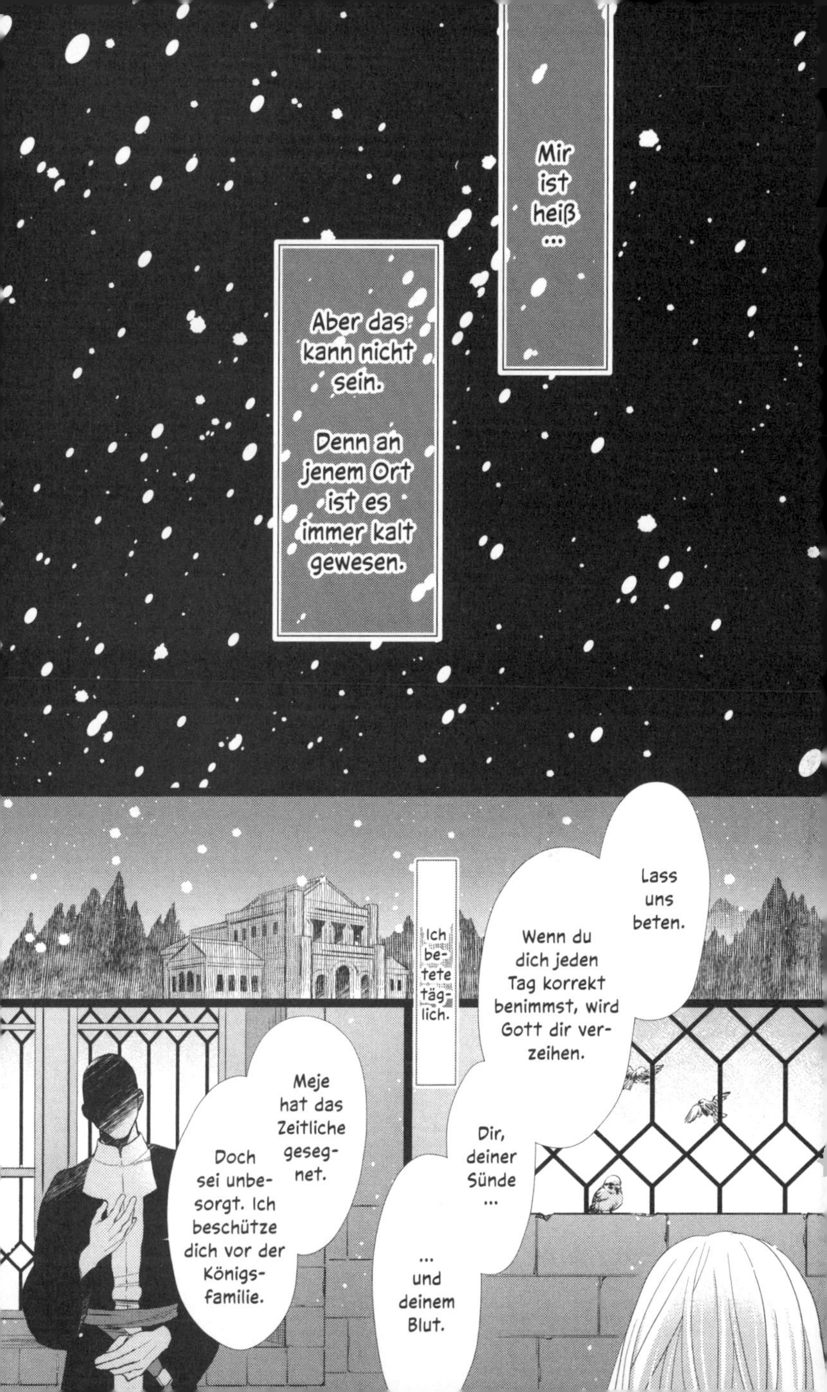
Mir ist heiß …
Aber das kann nicht sein.
Denn an jenem Ort ist es immer kalt gewesen.
Lass uns beten.
Wenn du dich jeden Tag korrekt benimmst, wird Gott dir verzeihen.
Ich betete täglich.
Dir, deiner Sünde …
… und deinem Blut.
Meje hat das Zeitliche gesegnet.
Doch sei unbesorgt. Ich beschütze dich vor der Königsfamilie.

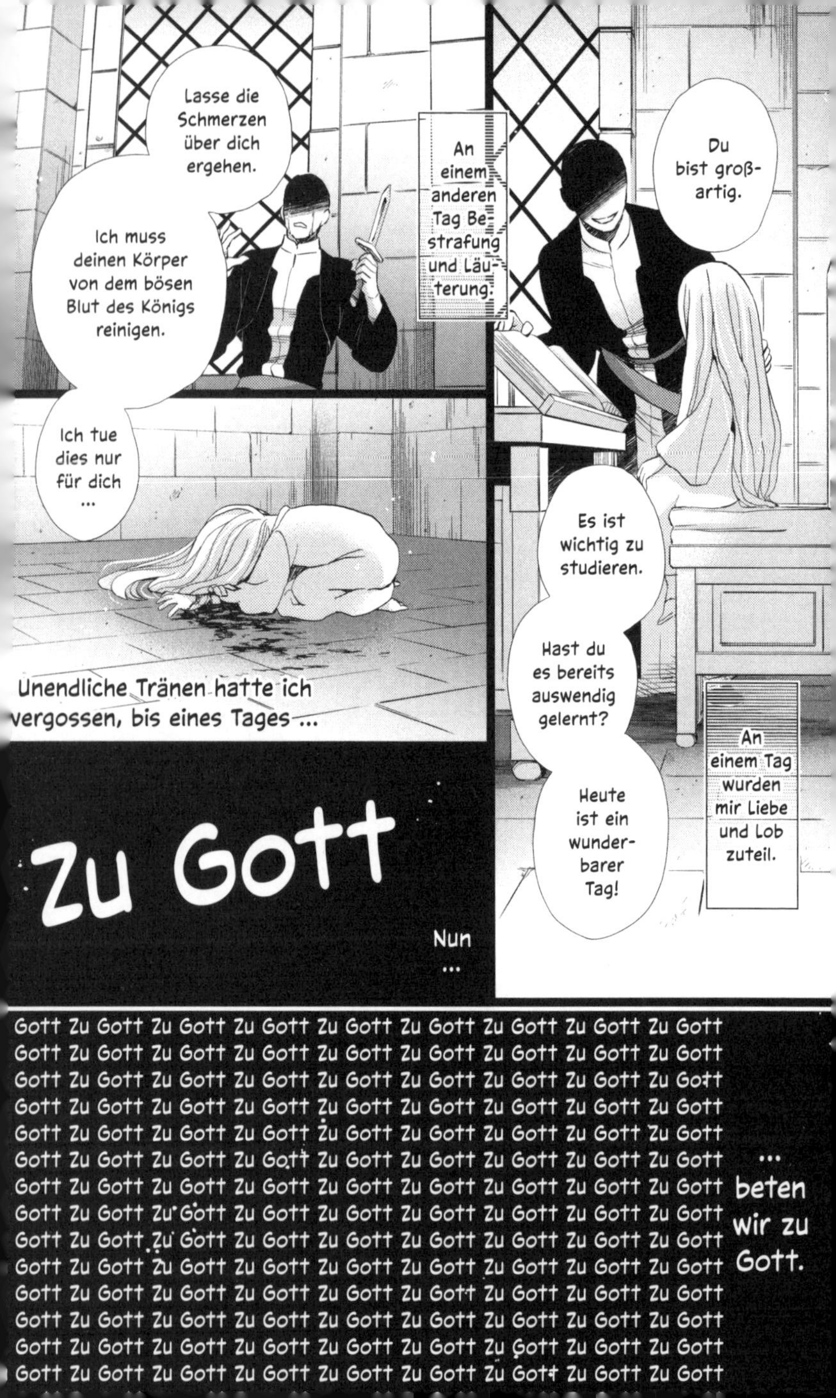
An einem Tag wurden mir Liebe und Lob zuteil.
Du bist groß-artig.
Es ist wichtig zu studieren.
Hast du es bereits auswendig gelernt?
Heute ist ein wunder-barer Tag!
An einem anderen Tag Be-strafung und Läu-terung.
Lasse die Schmerzen über dich ergehen.
Ich muss deinen Körper von dem bösen Blut des Königs reinigen.
Ich tue dies nur für dich ...
Unendliche Tränen hatte ich vergossen, bis eines Tages ...
Zu Gott
Nun ...
Gott Zu Gott Zu Gott Zu Gott Zu Gott Zu Gott Zu Gott Zu Gott Zu Gott
Gott Zu Gott Zu Gott Zu Gott Zu Gott Zu Gott Zu Gott Zu Gott Zu Gott
Gott Zu Gott Zu Gott Zu Gott Zu Gott Zu Gott Zu Gott Zu Gott Zu Gott
Gott Zu Gott Zu Gott Zu Gott Zu Gott Zu Gott Zu Gott Zu Gott Zu Gott
Gott Zu Gott Zu Gott Zu Gott Zu Gott Zu Gott Zu Gott Zu Gott Zu Gott
Gott Zu Gott Zu Gott Zu Gott Zu Gott Zu Gott Zu Gott Zu Gott Zu Gott
Gott Zu Gott Zu Gott Zu Gott Zu Gott Zu Gott Zu Gott Zu Gott Zu Gott
Gott Zu Gott Zu Gott Zu Gott Zu Gott Zu Gott Zu Gott Zu Gott Zu Gott
Gott Zu Gott Zu Gott Zu Gott Zu Gott Zu Gott Zu Gott Zu Gott Zu Gott
Gott Zu Gott Zu Gott Zu Gott Zu Gott Zu Gott Zu Gott Zu Gott Zu Gott
Gott Zu Gott Zu Gott Zu Gott Zu Gott Zu Gott Zu Gott Zu Gott Zu Gott
Gott Zu Gott Zu Gott Zu Gott Zu Gott Zu Gott Zu Gott Zu Gott Zu Gott
Gott Zu Gott Zu Gott Zu Gott Zu Gott Zu Gott Zu Gott Zu Gott Zu Gott
Gott Zu Gott Zu Gott Zu Gott Zu Gott Zu Gott Zu Gott Zu Gott Zu Gott
... beten wir zu Gott.

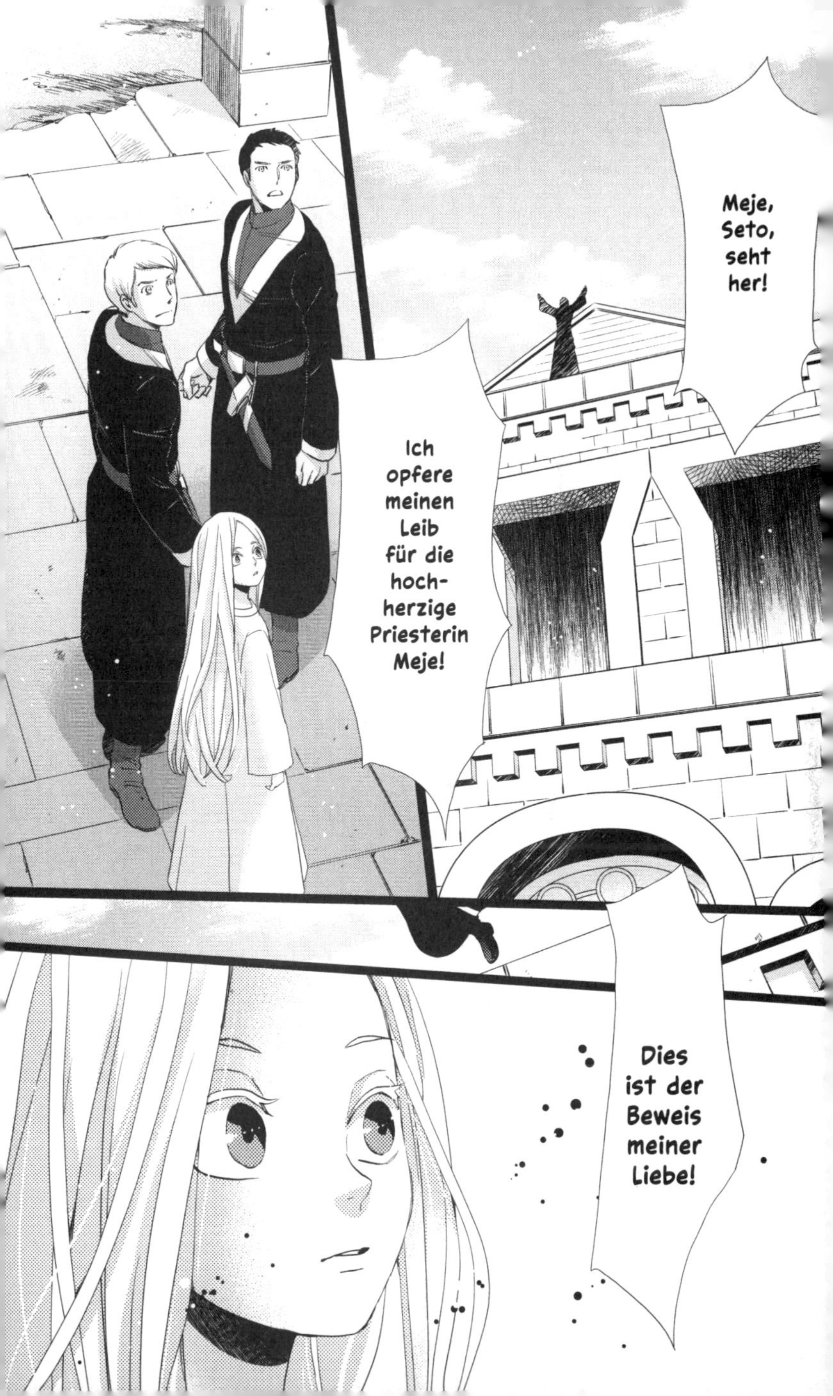
Meje, Seto, seht her!
Ich opfere meinen Leib für die hoch-herzige Priesterin Meje!
Dies ist der Beweis meiner Liebe!

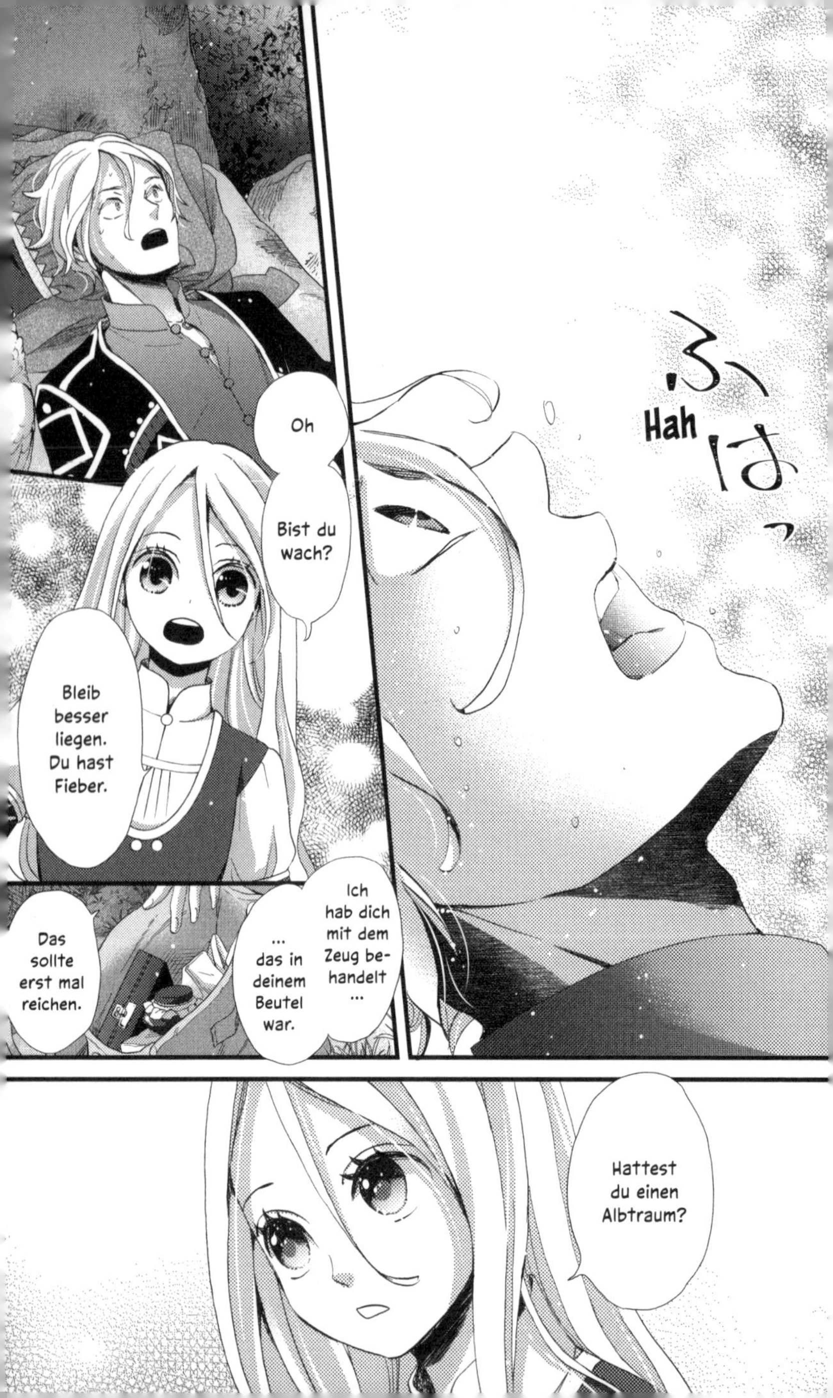
ふはっ
Hah
Oh
Bist du wach?
Bleib besser liegen. Du hast Fieber.
Ich hab dich mit dem Zeug behandelt ...
... das in deinem Beutel war.
Das sollte erst mal reichen.
Hattest du einen Albtraum?

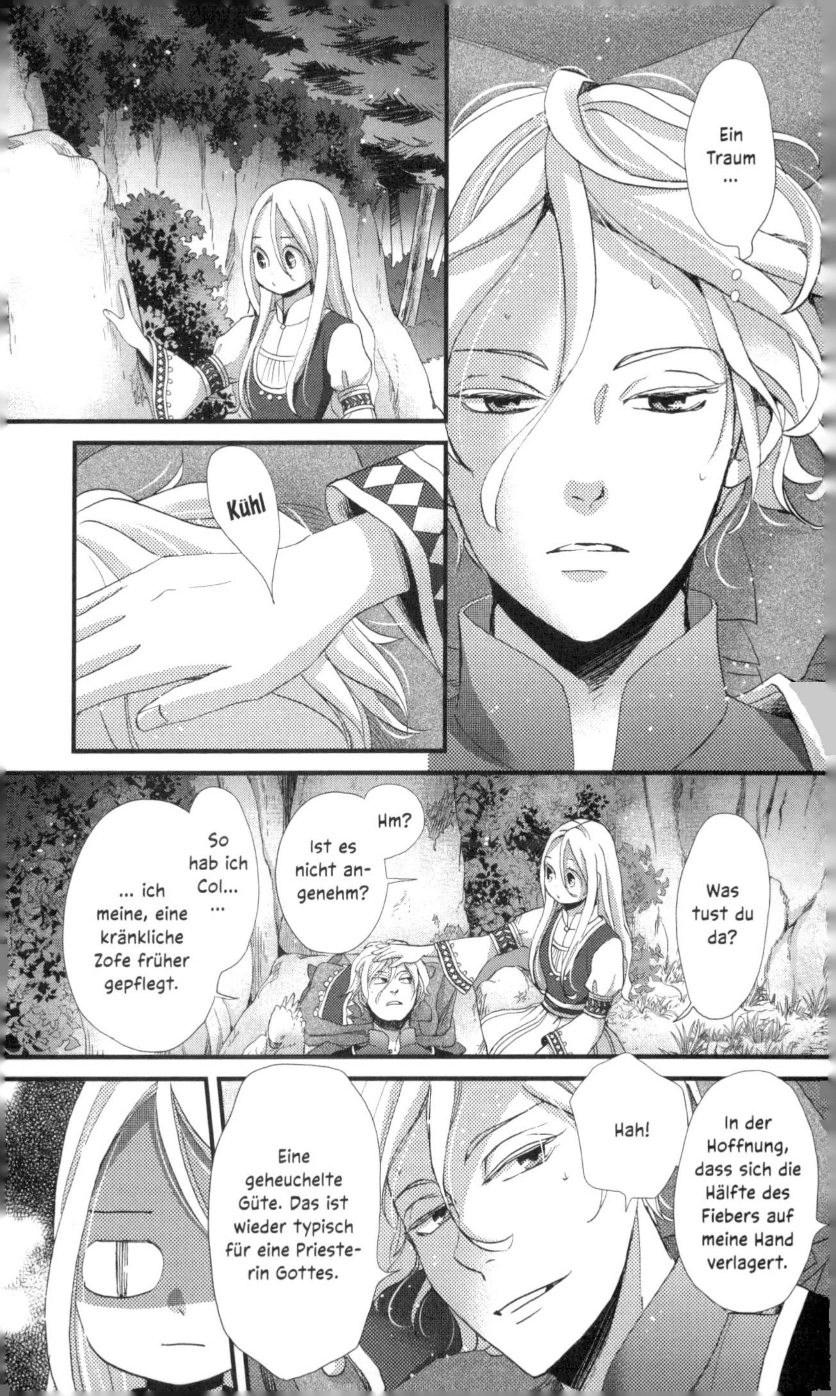

Ein Traum ...
Kühl
Hm?
Ist es nicht angenehm?
Was tust du da?
So hab ich Col... ...
... ich meine, eine kränkliche Zofe früher gepflegt.
In der Hoffnung, dass sich die Hälfte des Fiebers auf meine Hand verlagert.
Hah!
Eine geheuchelte Güte. Das ist wieder typisch für eine Priesterin Gottes.

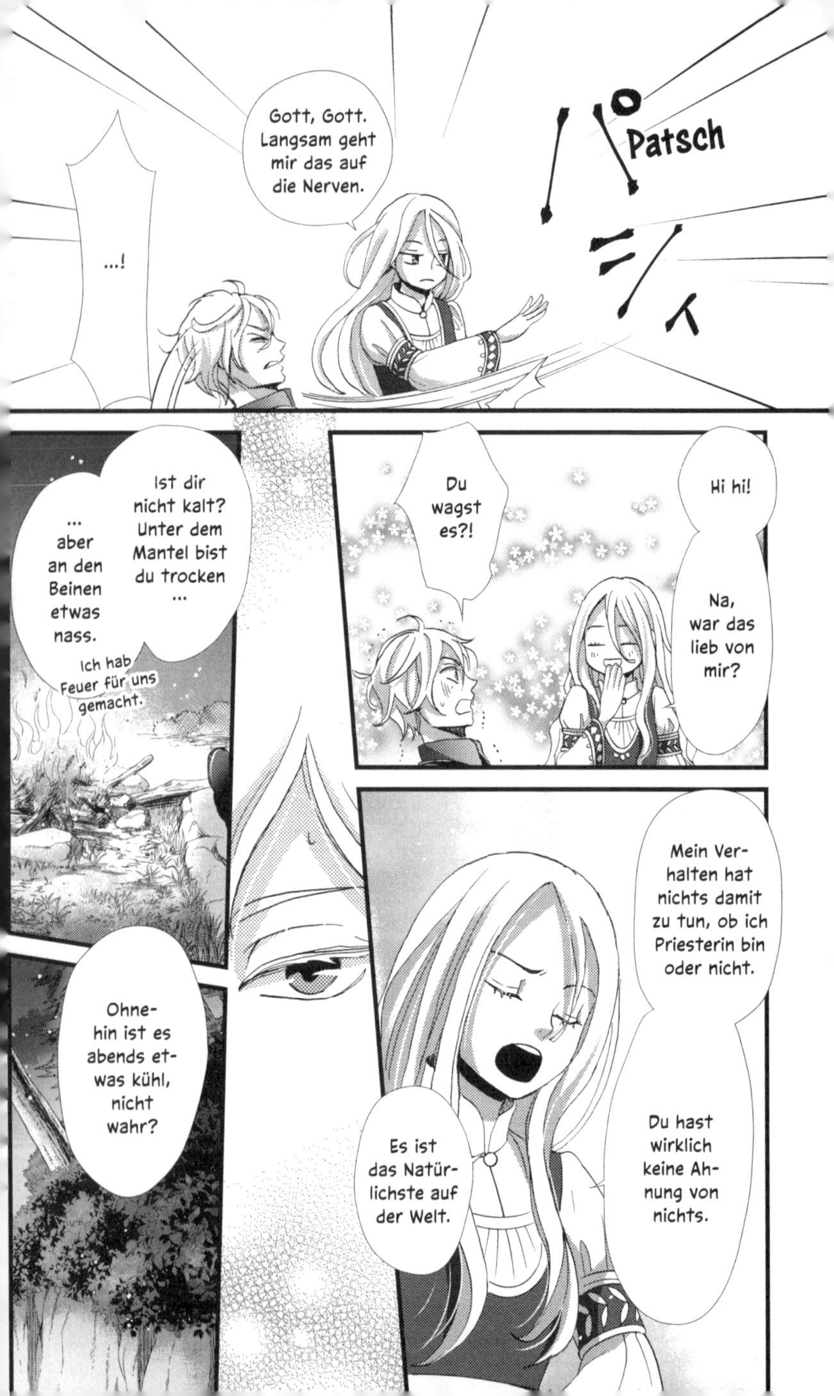
Patsch
Gott, Gott. Langsam geht mir das auf die Nerven.
...!
Hi hi!
Na, war das lieb von mir?
Du wagst es?!
Ist dir nicht kalt? Unter dem Mantel bist du trocken ...
... aber an den Beinen etwas nass.
Ich hab Feuer für uns gemacht.
Mein Verhalten hat nichts damit zu tun, ob ich Priesterin bin oder nicht.
Du hast wirklich keine Ahnung von nichts.
Es ist das Natürlichste auf der Welt.
Ohnehin ist es abends etwas kühl, nicht wahr?

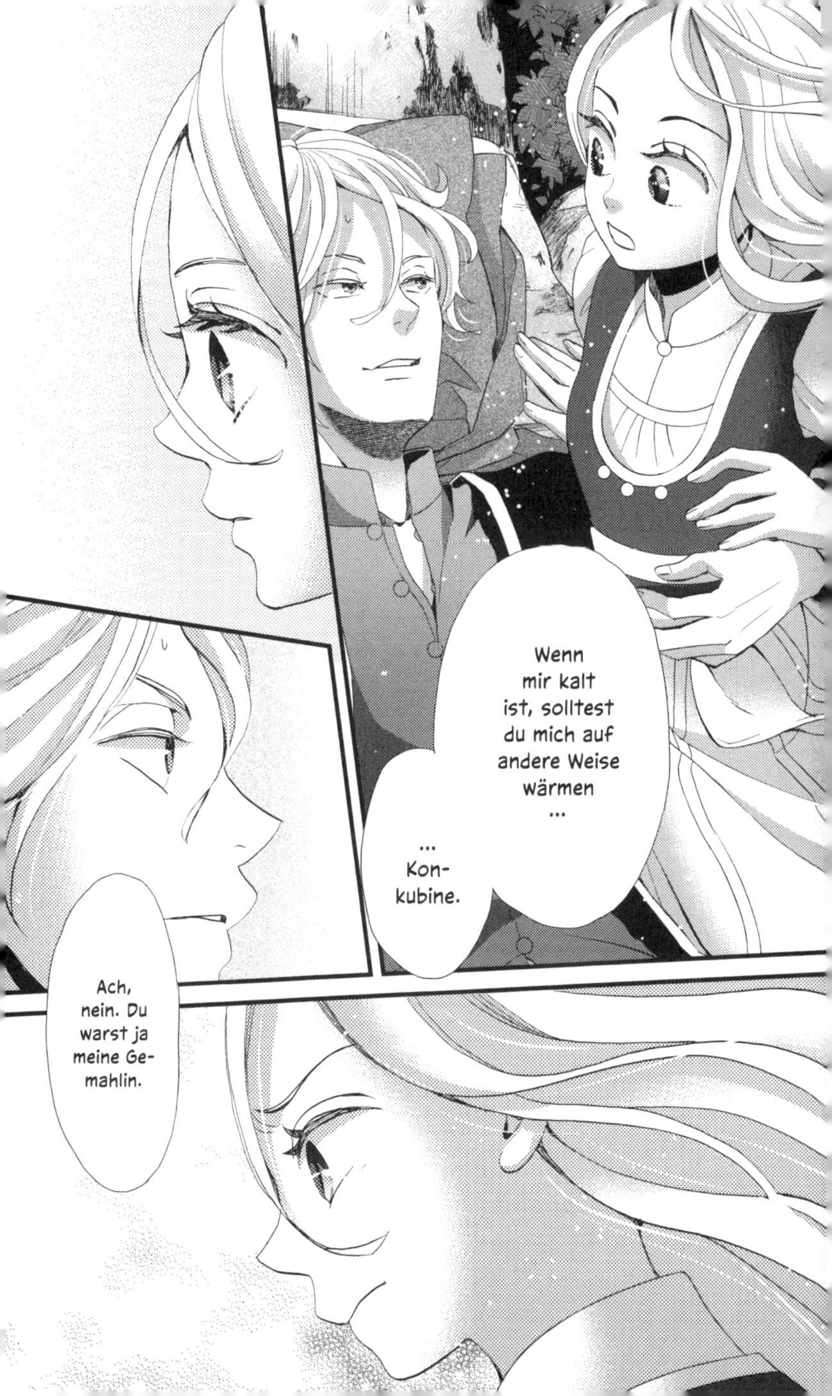
Wenn mir kalt ist, solltest du mich auf andere Weise wärmen ...
... Konkubine.
Ach, nein. Du warst ja meine Gemahlin.

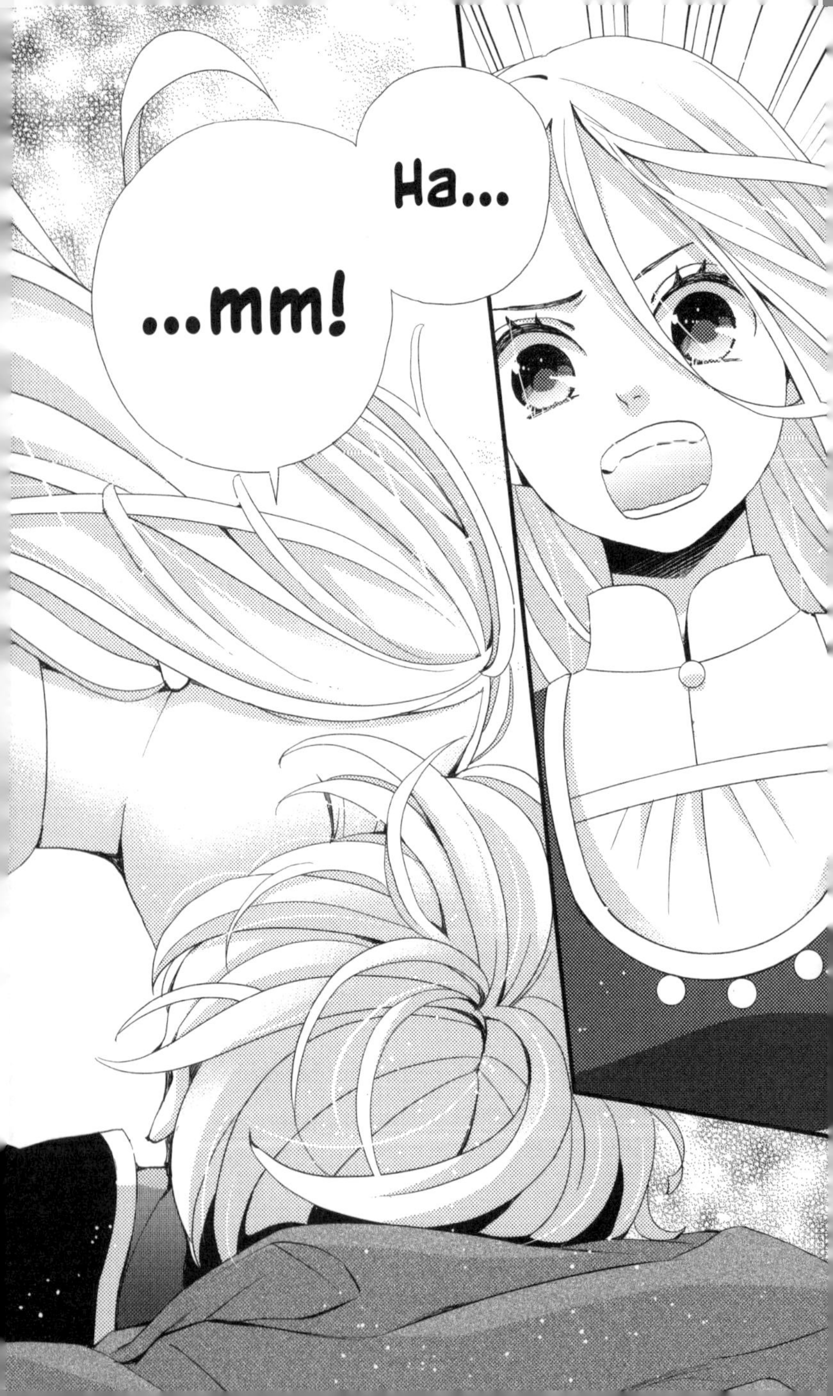
Ha...
...mm!

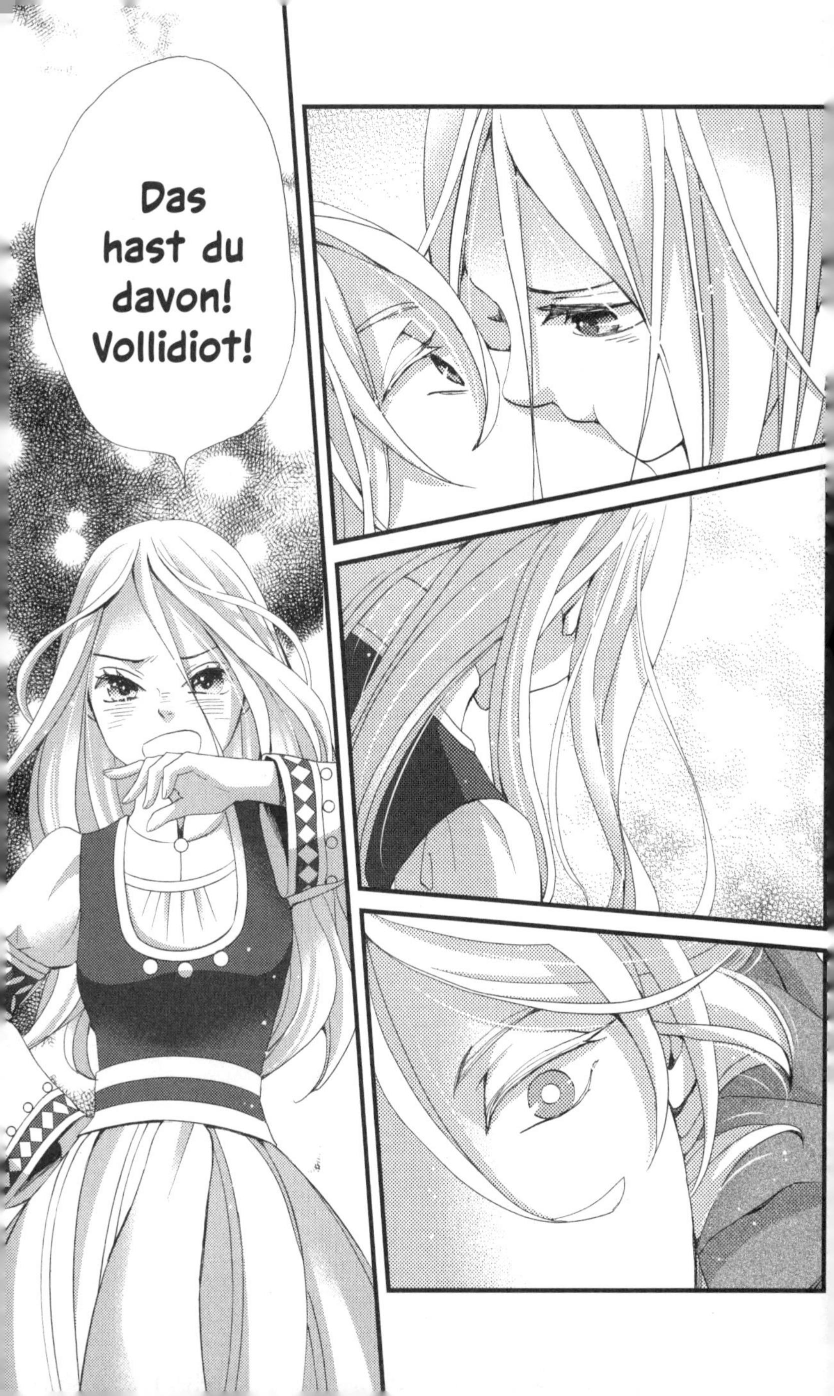
Das hast du davon! Vollidiot!

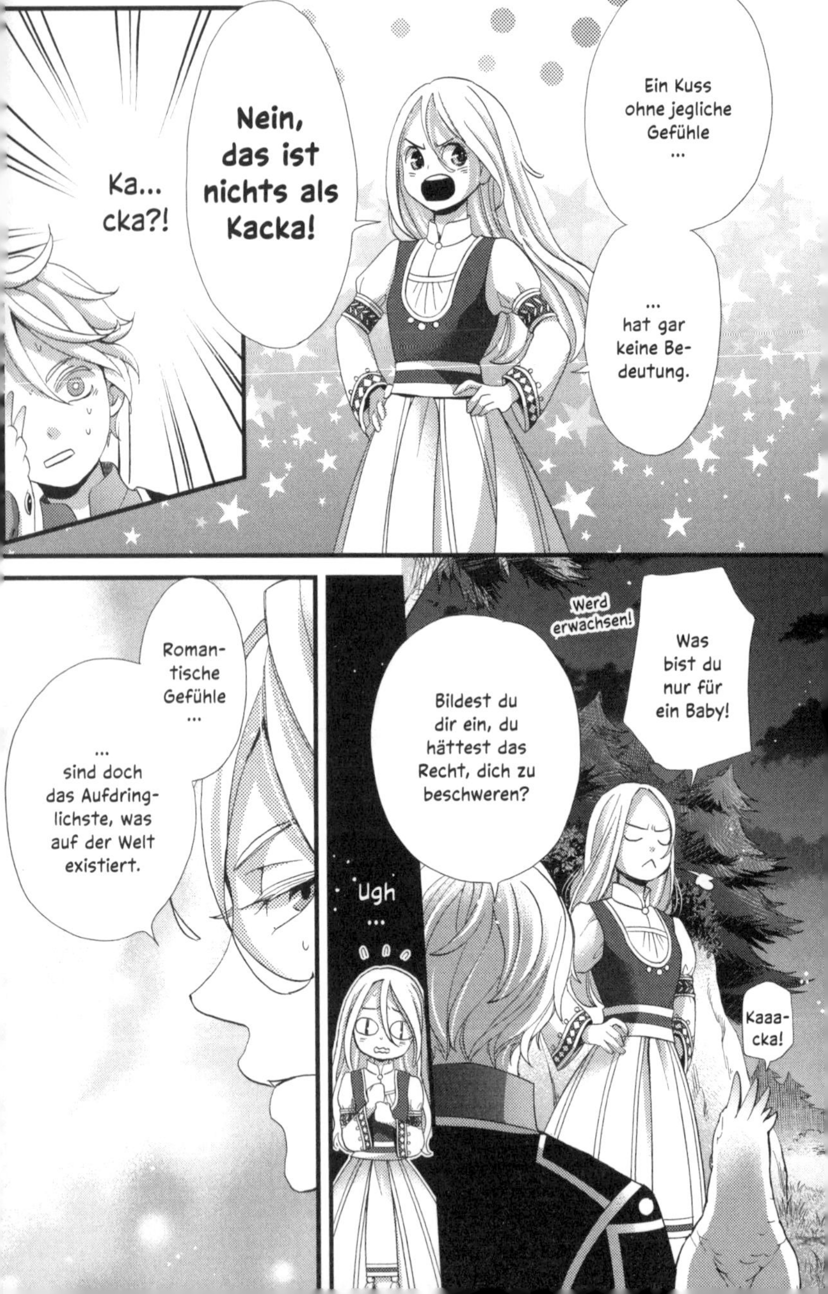
Ein Kuss ohne jegliche Gefühle ...
... hat gar keine Bedeutung.
Nein, das ist nichts als Kacka!
Ka... cka?!
Werd erwachsen!
Was bist du nur für ein Baby!
Bildest du dir ein, du hättest das Recht, dich zu beschweren?
Kaaa-cka!
Ugh ...
Romantische Gefühle ...
... sind doch das Aufdringlichste, was auf der Welt existiert.

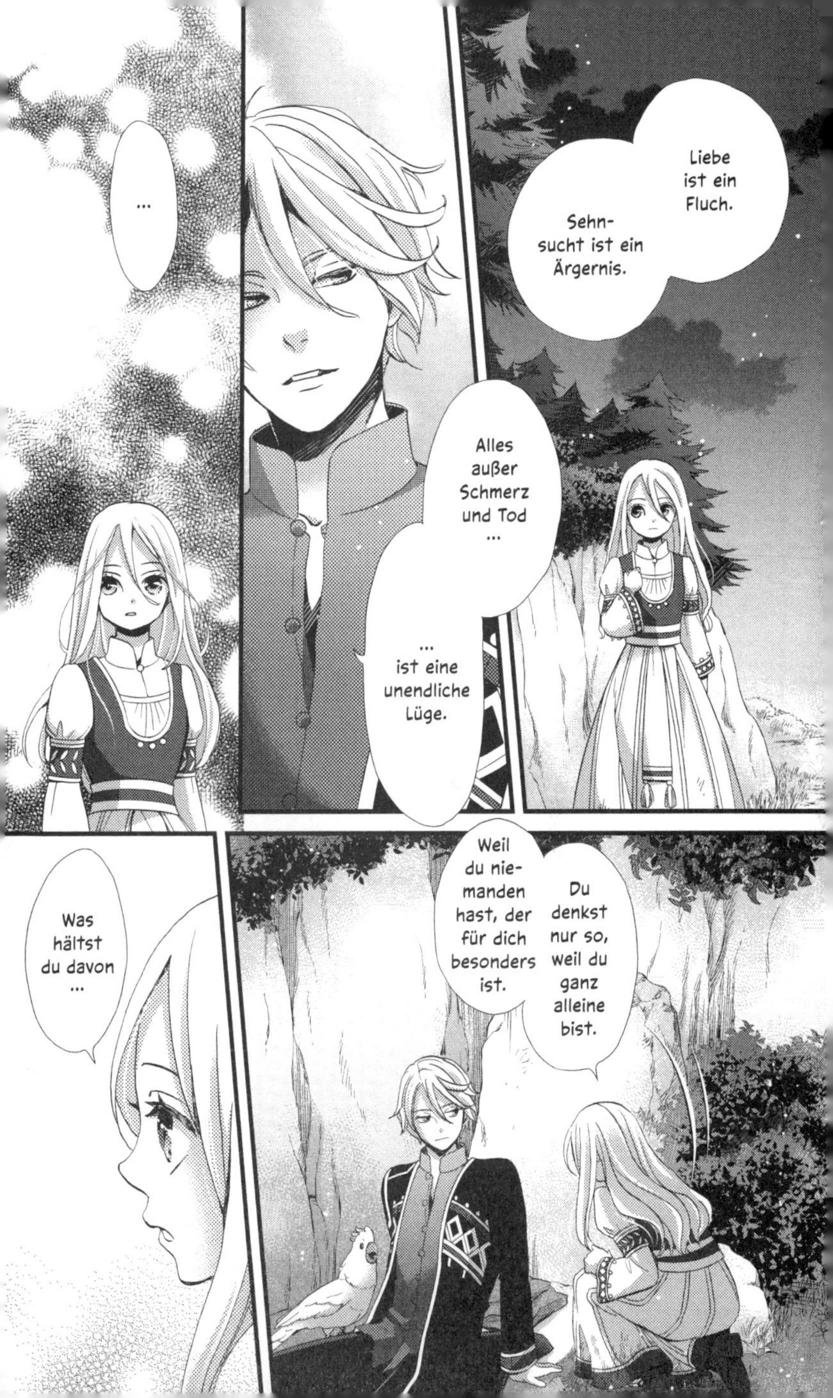
Liebe ist ein Fluch.
Sehn-sucht ist ein Ärgernis.
Alles außer Schmerz und Tod ...
... ist eine unendliche Lüge.
...
Du denkst nur so, weil du ganz alleine bist.
Weil du nie-manden hast, der für dich besonders ist.
Was hältst du davon ...

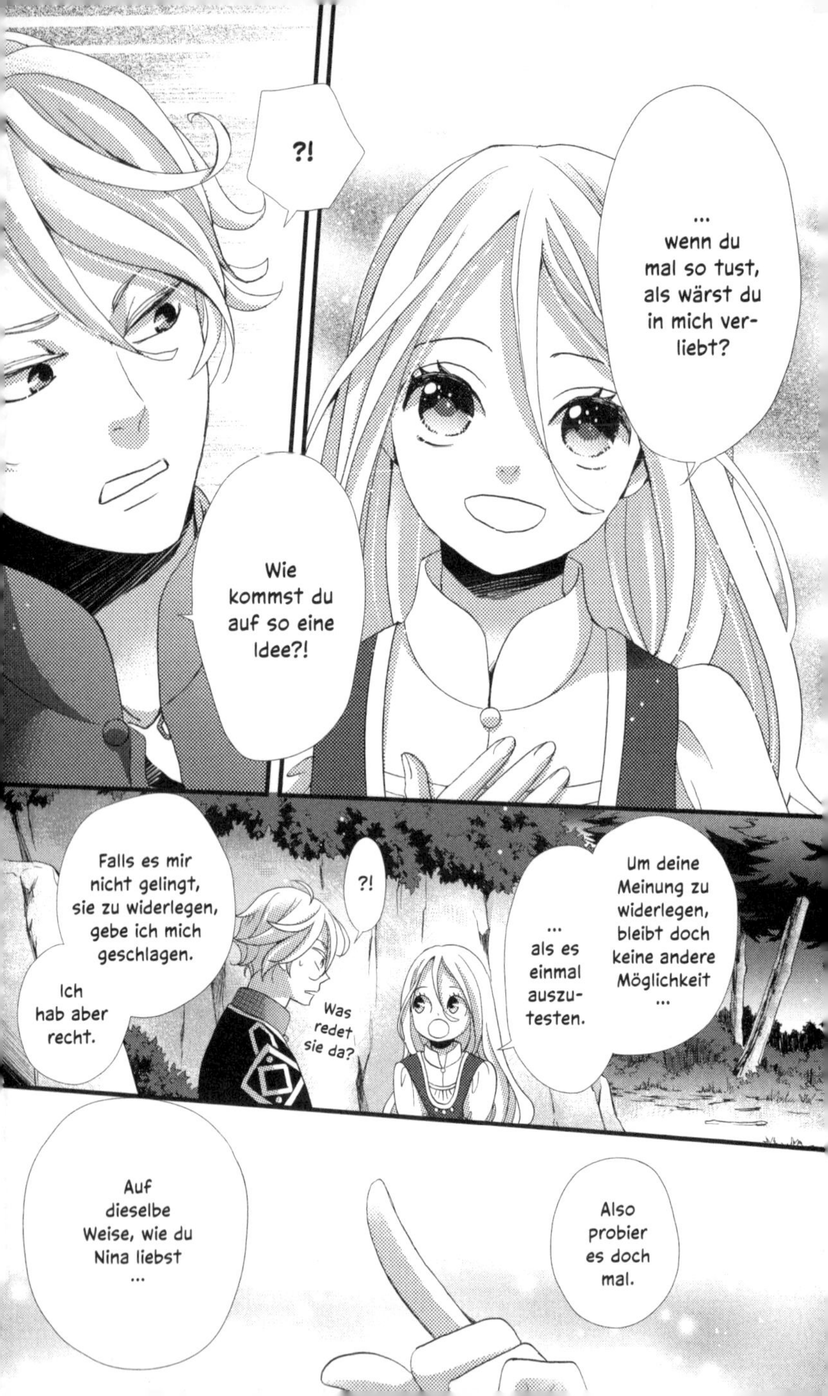

... wenn du mal so tust, als wärst du in mich verliebt?
?!
Wie kommst du auf so eine Idee?!
Um deine Meinung zu widerlegen, bleibt doch keine andere Möglichkeit ...
... als es einmal auszutesten.
?!
Was redet sie da?
Falls es mir nicht gelingt, sie zu widerlegen, gebe ich mich geschlagen.
Ich hab aber recht.
Also probier es doch mal.
Auf dieselbe Weise, wie du Nina liebst ...

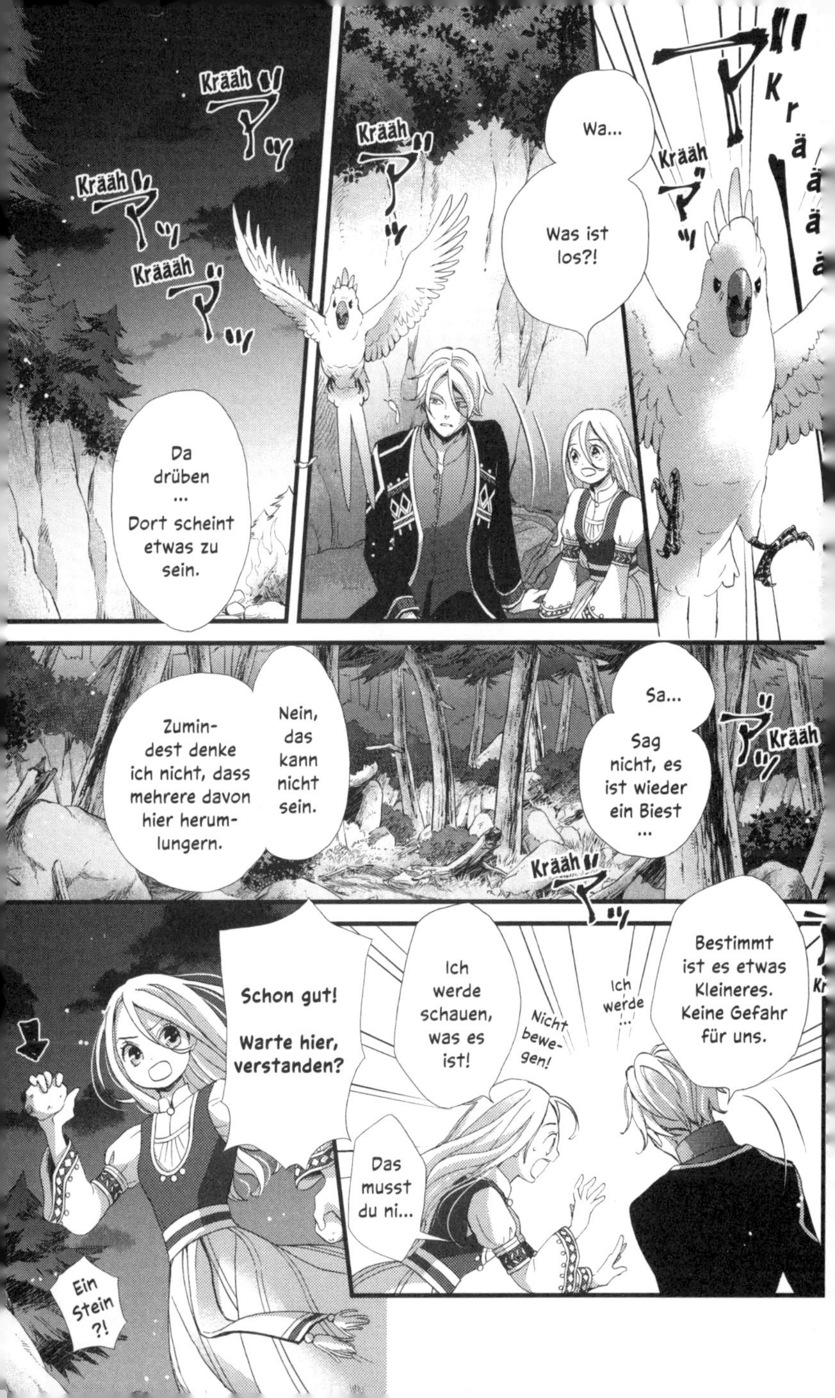
Krääääh
Kräääh
Wa...
Was ist los?!
Krääh
Krääh
Krääh
Kräääh
Da drüben ... Dort scheint etwas zu sein.
Kräääh
Sa...
Sag nicht, es ist wieder ein Biest ...
Nein, das kann nicht sein.
Zumin-dest denke ich nicht, dass mehrere davon hier herum-lungern.
Krääh
Bestimmt ist es etwas Kleineres. Keine Gefahr für uns.
Ich werde ...
Nicht bewe-gen!
Ich werde schauen, was es ist!
Das musst du ni...
Schon gut!
Warte hier, verstanden?
Ein Stein ?!

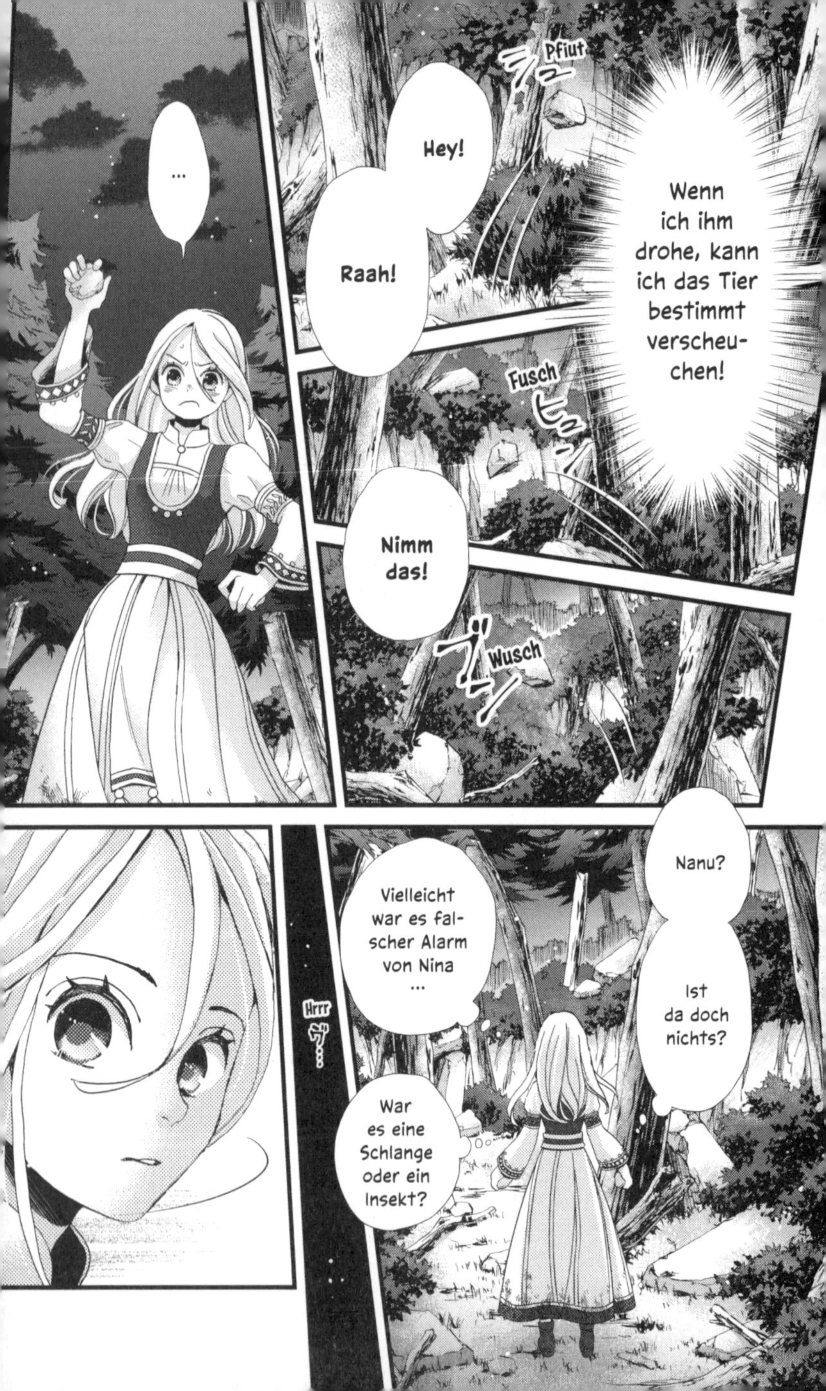
Wenn ich ihm drohe, kann ich das Tier bestimmt verscheuchen!
Pfiut
Hey!
Raah!
Fusch
Nimm das!
Wusch
...
Nanu?
Ist da doch nichts?
Vielleicht war es falscher Alarm von Nina ...
War es eine Schlange oder ein Insekt?
Hrrr

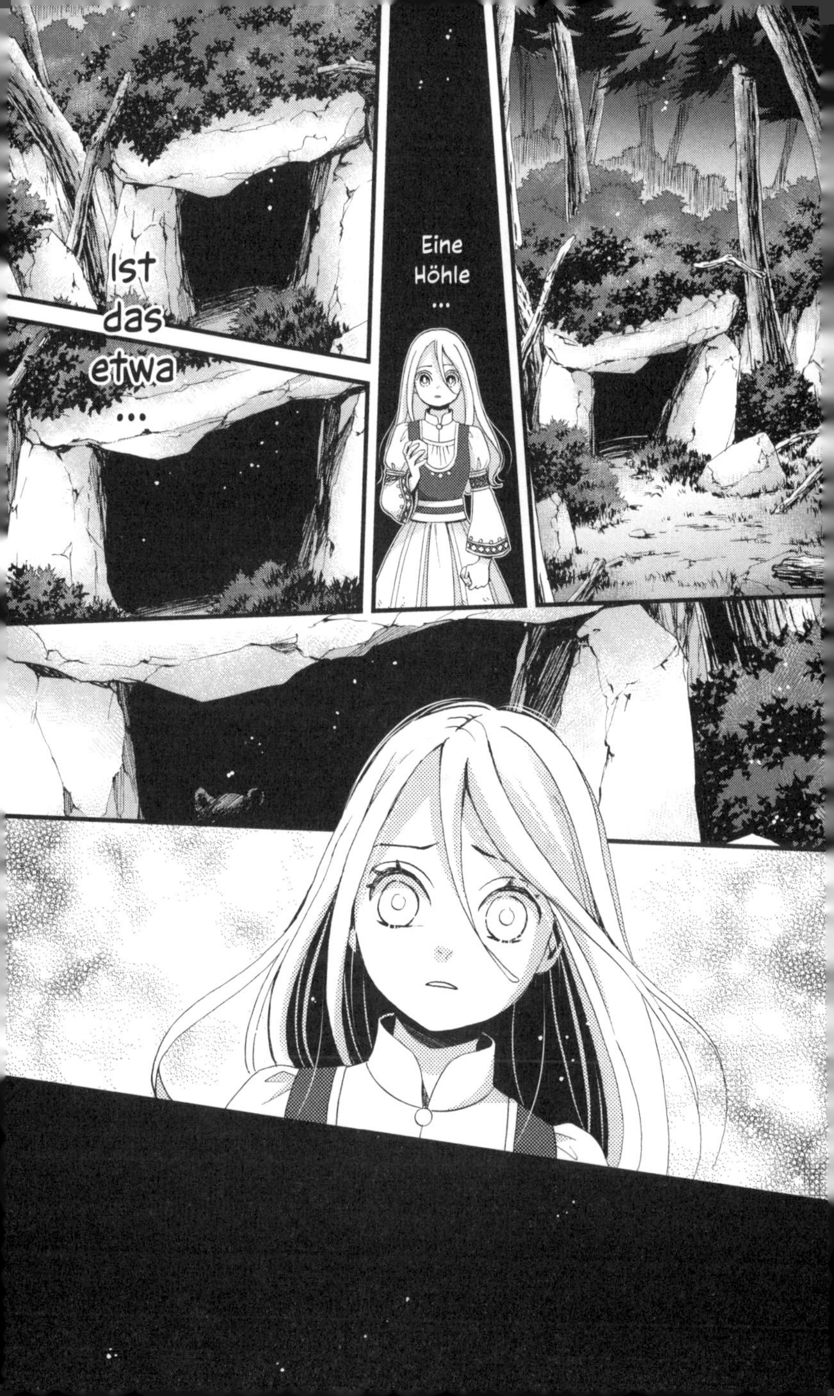
Eine Höhle ...
Ist das etwa ...

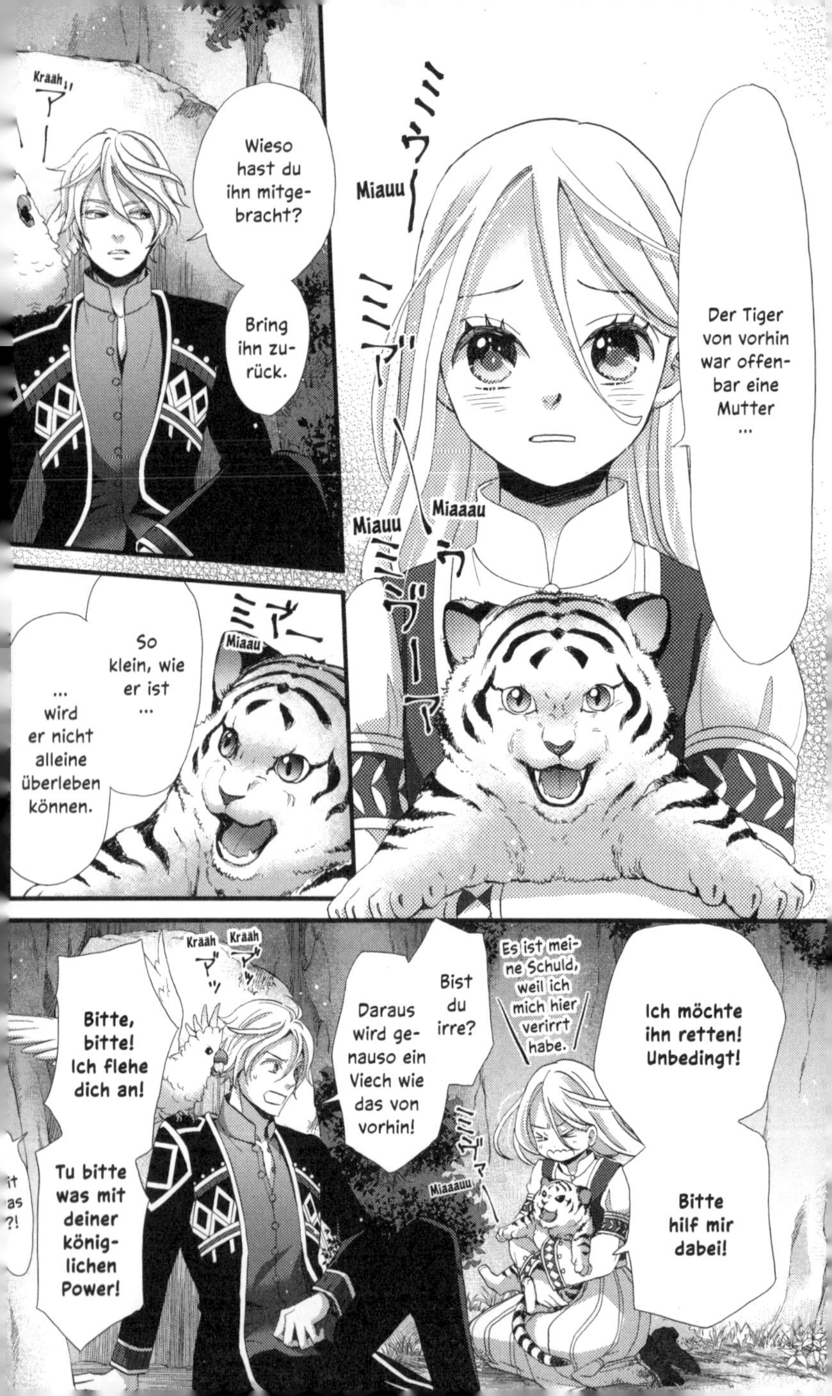

Miauu
Der Tiger von vorhin war offenbar eine Mutter ...
Miaaau
Miauu
Kräääh
Wieso hast du ihn mitgebracht?
Bring ihn zurück.
Miaau
So klein, wie er ist ...
... wird er nicht alleine überleben können.
Ich möchte ihn retten! Unbedingt!
Bitte hilf mir dabei!
Es ist meine Schuld, weil ich mich hier verirrt habe.
Miaaauu
Bist du irre?
Daraus wird genauso ein Viech wie das von vorhin!
Krääh
Krääh
Bitte, bitte! Ich flehe dich an!
Tu bitte was mit deiner königlichen Power!

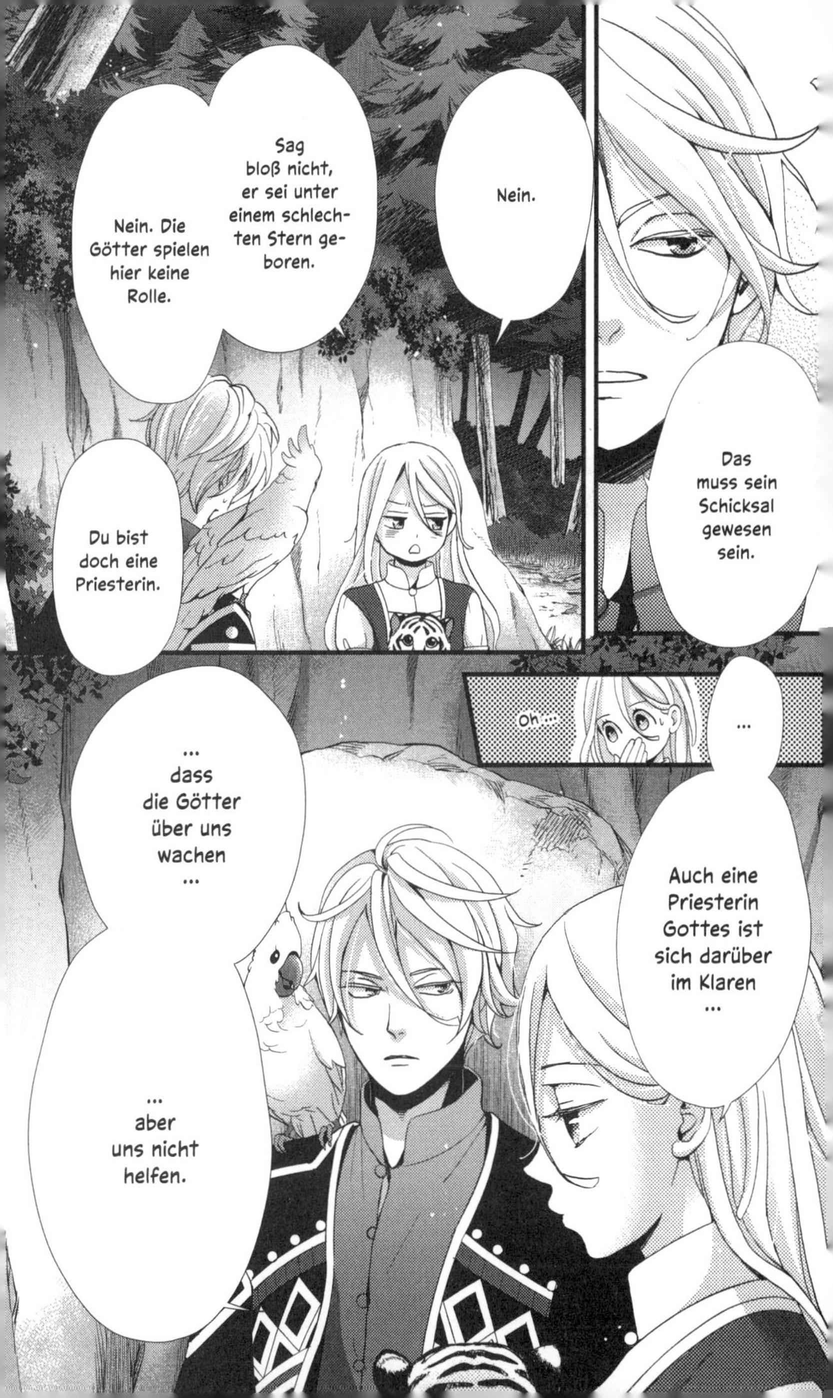
Das muss sein Schicksal gewesen sein.
Nein.
Sag bloß nicht, er sei unter einem schlechten Stern geboren.
Nein. Die Götter spielen hier keine Rolle.
Du bist doch eine Priesterin.
...
Oh ...
Auch eine Priesterin Gottes ist sich darüber im Klaren ...
... dass die Götter über uns wachen ...
... aber uns nicht helfen.

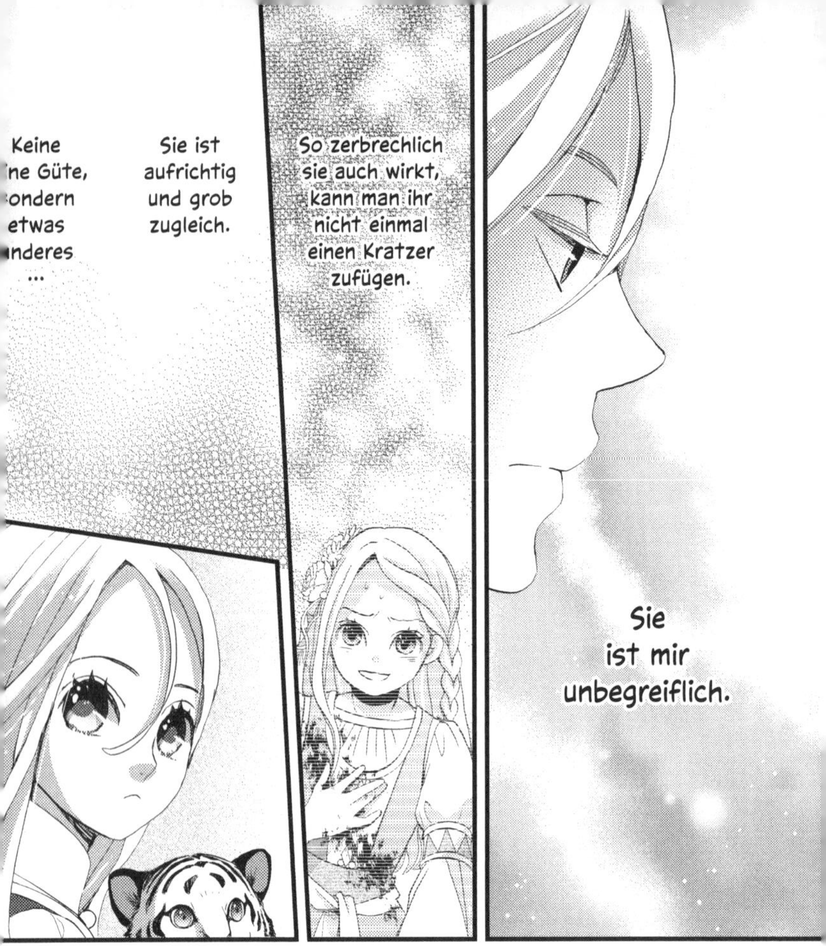

Wieso zieht mich etwas,
das es zu zerstören gilt,
derart in seinen Bann?

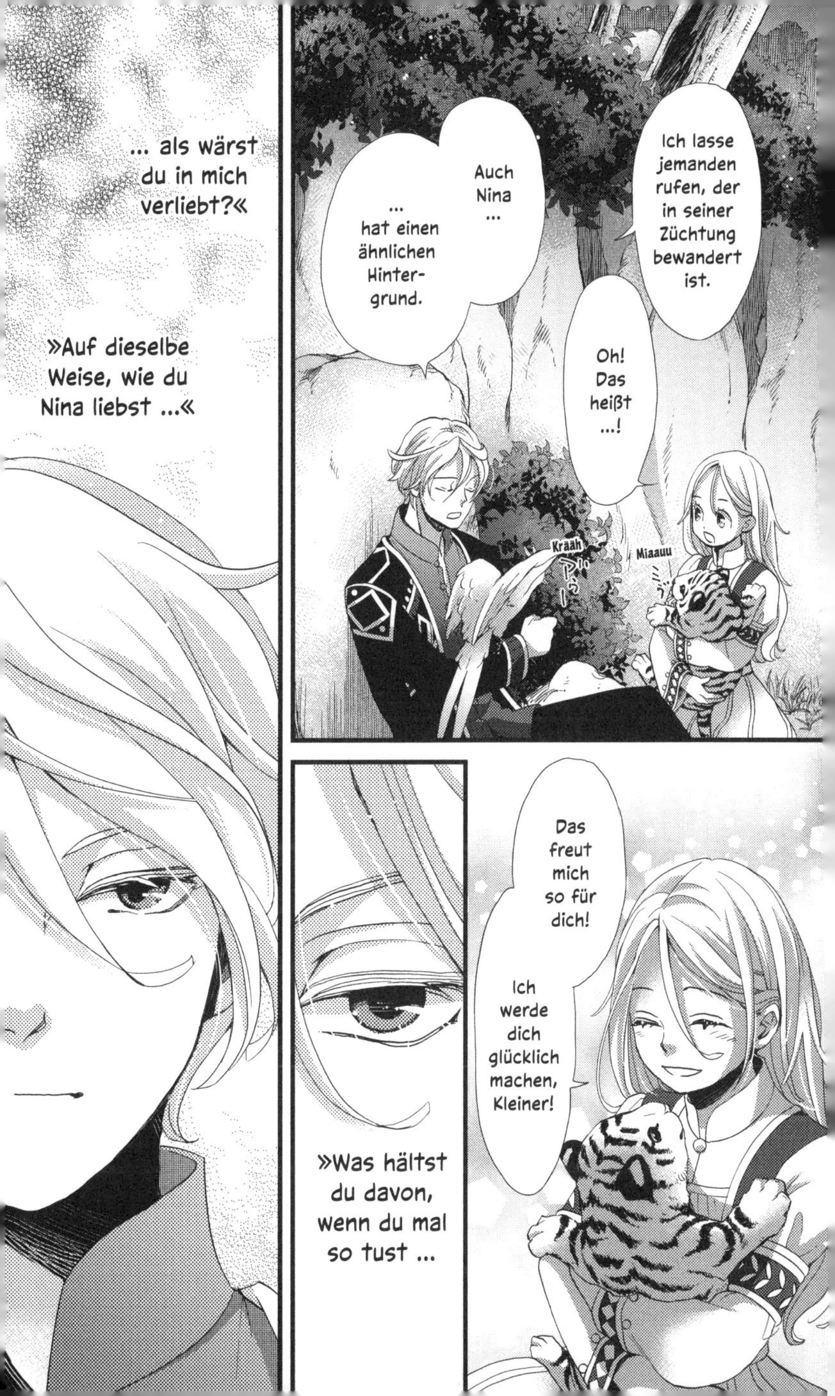
Ich lasse jemanden rufen, der in seiner Züchtung bewandert ist.
Oh! Das heißt ...!
Auch Nina ...
... hat einen ähnlichen Hinter-grund.
Krääh
Miaauu
Das freut mich so für dich!
Ich werde dich glücklich machen, Kleiner!
»Was hältst du davon, wenn du mal so tust ...
... als wärst du in mich verliebt?«
»Auf dieselbe Weise, wie du Nina liebst ...«

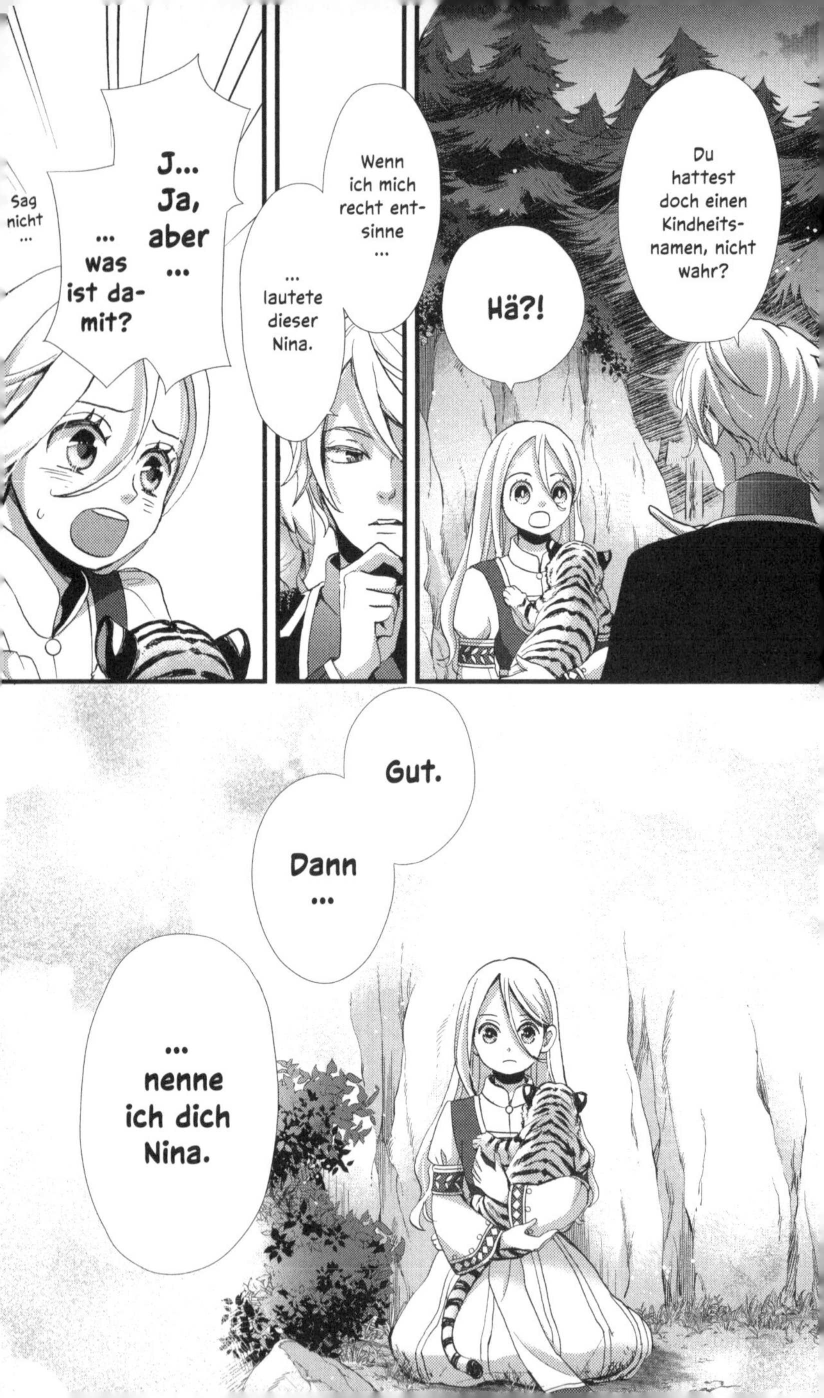

Du hattest doch einen Kindheitsnamen, nicht wahr?
Hä?!
Wenn ich mich recht entsinne …
… lautete dieser Nina.
J… Ja, aber …
… was ist damit?
Sag nicht …
Gut.
Dann …
… nenne ich dich Nina.

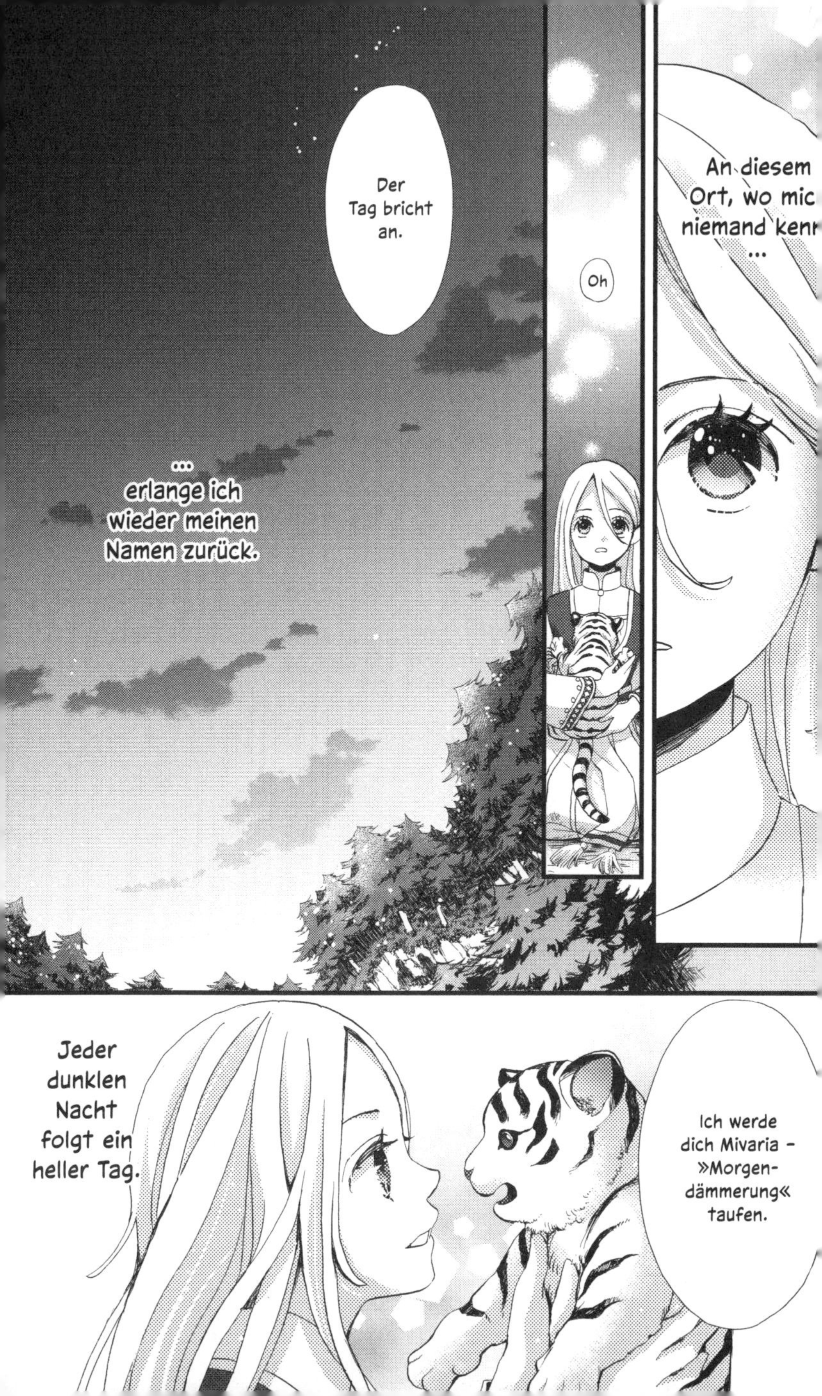

An diesem Ort, wo mic niemand ken ...
Oh
Der Tag bricht an.
... erlange ich wieder meinen Namen zurück.
Ich werde dich Mivaria – »Morgendämmerung« taufen.
Jeder dunklen Nacht folgt ein heller Tag.

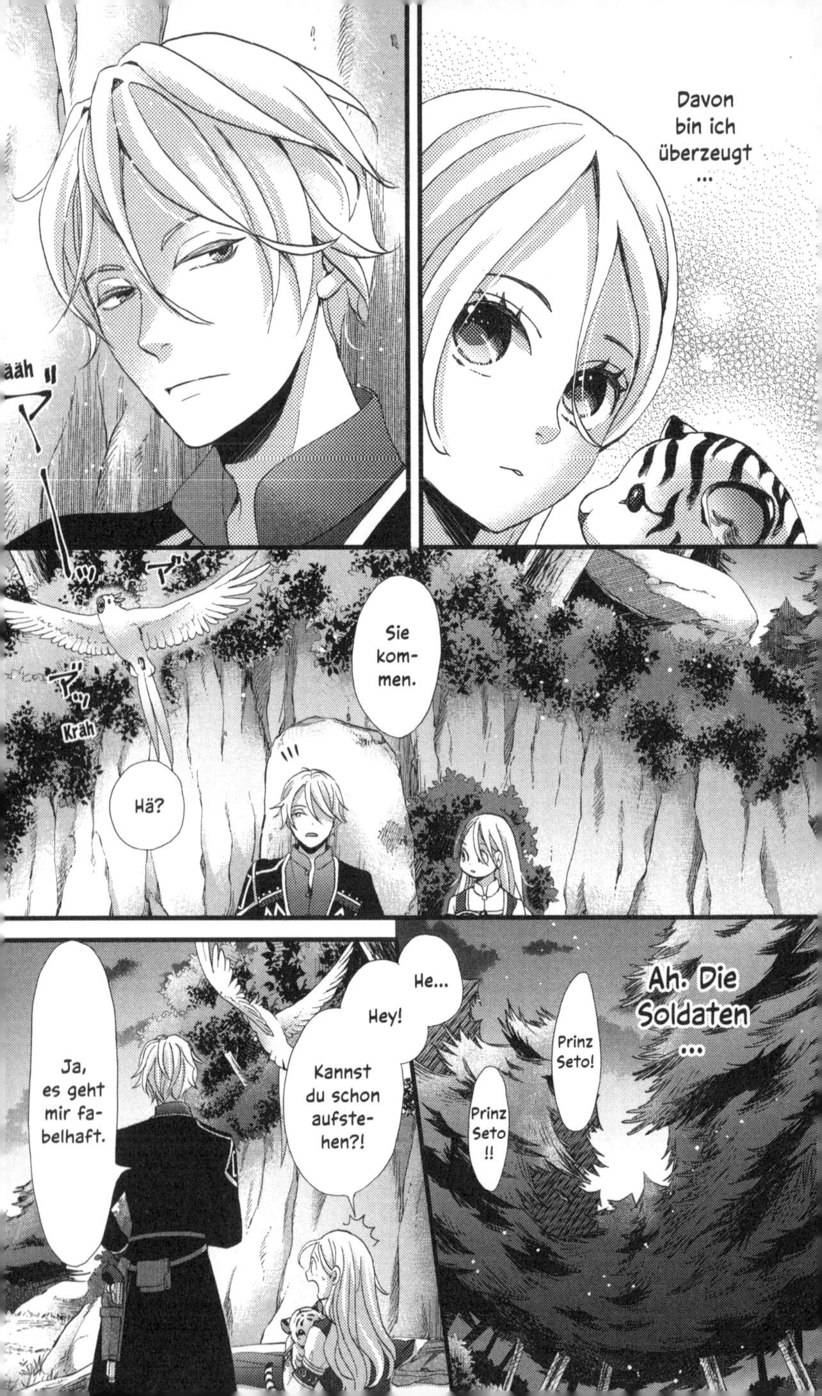
Davon bin ich überzeugt ...
ääh
Sie kommen.
Kräh
Hä?
Ah. Die Soldaten ...
Prinz Seto!
Prinz Seto !!
He...
Hey!
Kannst du schon aufstehen?!
Ja, es geht mir fabelhaft.

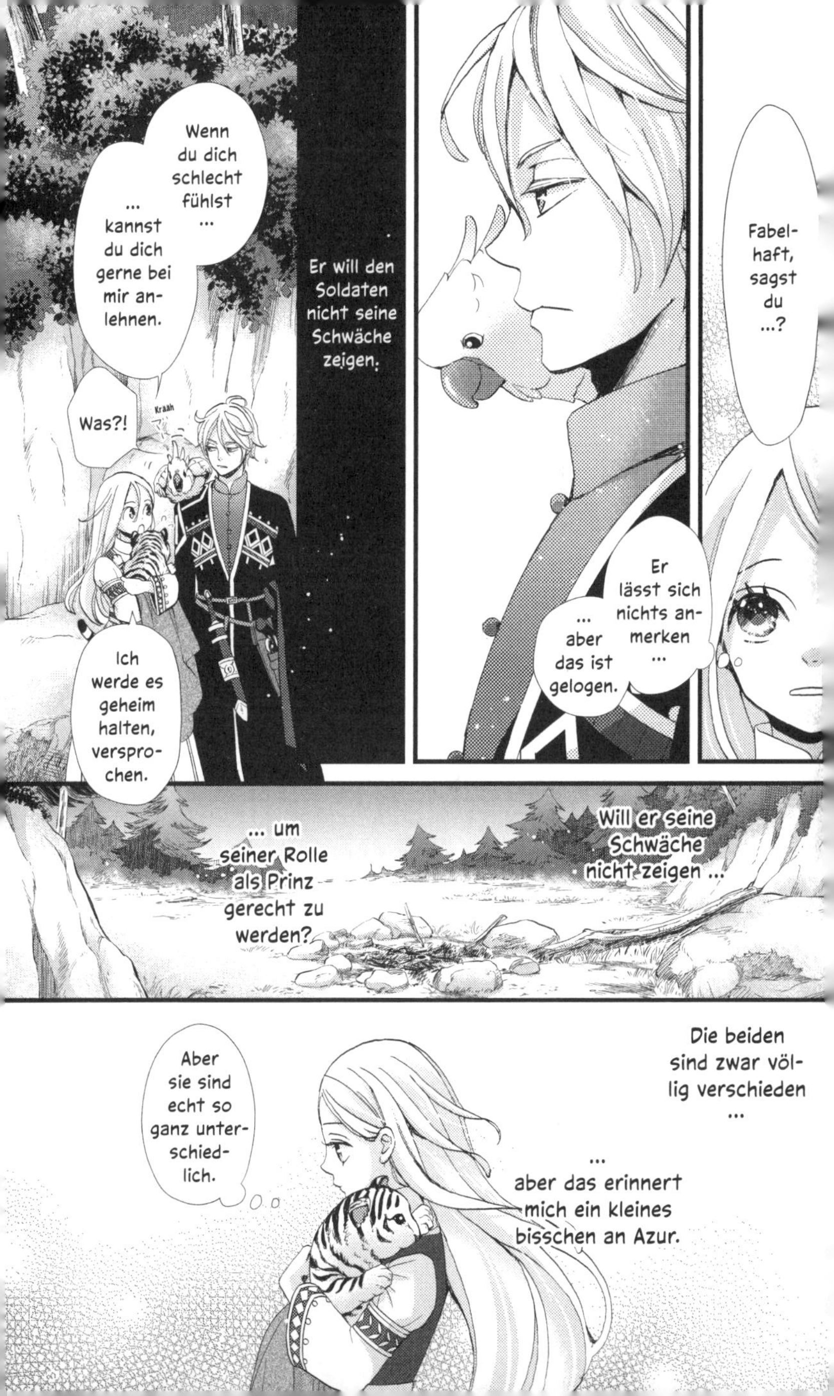
Fabelhaft, sagst du ...?
Er lässt sich nichts anmerken ...
... aber das ist gelogen.
Er will den Soldaten nicht seine Schwäche zeigen.
Wenn du dich schlecht fühlst ...
... kannst du dich gerne bei mir anlehnen.
Kraah
Was?!
Ich werde es geheim halten, versprochen.
Will er seine Schwäche nicht zeigen ...
... um seiner Rolle als Prinz gerecht zu werden?
Die beiden sind zwar völlig verschieden ...
... aber das erinnert mich ein kleines bisschen an Azur.
Aber sie sind echt so ganz unterschiedlich.

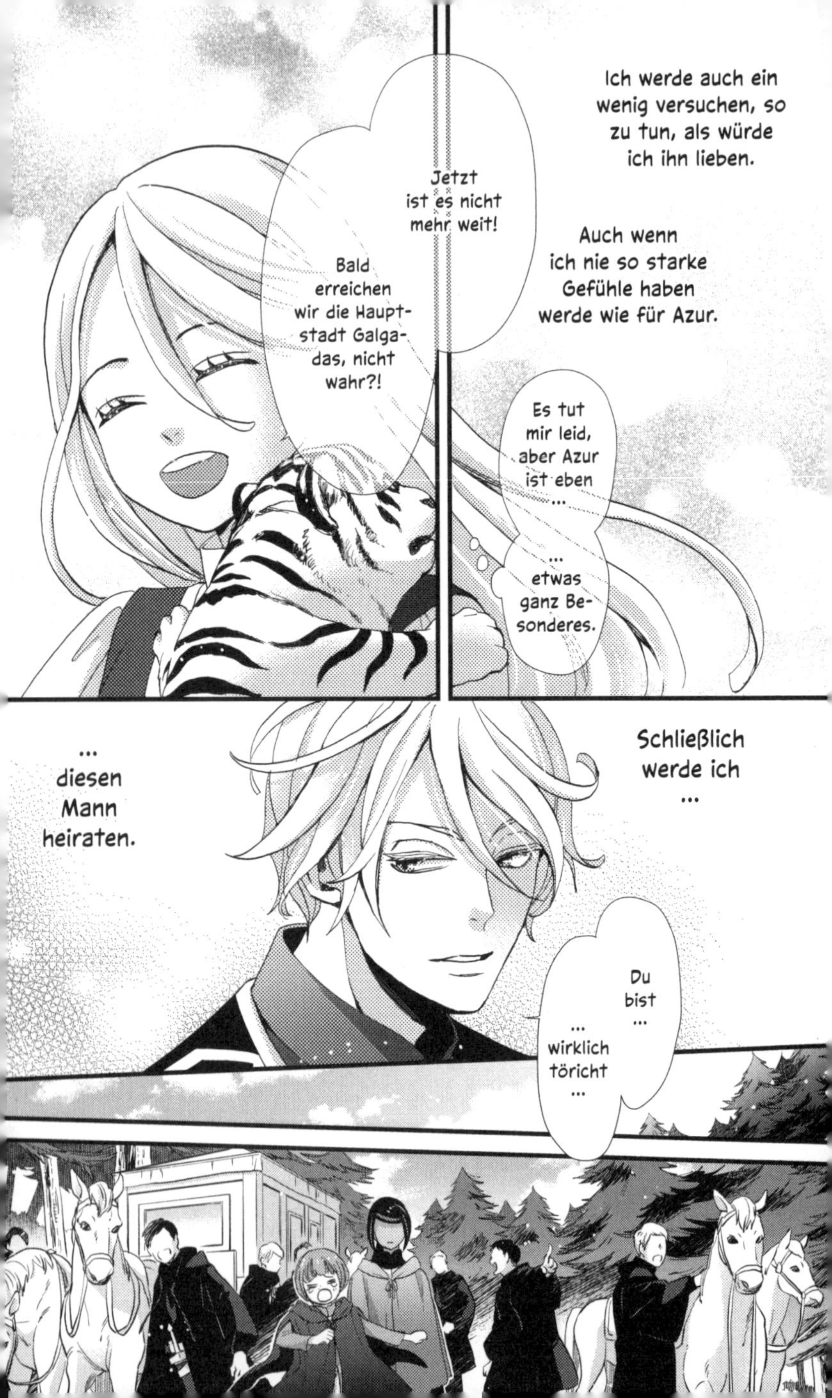

Ich werde auch ein wenig versuchen, so zu tun, als würde ich ihn lieben.
Auch wenn ich nie so starke Gefühle haben werde wie für Azur.
Jetzt ist es nicht mehr weit!
Bald erreichen wir die Haupt-stadt Galga-das, nicht wahr?!
Es tut mir leid, aber Azur ist eben ...
... etwas ganz Be-sonderes.
Schließlich werde ich ...
... diesen Mann heiraten.
Du bist ...
... wirklich töricht ...

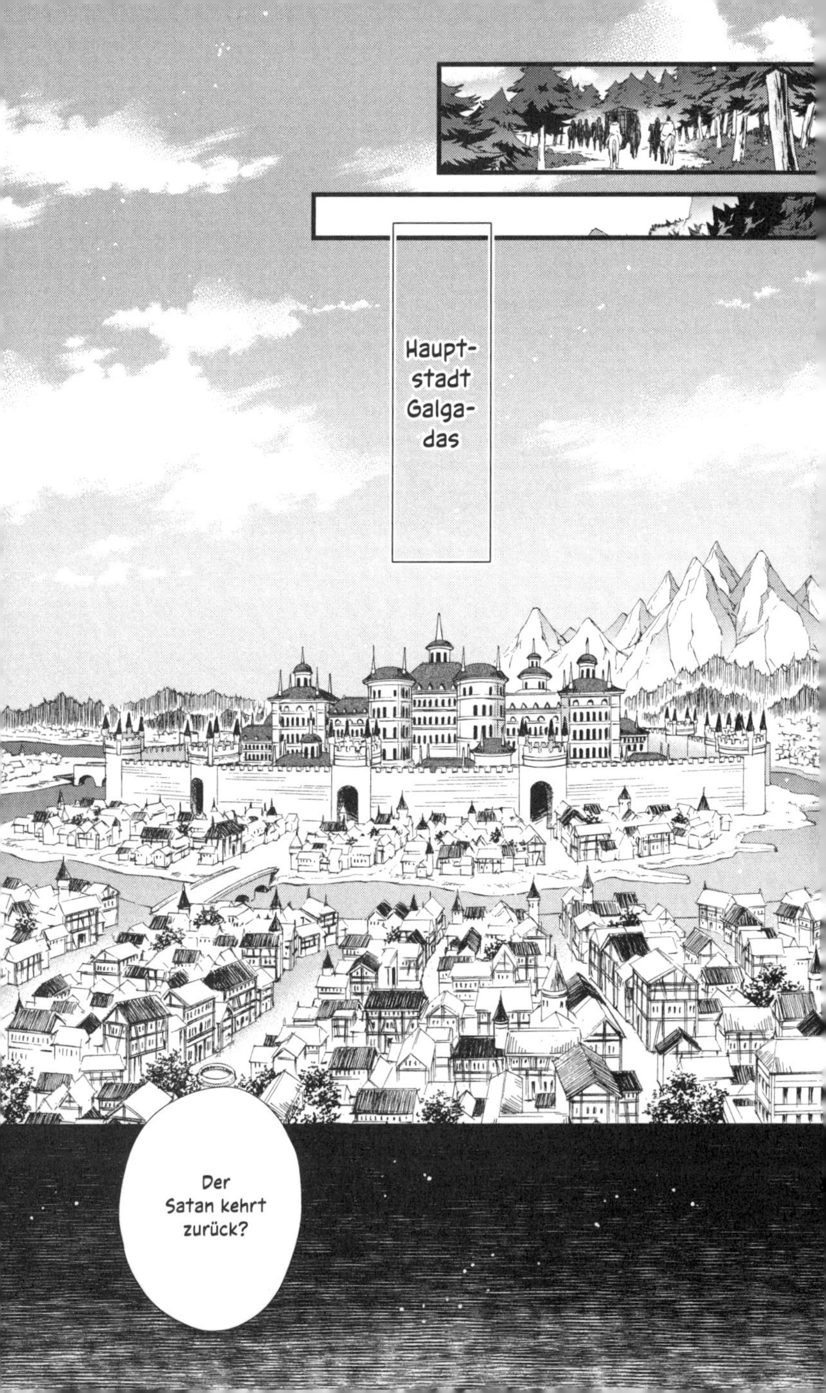
Haupt-
stadt
Galga-
das
Der
Satan kehrt
zurück?

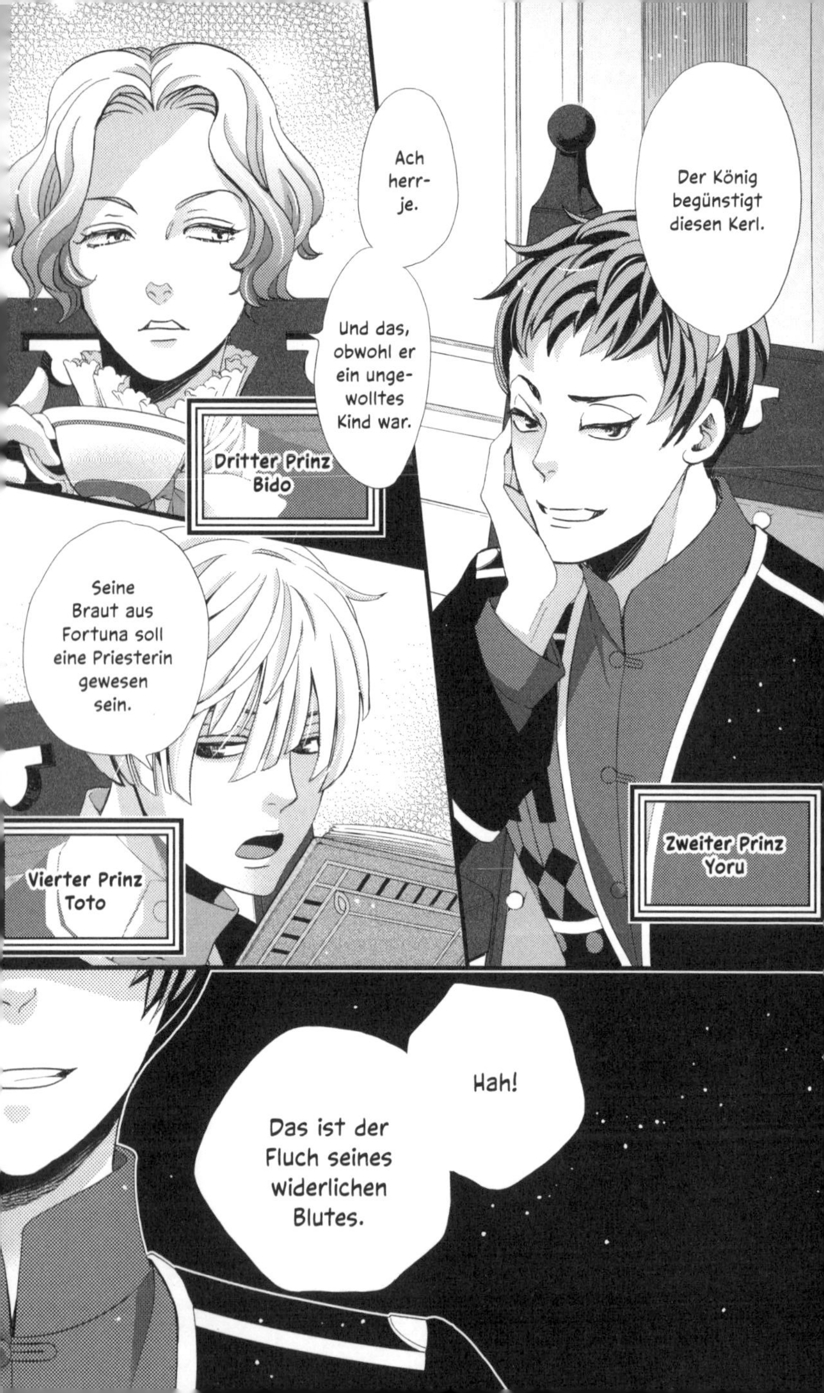
Der König begünstigt diesen Kerl.
Zweiter Prinz Yoru
Ach herr-je.
Und das, obwohl er ein ungewolltes Kind war.
Dritter Prinz Bido
Seine Braut aus Fortuna soll eine Priesterin gewesen sein.
Vierter Prinz Toto
Hah!
Das ist der Fluch seines widerlichen Blutes.

Nina

Die Sterne sind dein Schicksal

Nina

Die Sterne sind dein Schicksal

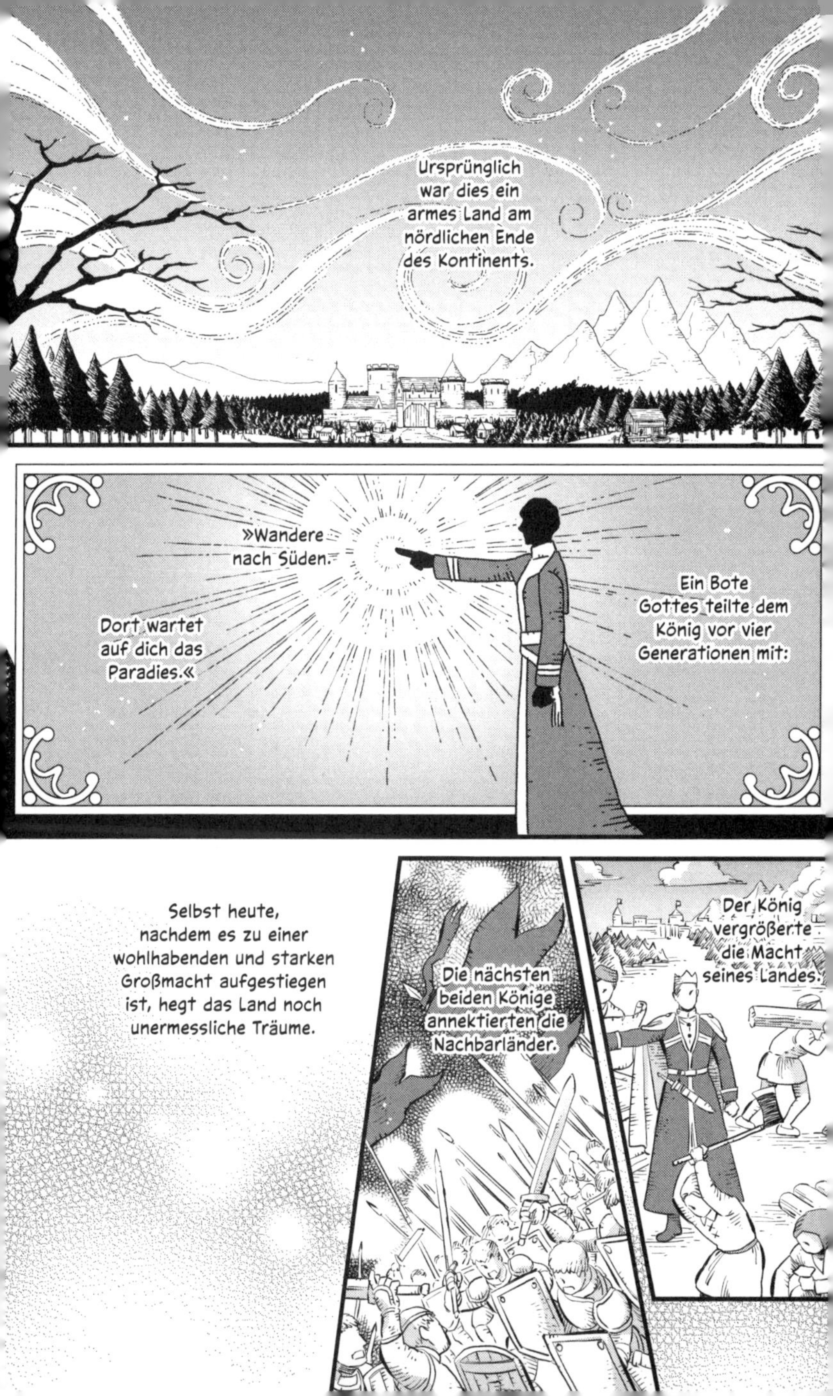
Ursprünglich war dies ein armes Land am nördlichen Ende des Kontinents.
Ein Bote Gottes teilte dem König vor vier Generationen mit:
»Wandere nach Süden.
Dort wartet auf dich das Paradies.«
Der König vergrößerte die Macht seines Landes.
Die nächsten beiden Könige annektierten die Nachbarländer.
Selbst heute, nachdem es zu einer wohlhabenden und starken Großmacht aufgestiegen ist, hegt das Land noch unermessliche Träume.

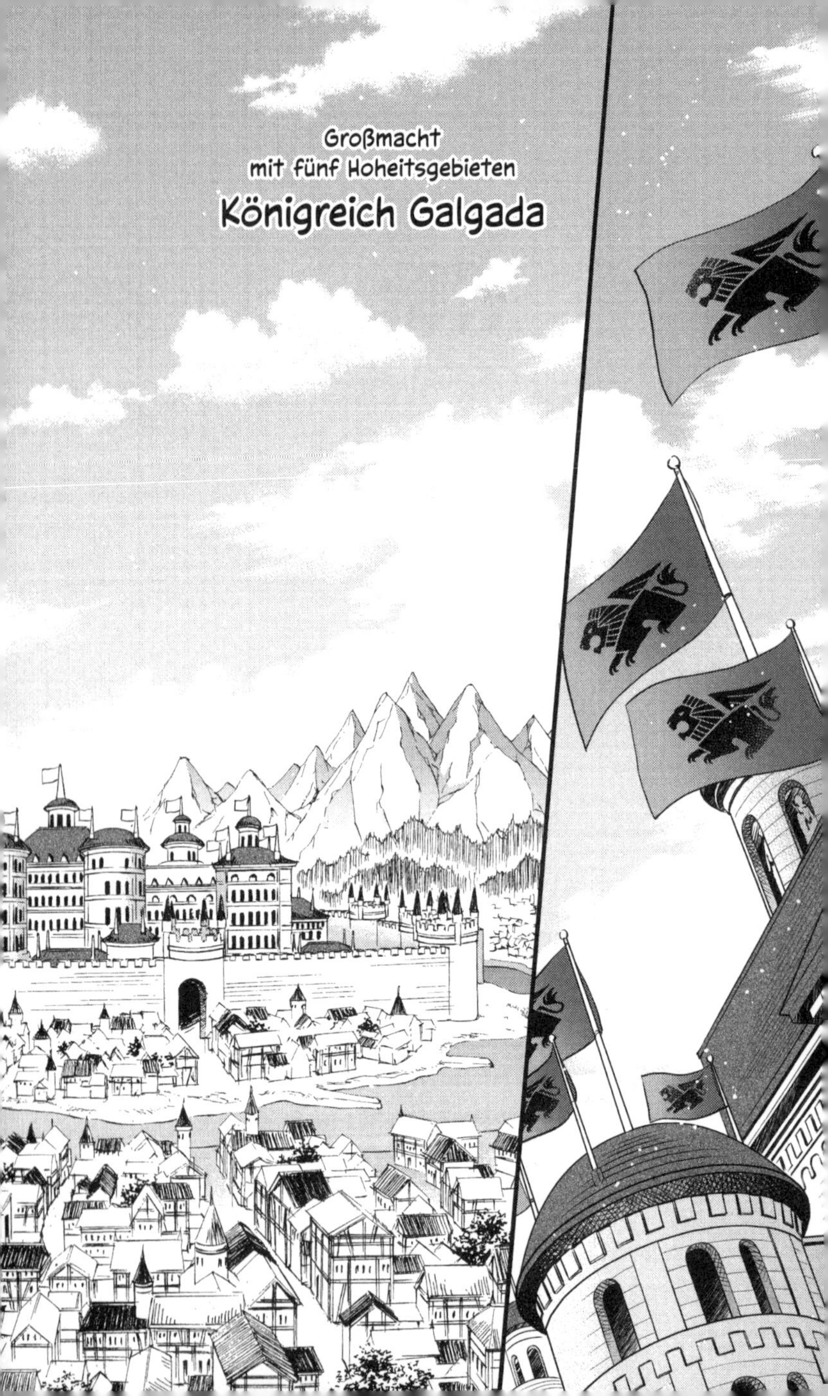
Großmacht
mit fünf Hoheitsgebieten
Königreich Galgada

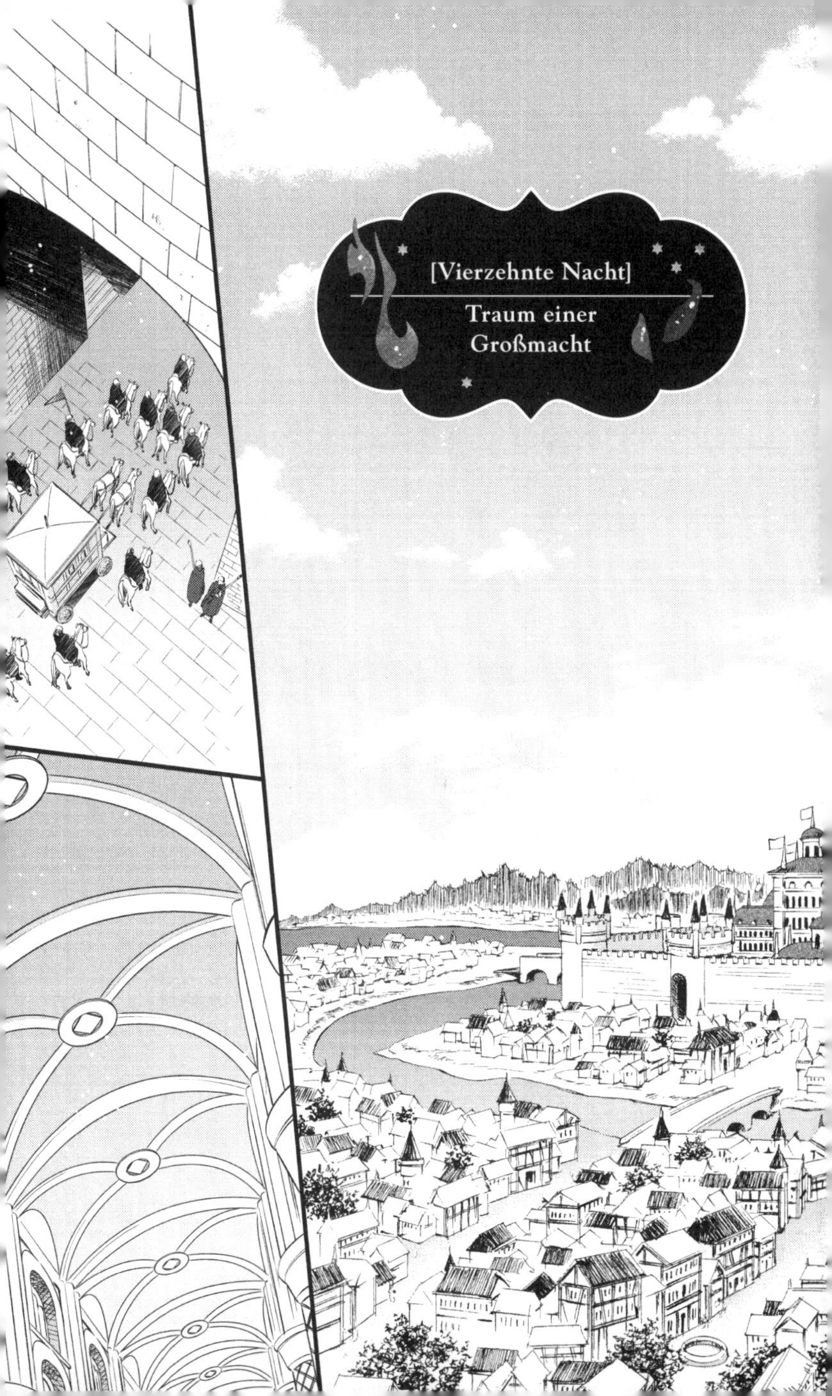
[Vierzehnte Nacht]
Traum einer Großmacht

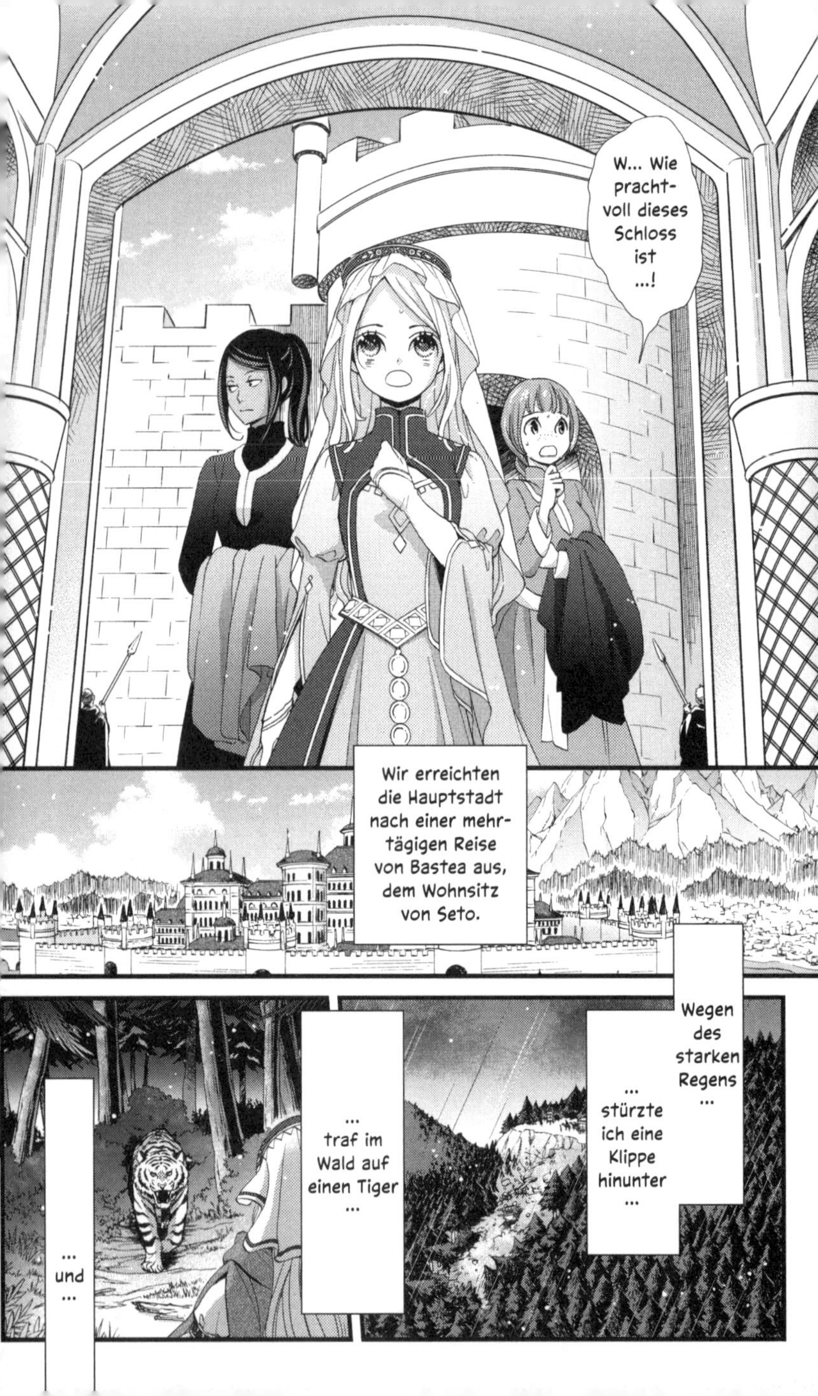
W... Wie pracht-voll dieses Schloss ist ...!
Wir erreichten die Hauptstadt nach einer mehr-tägigen Reise von Bastea aus, dem Wohnsitz von Seto.
Wegen des starken Regens ...
... stürzte ich eine Klippe hinunter ...
... traf im Wald auf einen Tiger ...
... und ...

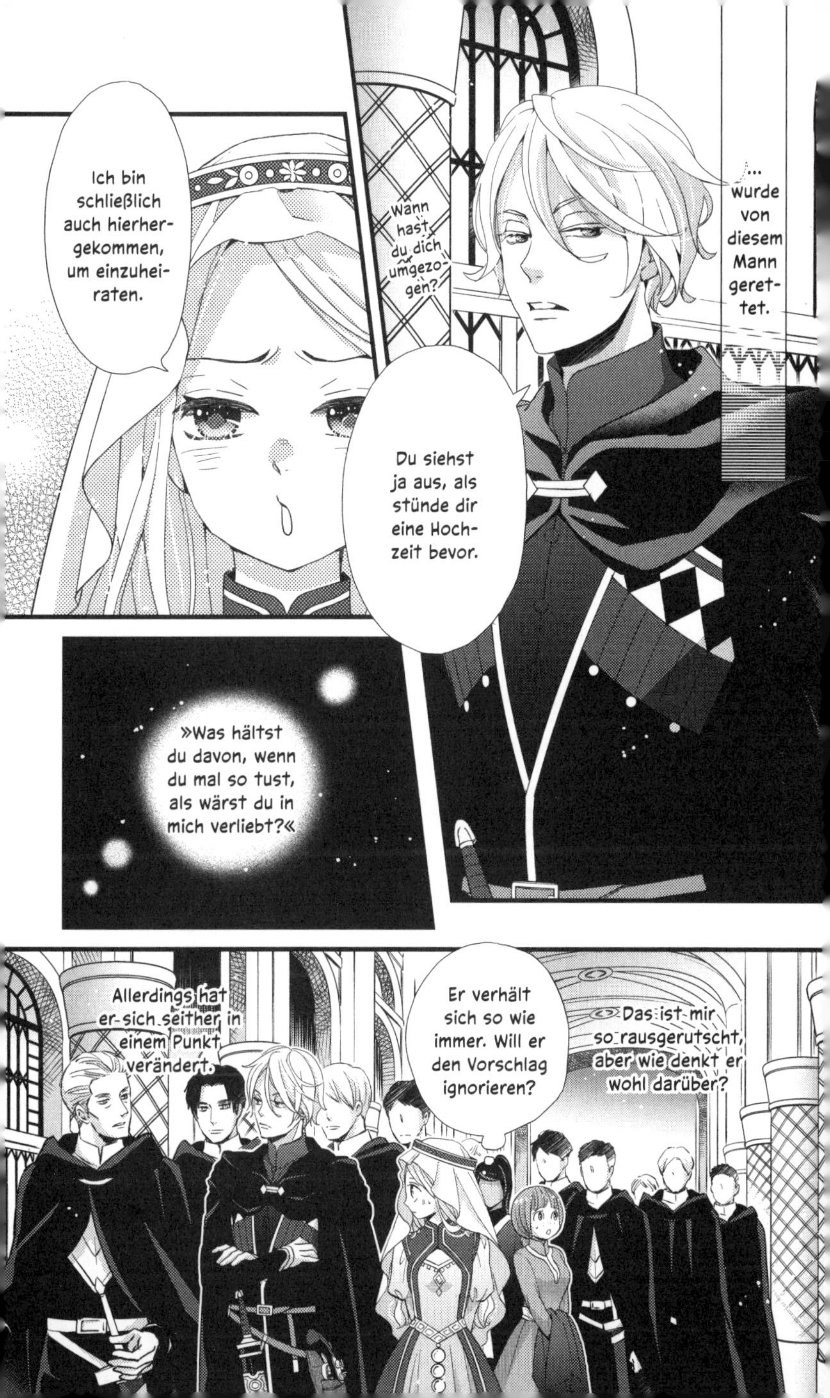

... wurde von diesem Mann gerettet.
Wann hast du dich umgezogen?
Du siehst ja aus, als stünde dir eine Hochzeit bevor.
Ich bin schließlich auch hierhergekommen, um einzuheiraten.
»Was hältst du davon, wenn du mal so tust, als wärst du in mich verliebt?«
Das ist mir so rausgerutscht, aber wie denkt er wohl darüber?
Er verhält sich so wie immer. Will er den Vorschlag ignorieren?
Allerdings hat er sich seither in einem Punkt verändert.

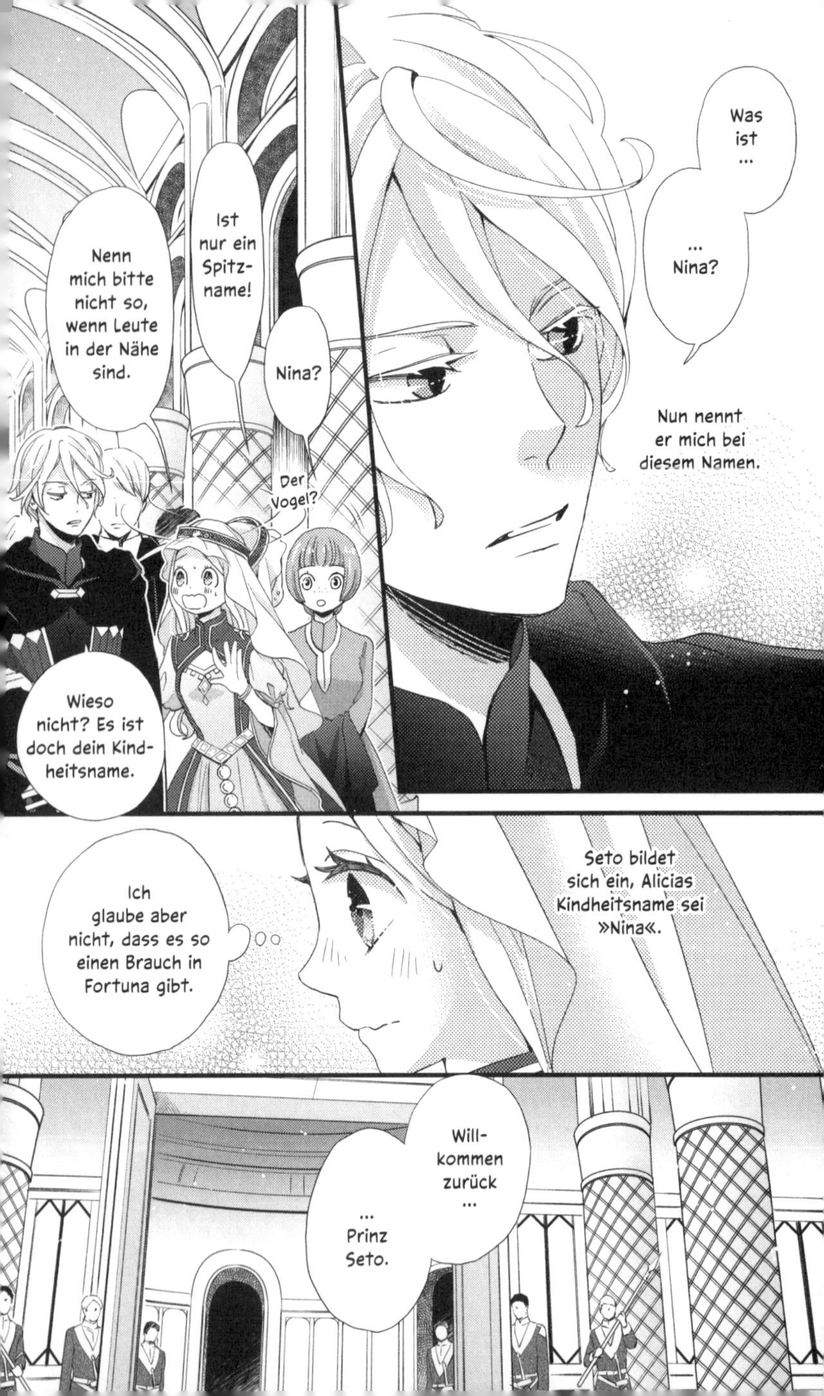
Was ist …
… Nina?
Nun nennt er mich bei diesem Namen.
Nina?
Der Vogel?
Ist nur ein Spitzname!
Nenn mich bitte nicht so, wenn Leute in der Nähe sind.
Wieso nicht? Es ist doch dein Kindheitsname.
Seto bildet sich ein, Alicias Kindheitsname sei »Nina«.
Ich glaube aber nicht, dass es so einen Brauch in Fortuna gibt.
Willkommen zurück …
… Prinz Seto.

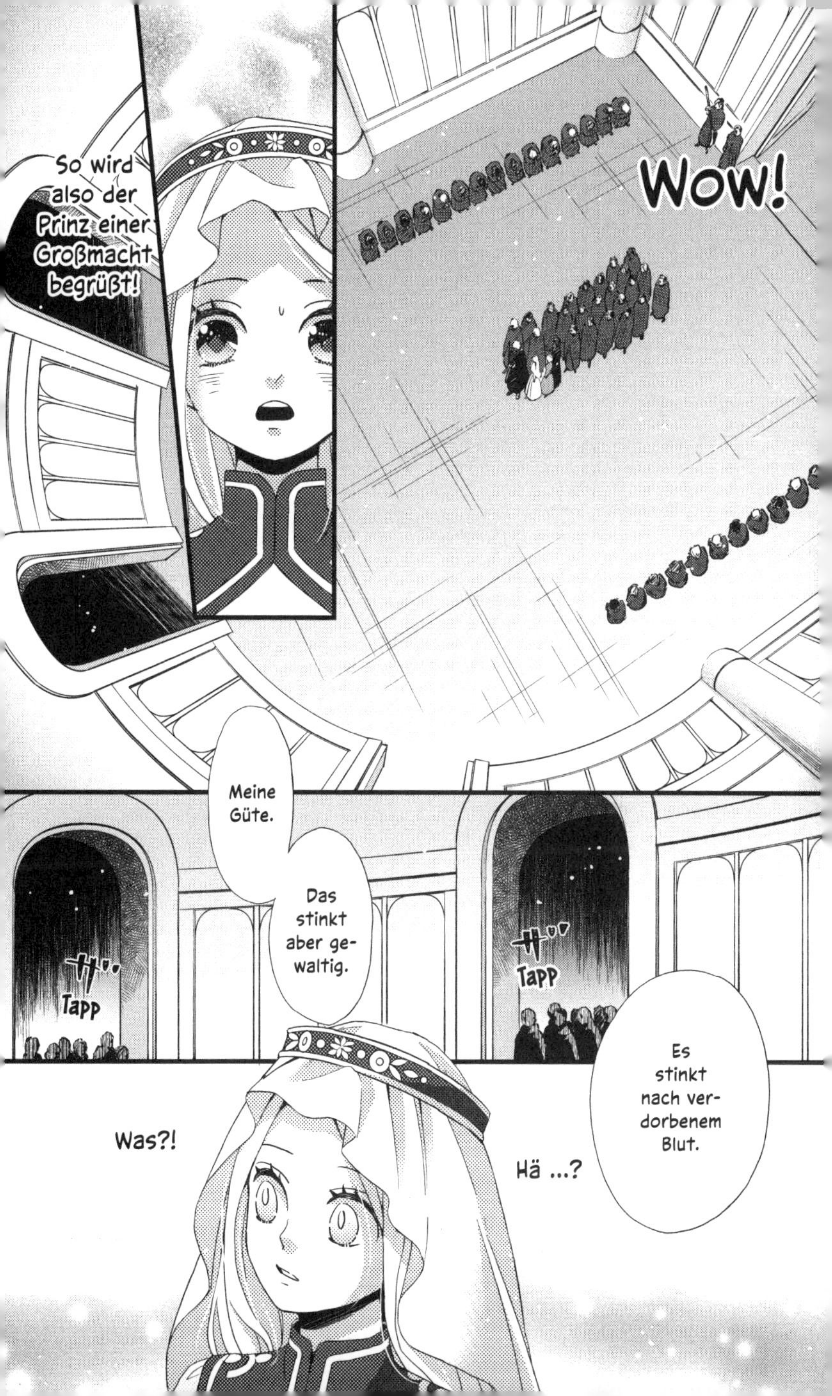
Wow!
So wird also der Prinz einer Großmacht begrüßt!
Meine Güte.
Das stinkt aber ge-waltig.
Tapp
Tapp
Es stinkt nach ver-dorbenem Blut.
Hä ...?
Was?!

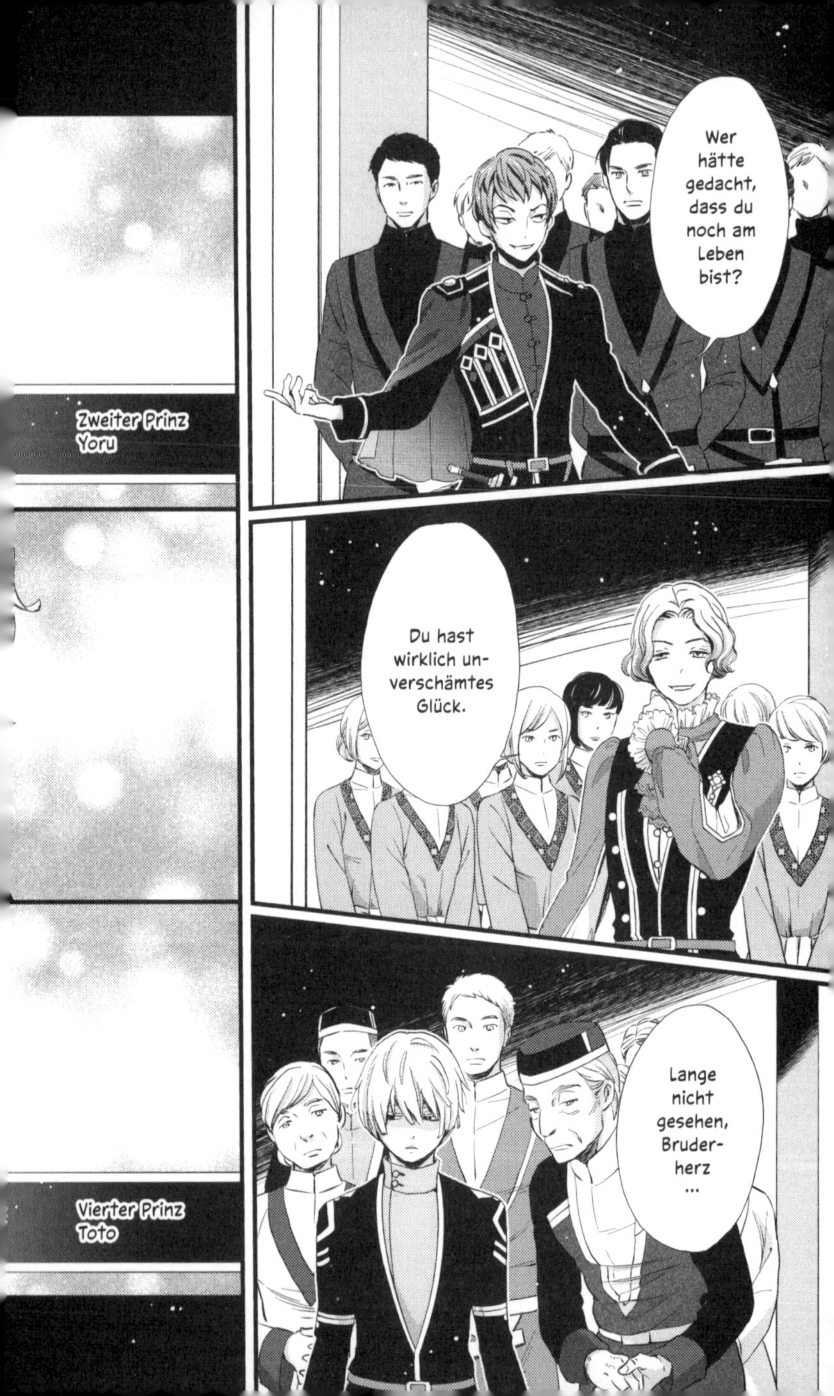

Wer hätte gedacht, dass du noch am Leben bist?
Zweiter Prinz Yoru
Du hast wirklich unverschämtes Glück.
Lange nicht gesehen, Bruderherz ...
Vierter Prinz Toto

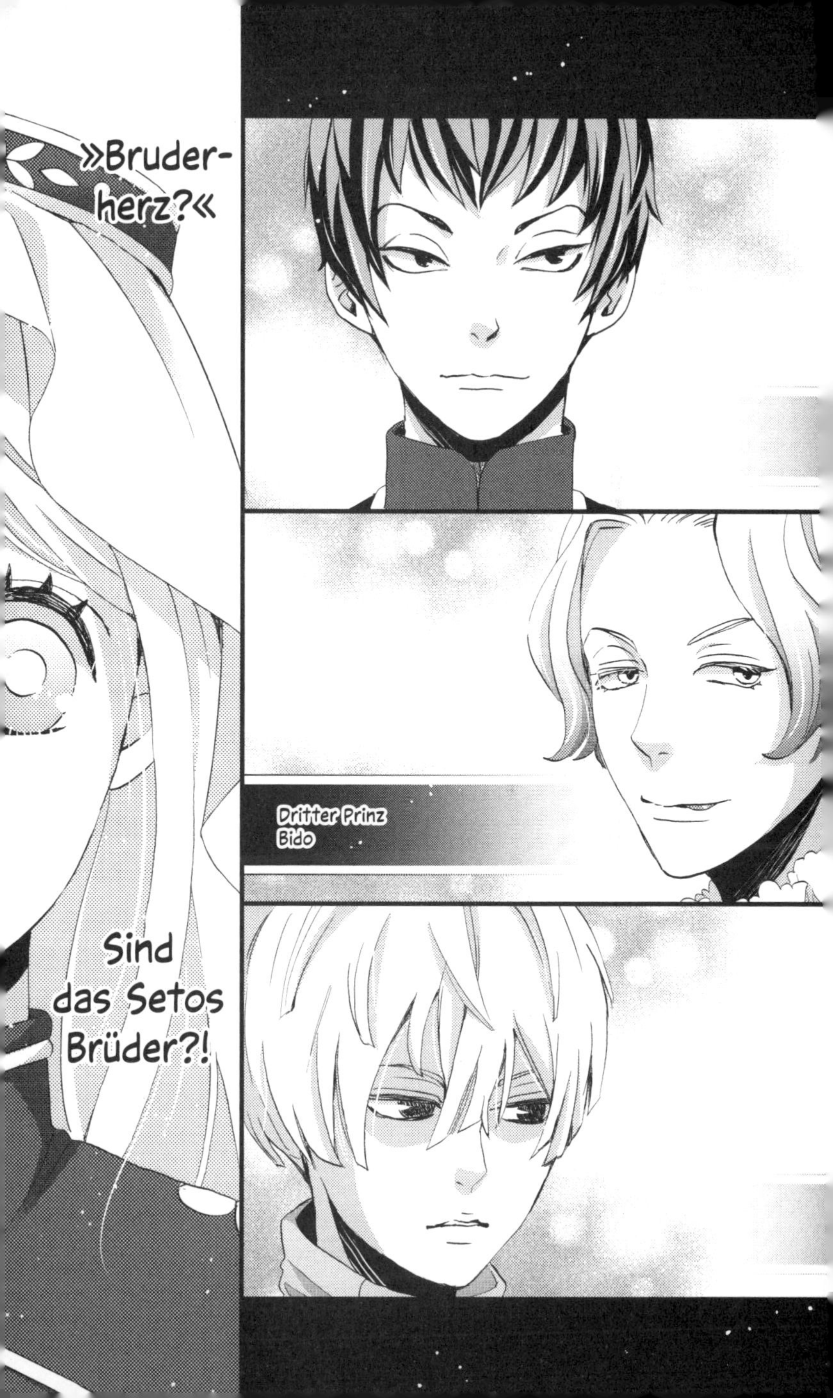
»Bruder-
herz?«
Dritter Prinz
Bido
Sind
das Setos
Brüder?!

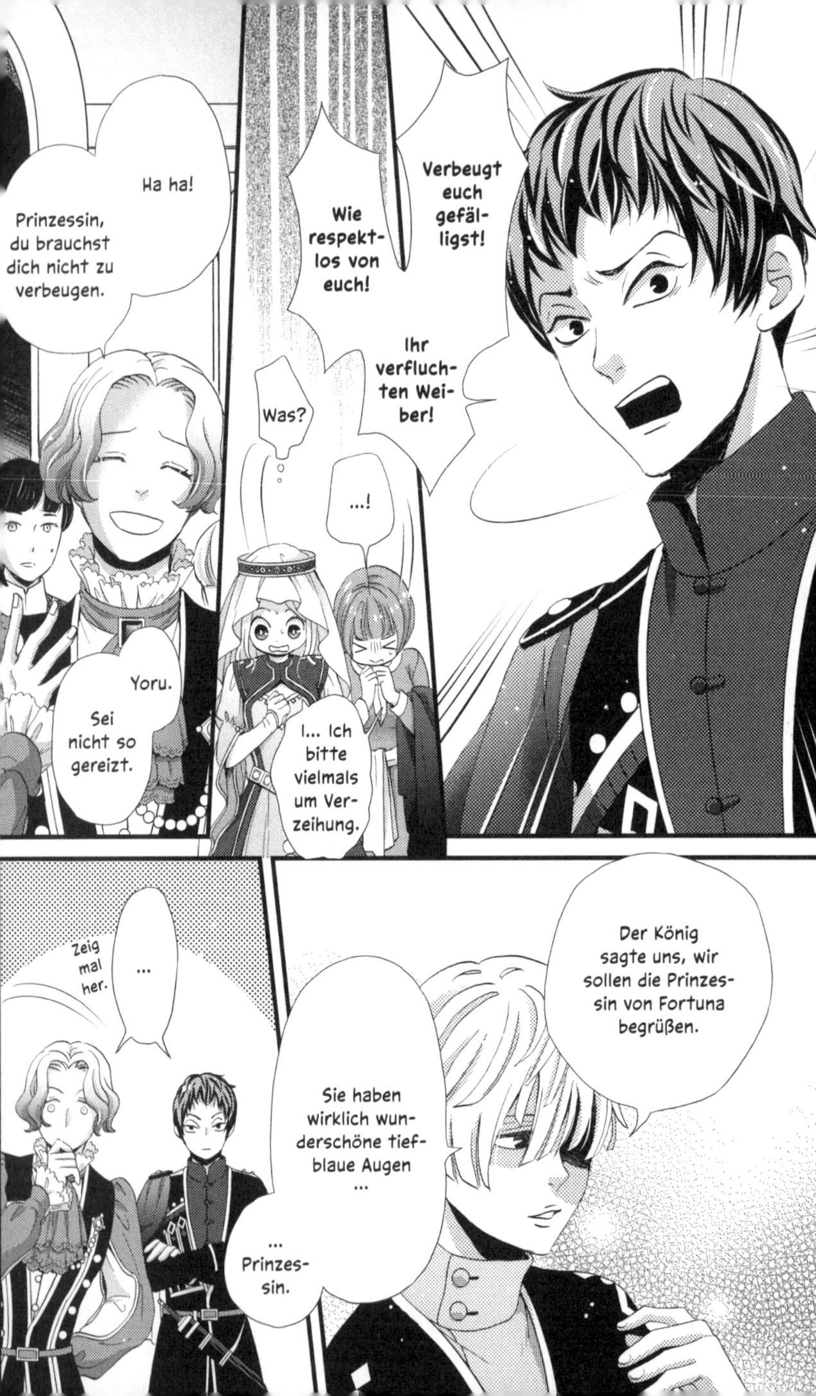

Verbeugt euch gefälligst!
Ihr verfluchten Weiber!
Wie respektlos von euch!
Was?
...!
I... Ich bitte vielmals um Verzeihung.
Ha ha!
Prinzessin, du brauchst dich nicht zu verbeugen.
Yoru.
Sei nicht so gereizt.
Der König sagte uns, wir sollen die Prinzessin von Fortuna begrüßen.
Sie haben wirklich wunderschöne tiefblaue Augen ...
... Prinzessin.
Zeig mal her.
...

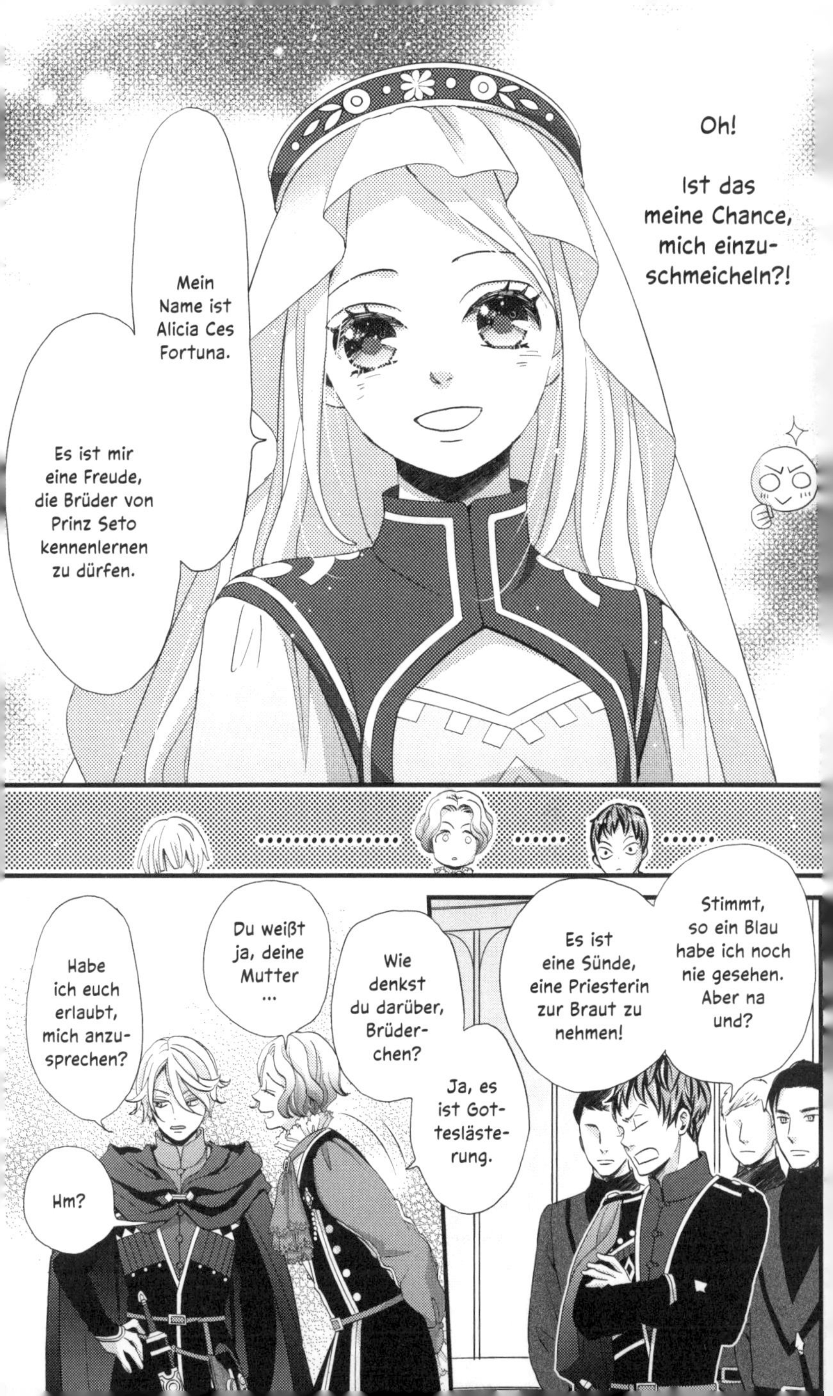
Oh!
Ist das meine Chance, mich einzuschmeicheln?!
Mein Name ist Alicia Ces Fortuna.
Es ist mir eine Freude, die Brüder von Prinz Seto kennenlernen zu dürfen.
......
......
....
Stimmt, so ein Blau habe ich noch nie gesehen. Aber na und?
Es ist eine Sünde, eine Priesterin zur Braut zu nehmen!
Ja, es ist Gotteslästerung.
Wie denkst du darüber, Brüderchen?
Du weißt ja, deine Mutter ...
Hm?
Habe ich euch erlaubt, mich anzusprechen?

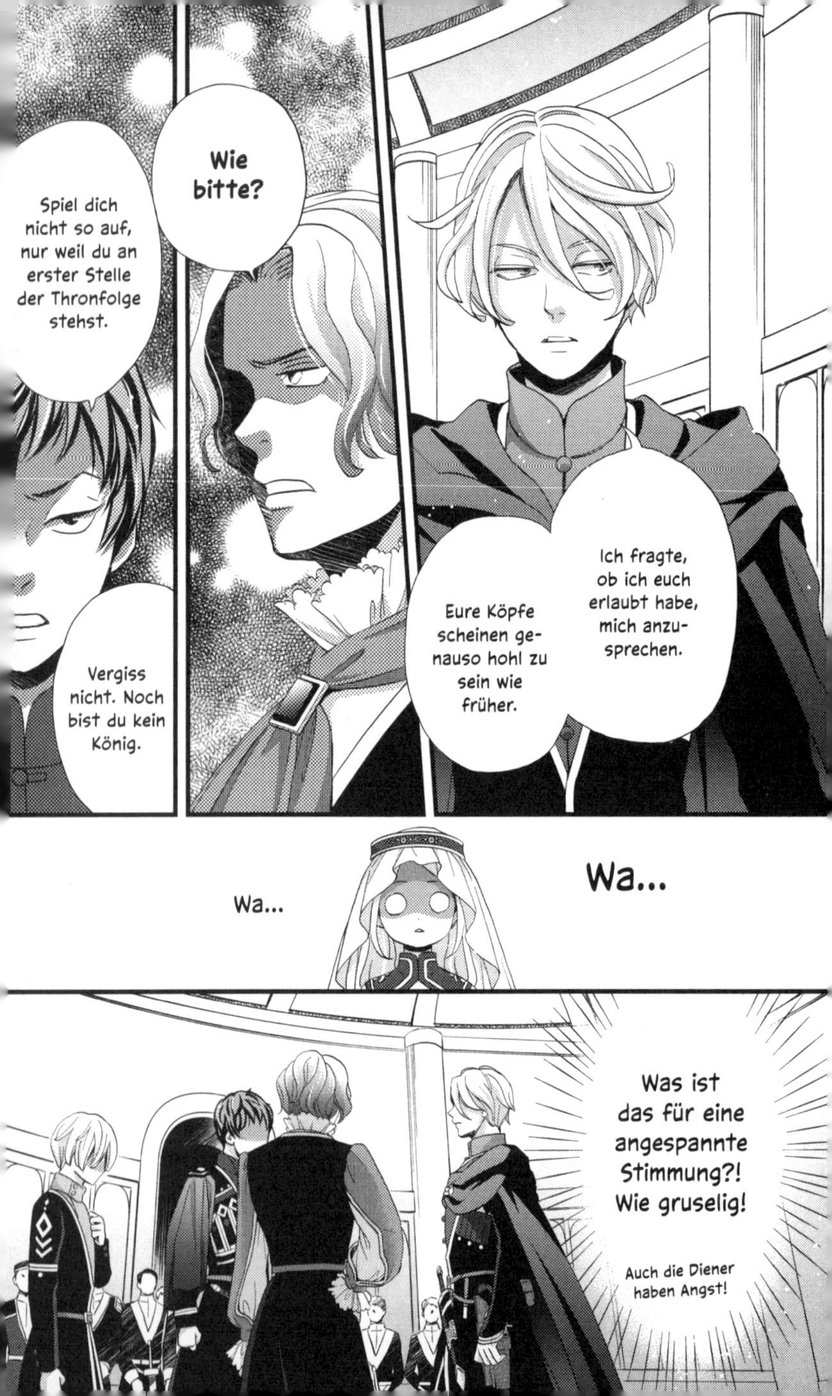
Ich fragte, ob ich euch erlaubt habe, mich anzusprechen.
Eure Köpfe scheinen genauso hohl zu sein wie früher.
Wie bitte?
Spiel dich nicht so auf, nur weil du an erster Stelle der Thronfolge stehst.
Vergiss nicht. Noch bist du kein König.
Wa...
Wa...
Was ist das für eine angespannte Stimmung?! Wie gruselig!
Auch die Diener haben Angst!

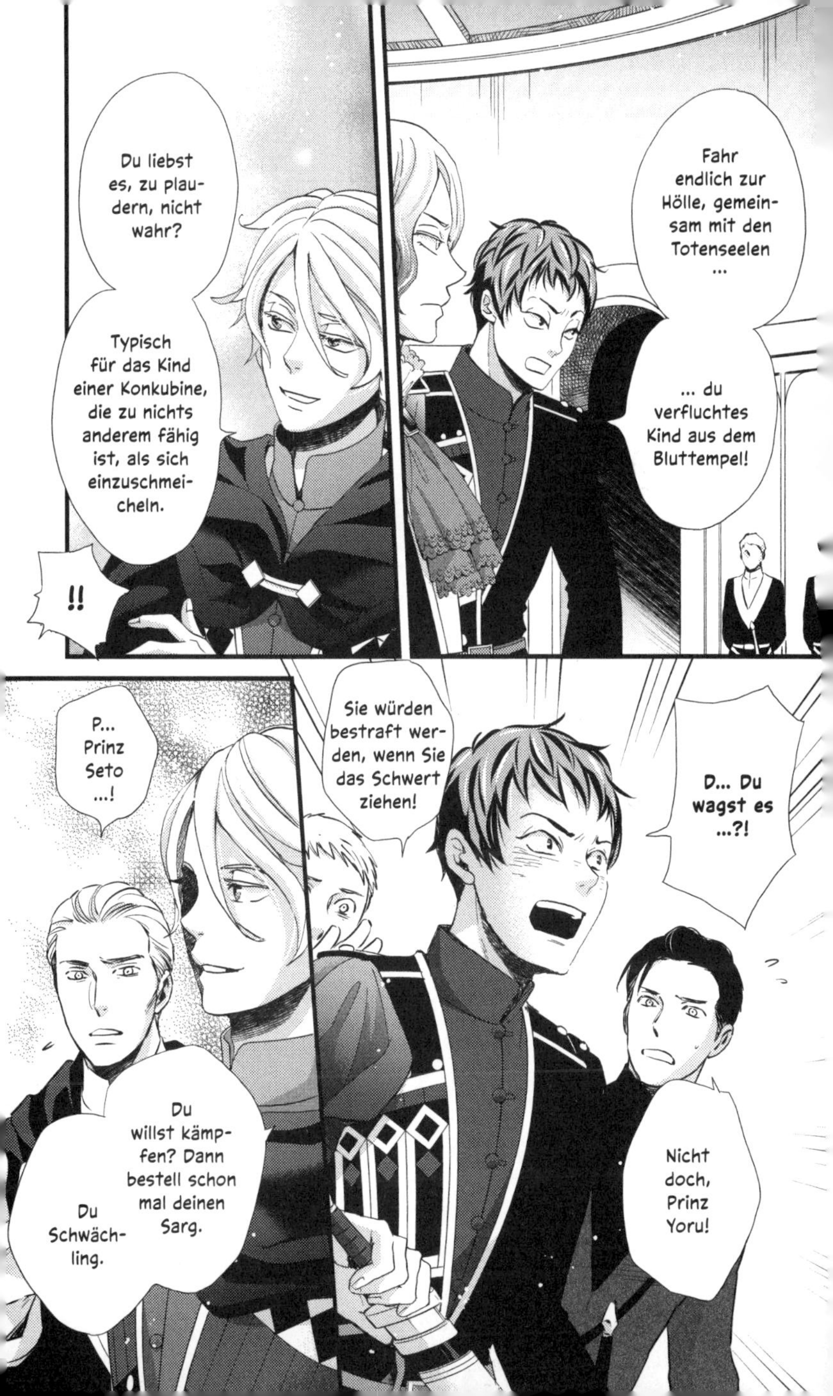
Fahr endlich zur Hölle, gemeinsam mit den Totenseelen ...
... du verfluchtes Kind aus dem Bluttempel!
Du liebst es, zu plaudern, nicht wahr?
Typisch für das Kind einer Konkubine, die zu nichts anderem fähig ist, als sich einzuschmeicheln.
!!
D... Du wagst es ...?!
Sie würden bestraft werden, wenn Sie das Schwert ziehen!
Nicht doch, Prinz Yoru!
P... Prinz Seto ...!
Du willst kämpfen? Dann bestell schon mal deinen Sarg.
Du Schwächling.

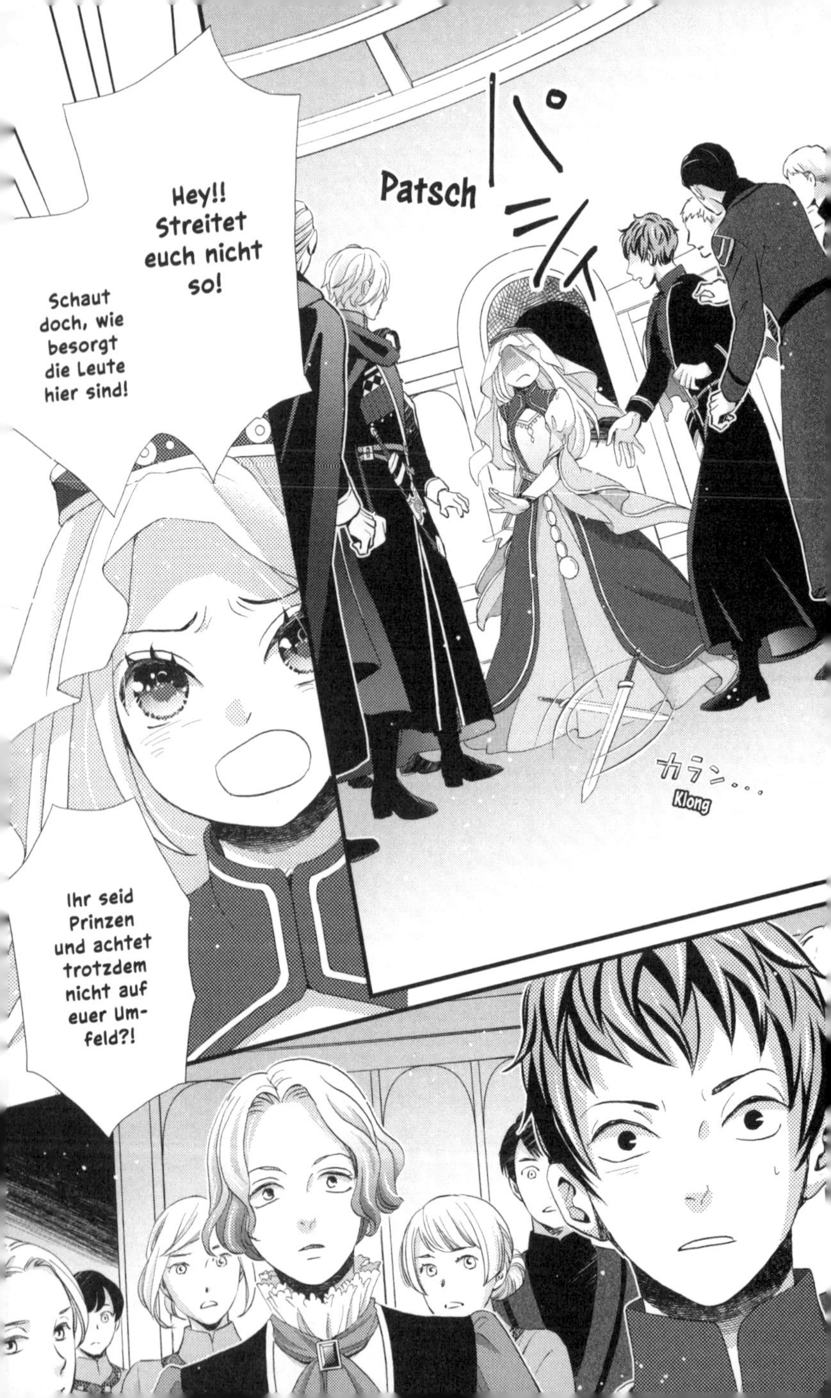

パシィ
Patsch
カラン…
Klong
Hey!! Streitet euch nicht so!
Schaut doch, wie besorgt die Leute hier sind!
Ihr seid Prinzen und achtet trotzdem nicht auf euer Umfeld?!

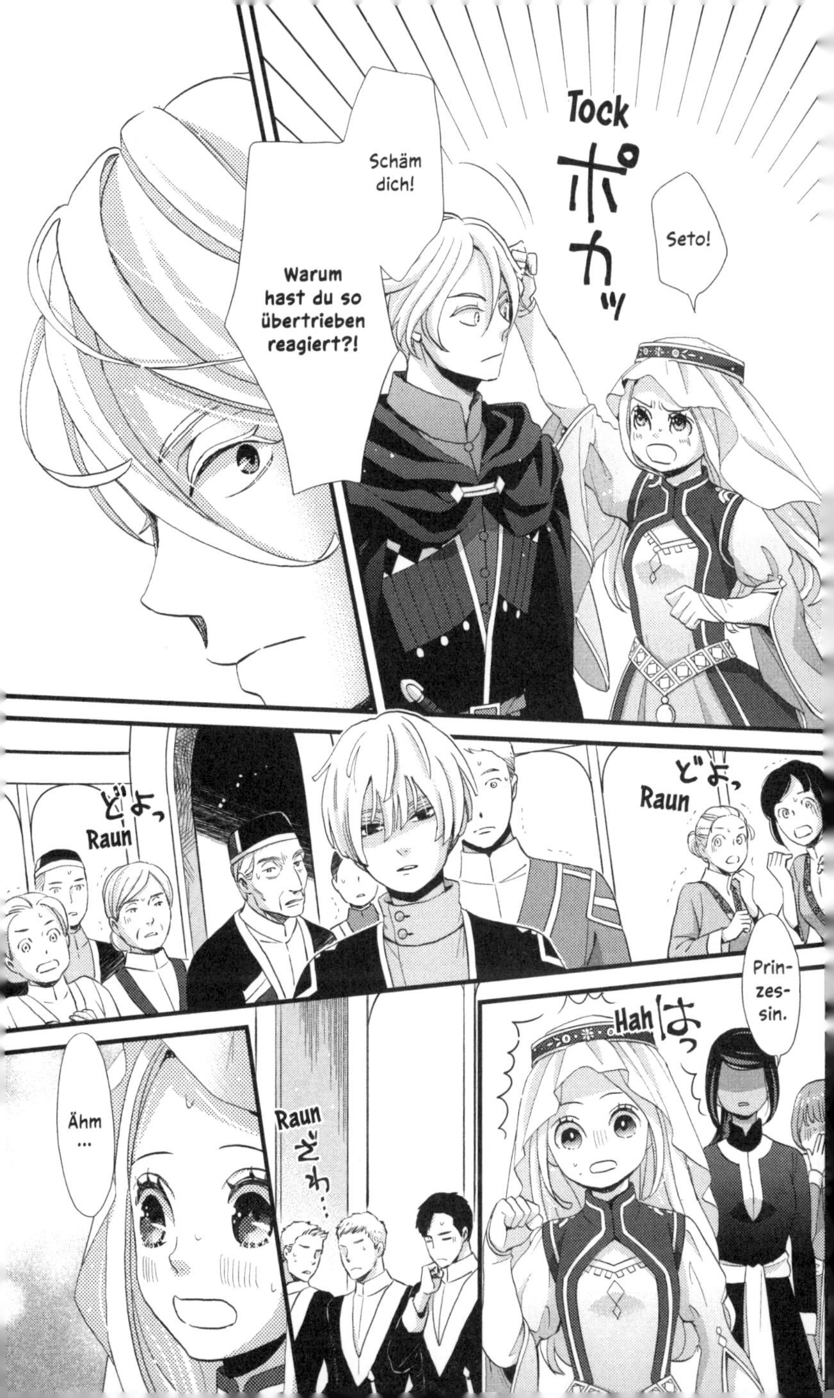
Tock
ポカッ
Seto!
Schäm dich!
Warum hast du so übertrieben reagiert?!
どよっ
Raun
どよっ
Raun
Prin-zes-sin.
Hah
はっ
Raun
ざわ…
Ähm …

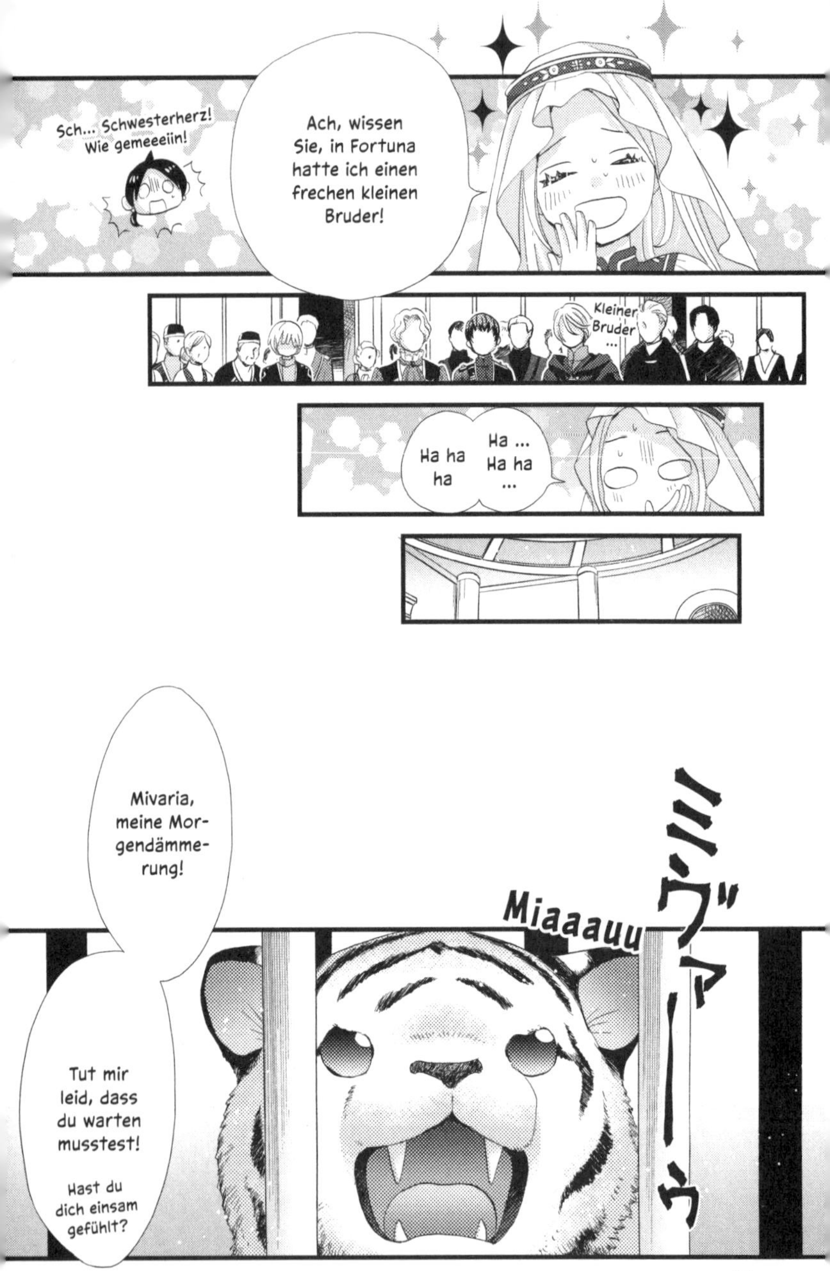

Ach, wissen Sie, in Fortuna hatte ich einen frechen kleinen Bruder!
Sch... Schwesterherz! Wie gemeeeiin!
Kleiner Bruder ...
Ha ... Ha ha ...
Ha ha ha
Mivaria, meine Morgendämmerung!
Miaaaauu
Tut mir leid, dass du warten musstest!
Hast du dich einsam gefühlt?

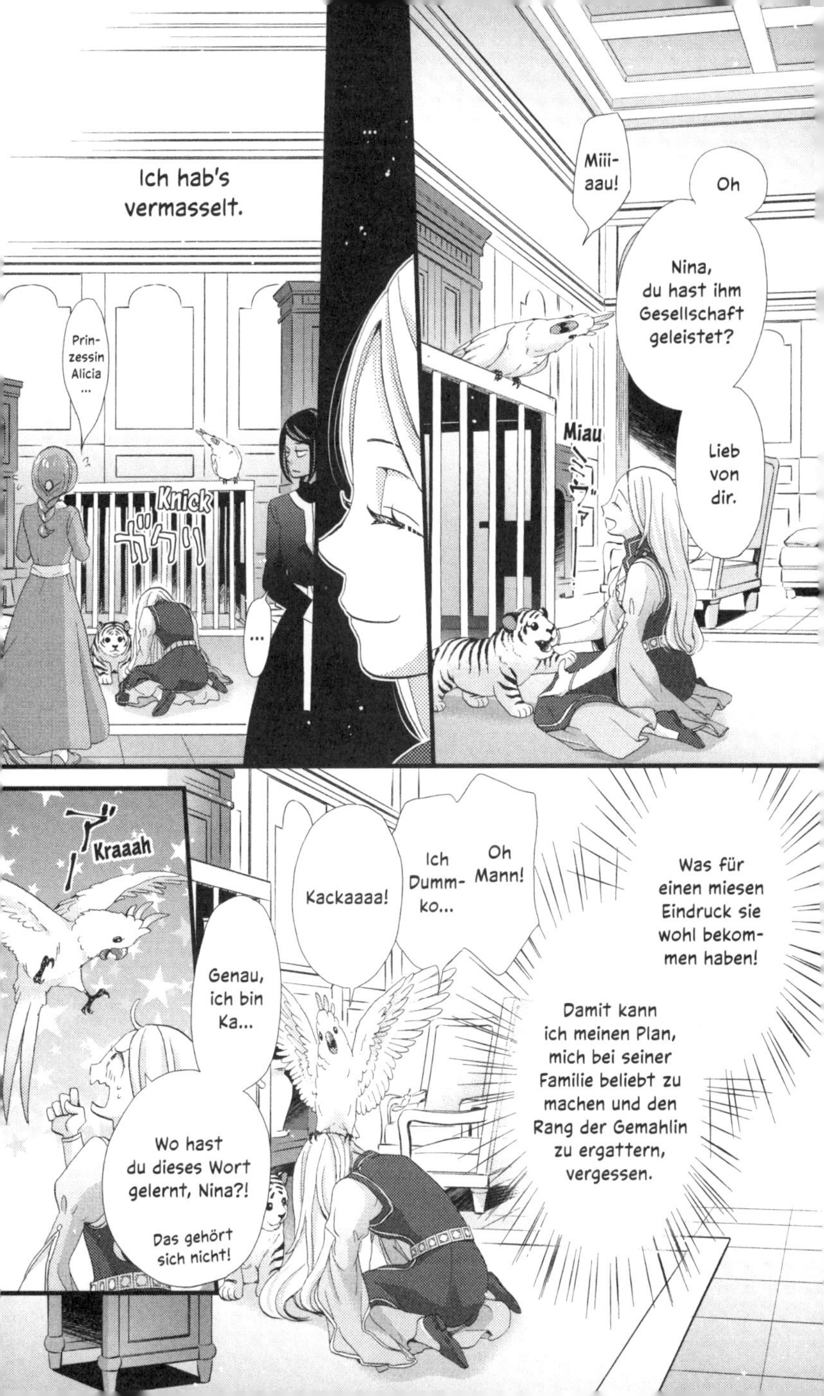
Miii-aau!
Oh
Nina, du hast ihm Gesellschaft geleistet?
Miau
Lieb von dir.
…
Ich hab's vermasselt.
Prinzessin Alicia …
Knick
…
Was für einen miesen Eindruck sie wohl bekommen haben!
Damit kann ich meinen Plan, mich bei seiner Familie beliebt zu machen und den Rang der Gemahlin zu ergattern, vergessen.
Oh Mann!
Ich Dummko…
Kackaaaa!
Kraaah
Genau, ich bin Ka…
Wo hast du dieses Wort gelernt, Nina?!
Das gehört sich nicht!

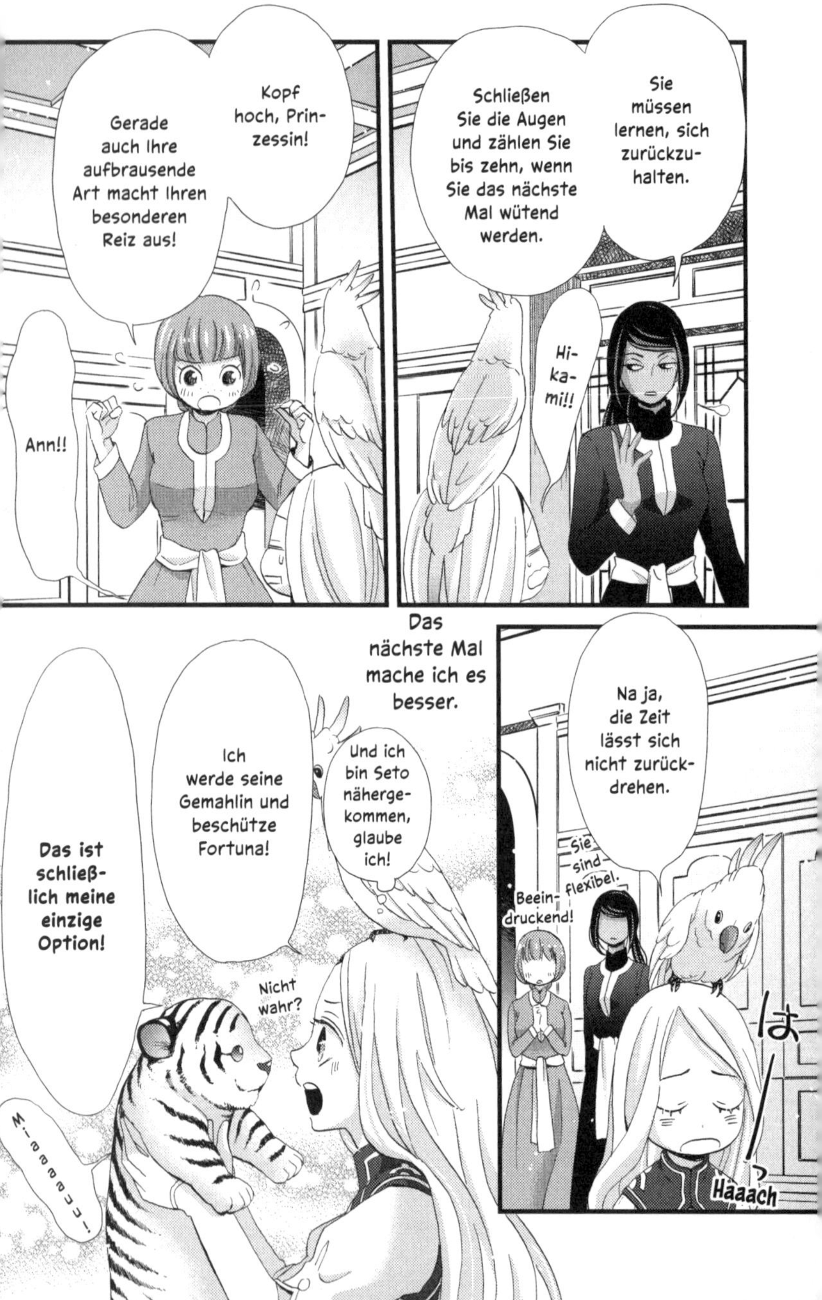

Sie müssen lernen, sich zurückzuhalten.
Schließen Sie die Augen und zählen Sie bis zehn, wenn Sie das nächste Mal wütend werden.
Hi-ka-mi!!
Kopf hoch, Prinzessin!
Gerade auch Ihre aufbrausende Art macht Ihren besonderen Reiz aus!
Ann!!
Na ja, die Zeit lässt sich nicht zurückdrehen.
Sie sind flexibel.
Beeindruckend!
はーっ
Haaach
Das nächste Mal mache ich es besser.
Und ich bin Seto nähergekommen, glaube ich!
Ich werde seine Gemahlin und beschütze Fortuna!
Das ist schließlich meine einzige Option!
Nicht wahr?
Miaaaauu!

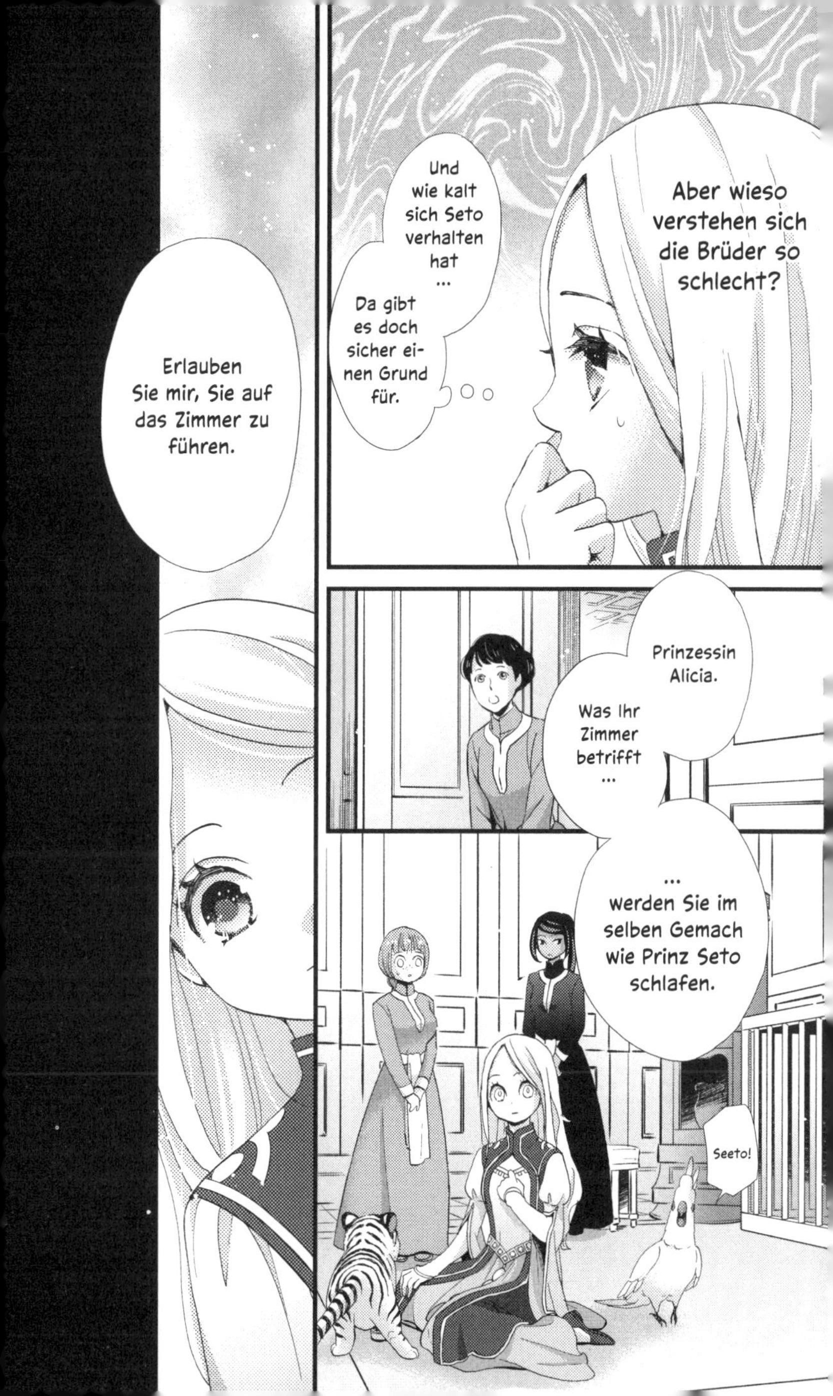
Aber wieso verstehen sich die Brüder so schlecht?
Und wie kalt sich Seto verhalten hat ...
Da gibt es doch sicher einen Grund für.
Erlauben Sie mir, Sie auf das Zimmer zu führen.
Prinzessin Alicia.
Was Ihr Zimmer betrifft ...
... werden Sie im selben Gemach wie Prinz Seto schlafen.
Seeto!

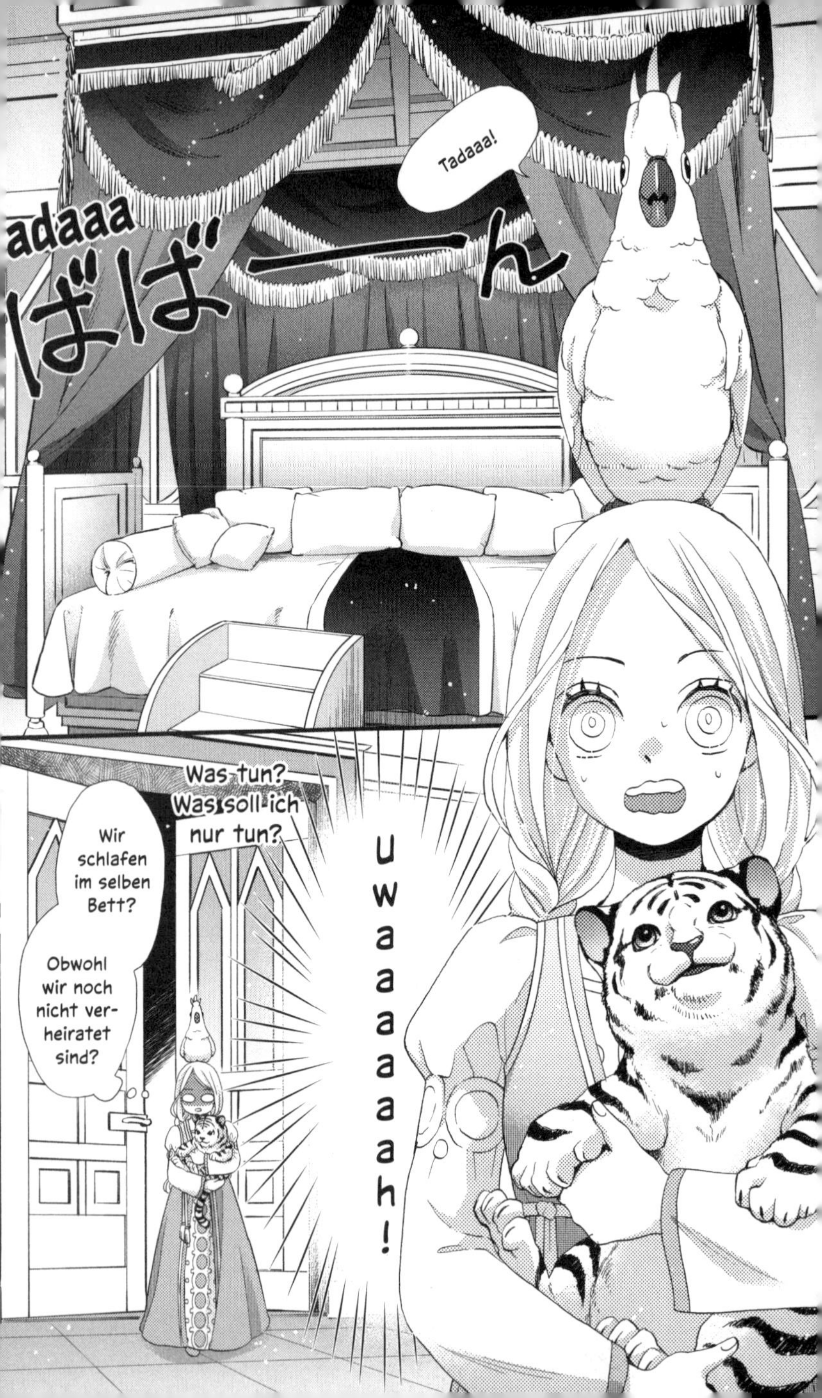
Tadaaa!
Tadaaa
ばばーーん
Was tun? Was soll ich nur tun?
Wir schlafen im selben Bett?
Obwohl wir noch nicht ver-heiratet sind?
Uwaaaaaaaah!

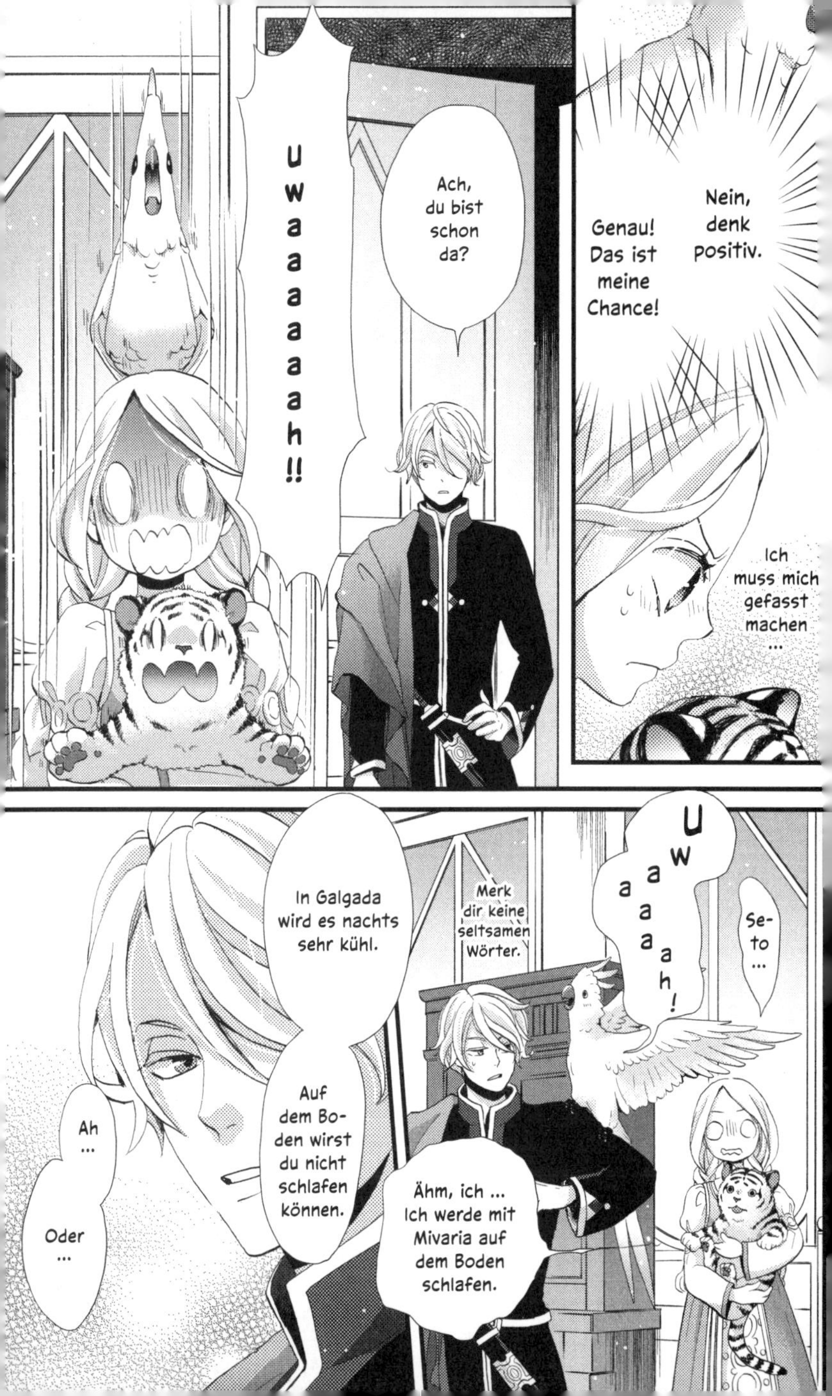
Nein, denk positiv.
Genau! Das ist meine Chance!
Ich muss mich gefasst machen ...
Ach, du bist schon da?
Uwaaaaaaah!!
Se- to ...
Uwaaaaah!
Merk dir keine seltsamen Wörter.
In Galgada wird es nachts sehr kühl.
Auf dem Bo- den wirst du nicht schlafen können.
Ähm, ich ... Ich werde mit Mivaria auf dem Boden schlafen.
Ah ...
Oder ...

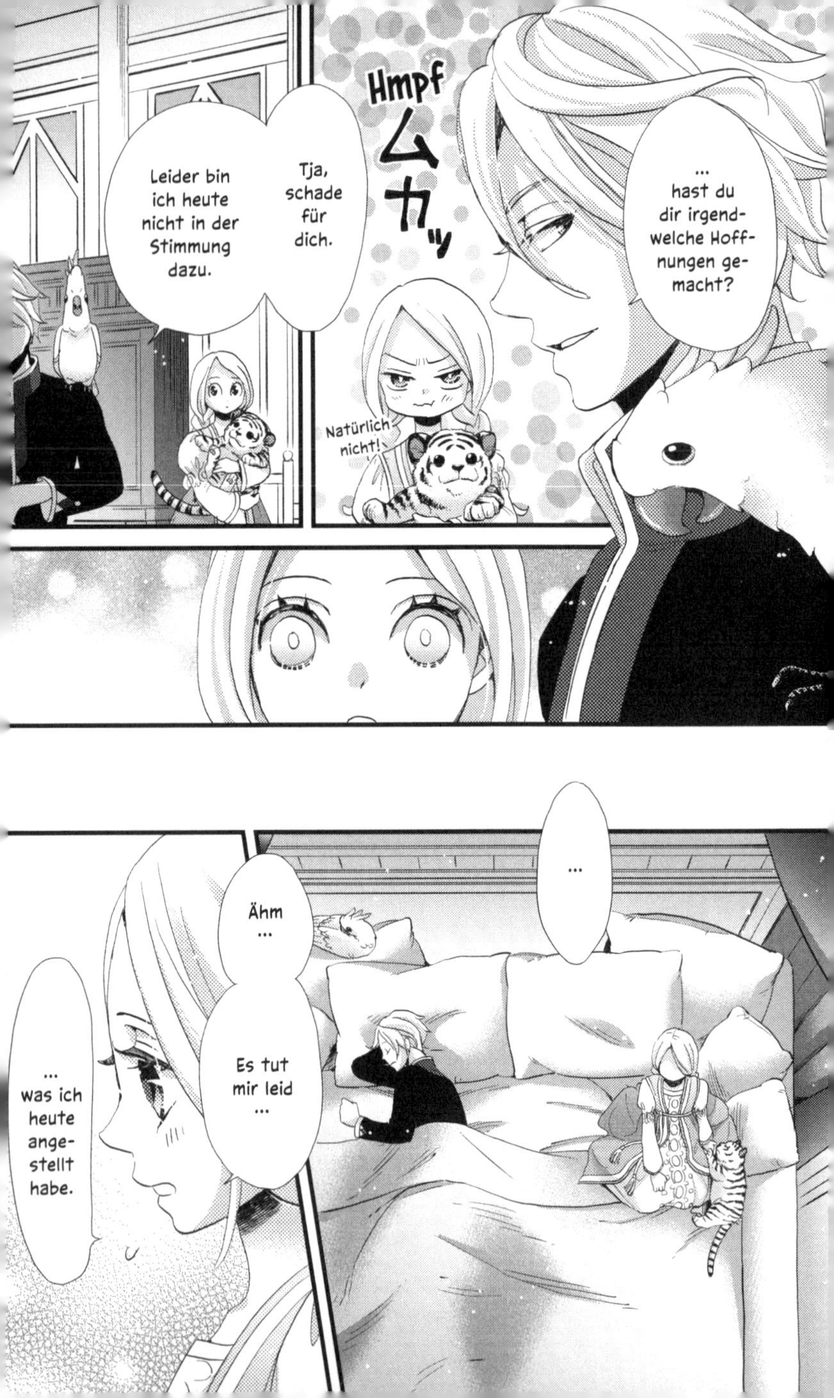

... hast du dir irgend-welche Hoff-nungen ge-macht?
Hmpf
ムカッ
Natürlich nicht!
Tja, schade für dich.
Leider bin ich heute nicht in der Stimmung dazu.
...
Ähm ...
Es tut mir leid ...
... was ich heute ange-stellt habe.

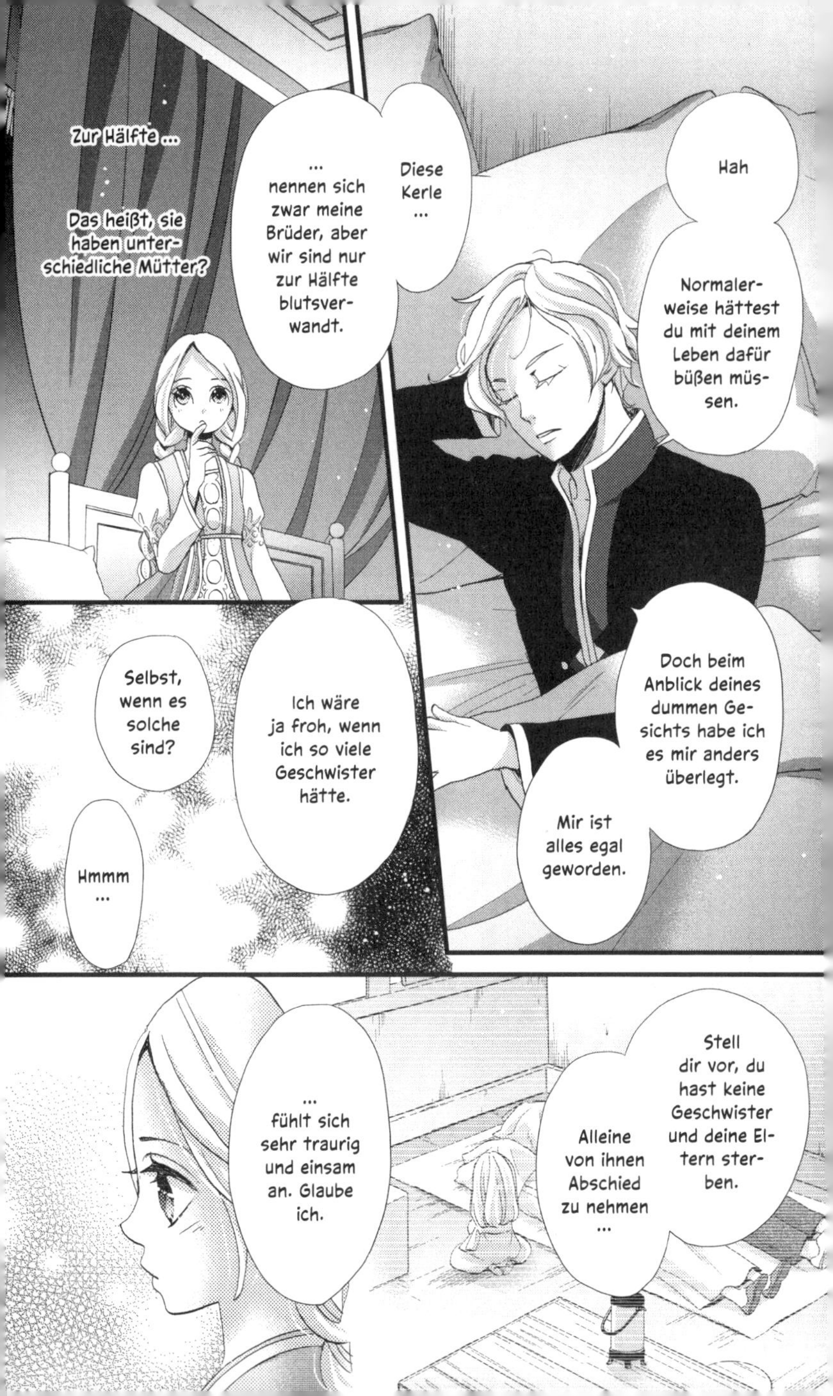
Hah
Normalerweise hättest du mit deinem Leben dafür büßen müssen.
Doch beim Anblick deines dummen Gesichts habe ich es mir anders überlegt.
Mir ist alles egal geworden.
Diese Kerle ...
... nennen sich zwar meine Brüder, aber wir sind nur zur Hälfte blutsverwandt.
Zur Hälfte ...
Das heißt, sie haben unterschiedliche Mütter?
Ich wäre ja froh, wenn ich so viele Geschwister hätte.
Selbst, wenn es solche sind?
Hmmm ...
Stell dir vor, du hast keine Geschwister und deine Eltern sterben.
Alleine von ihnen Abschied zu nehmen ...
... fühlt sich sehr traurig und einsam an. Glaube ich.

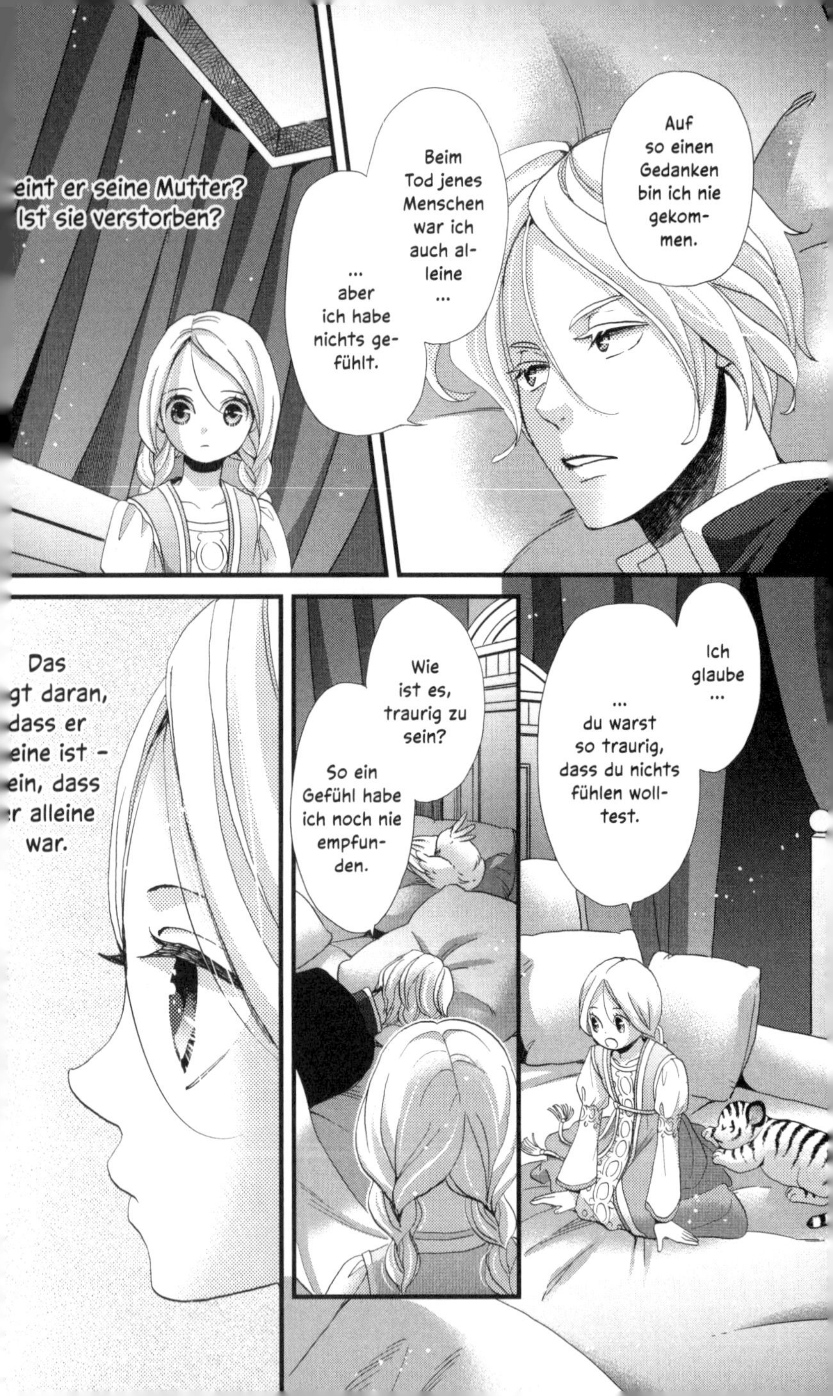
Auf so einen Gedanken bin ich nie gekommen.
Beim Tod jenes Menschen war ich auch alleine ...
... aber ich habe nichts gefühlt.
eint er seine Mutter? Ist sie verstorben?
Ich glaube ...
... du warst so traurig, dass du nichts fühlen wolltest.
Wie ist es, traurig zu sein?
So ein Gefühl habe ich noch nie empfunden.
Das
gt daran,
dass er
eine ist –
ein, dass
r alleine
war.

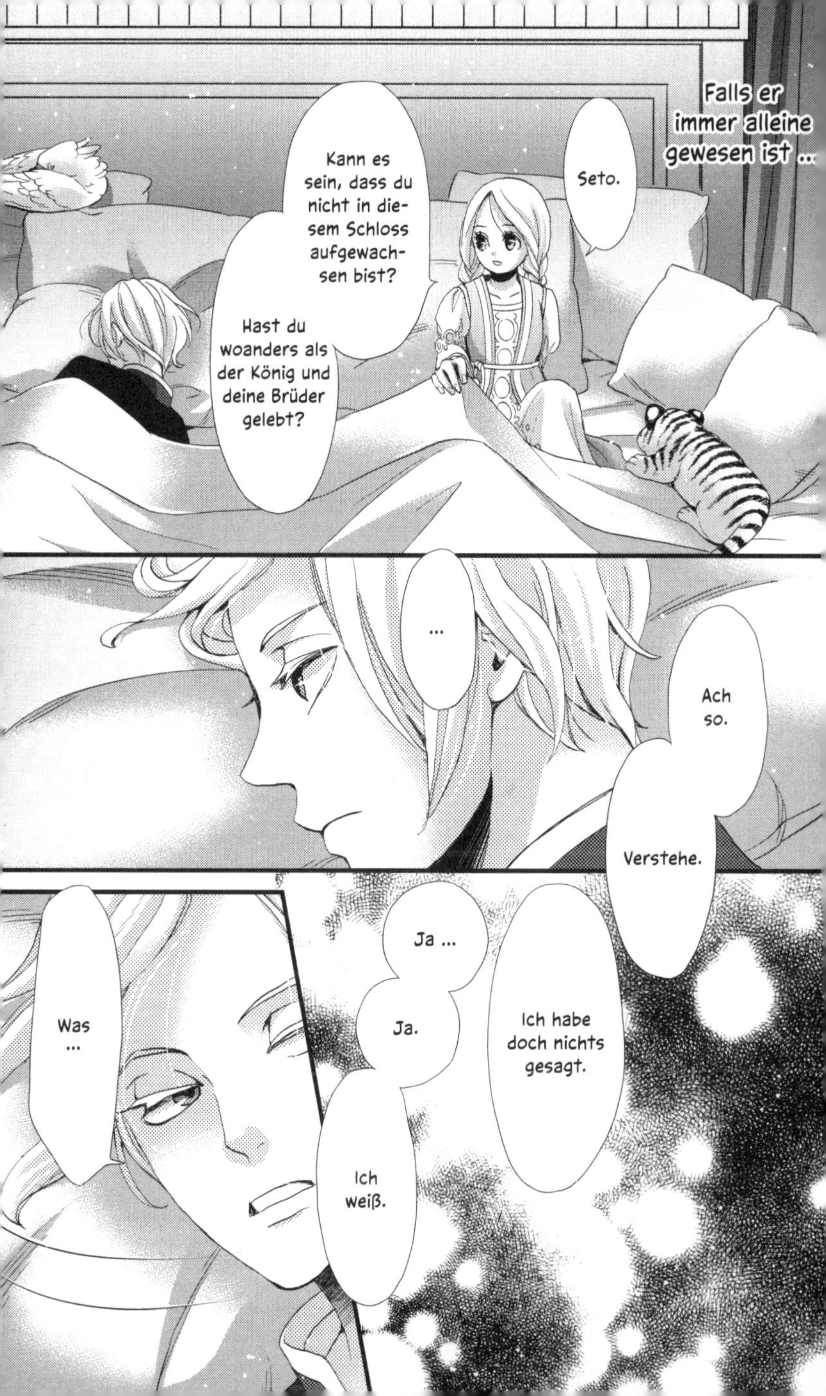
Falls er immer alleine gewesen ist ...
Seto.
Kann es sein, dass du nicht in diesem Schloss aufgewachsen bist?
Hast du woanders als der König und deine Brüder gelebt?
...
Ach so.
Verstehe.
Ich habe doch nichts gesagt.
Ja ...
Ja.
Ich weiß.
Was ...

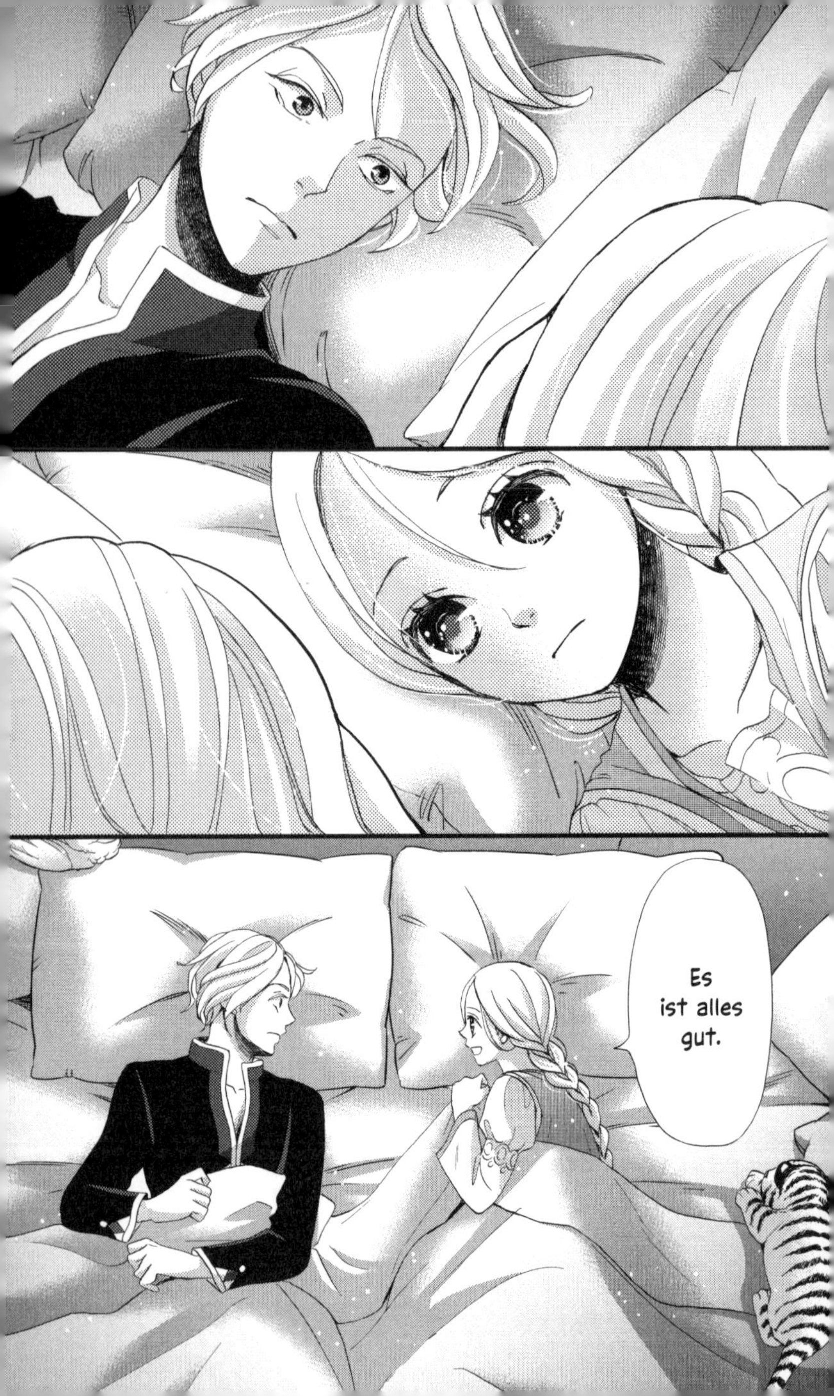
Es ist alles gut.

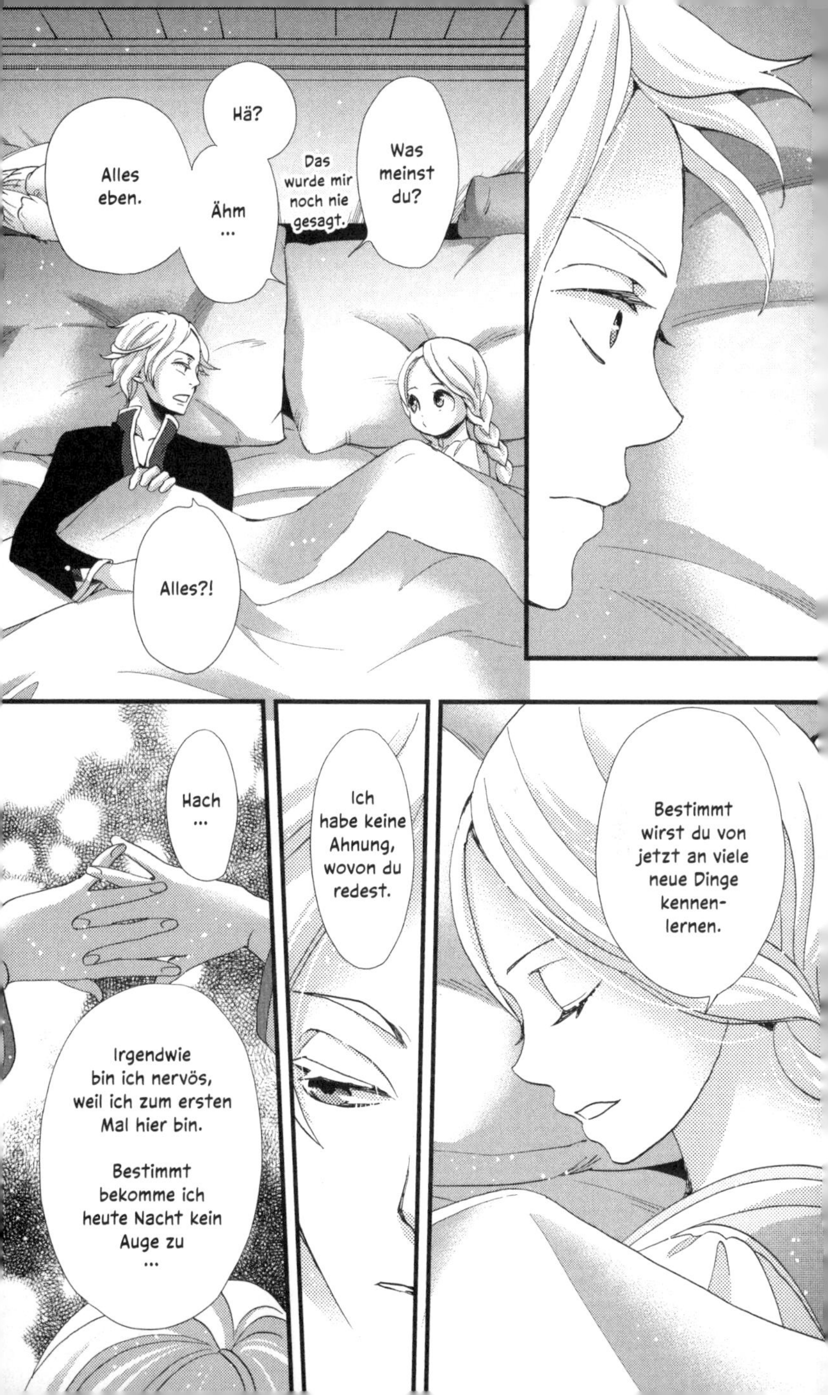
Was meinst du?
Das wurde mir noch nie gesagt.
Hä?
Ähm ...
Alles eben.
Alles?!
Bestimmt wirst du von jetzt an viele neue Dinge kennenlernen.
Ich habe keine Ahnung, wovon du redest.
Hach ...
Irgendwie bin ich nervös, weil ich zum ersten Mal hier bin.
Bestimmt bekomme ich heute Nacht kein Auge zu ...

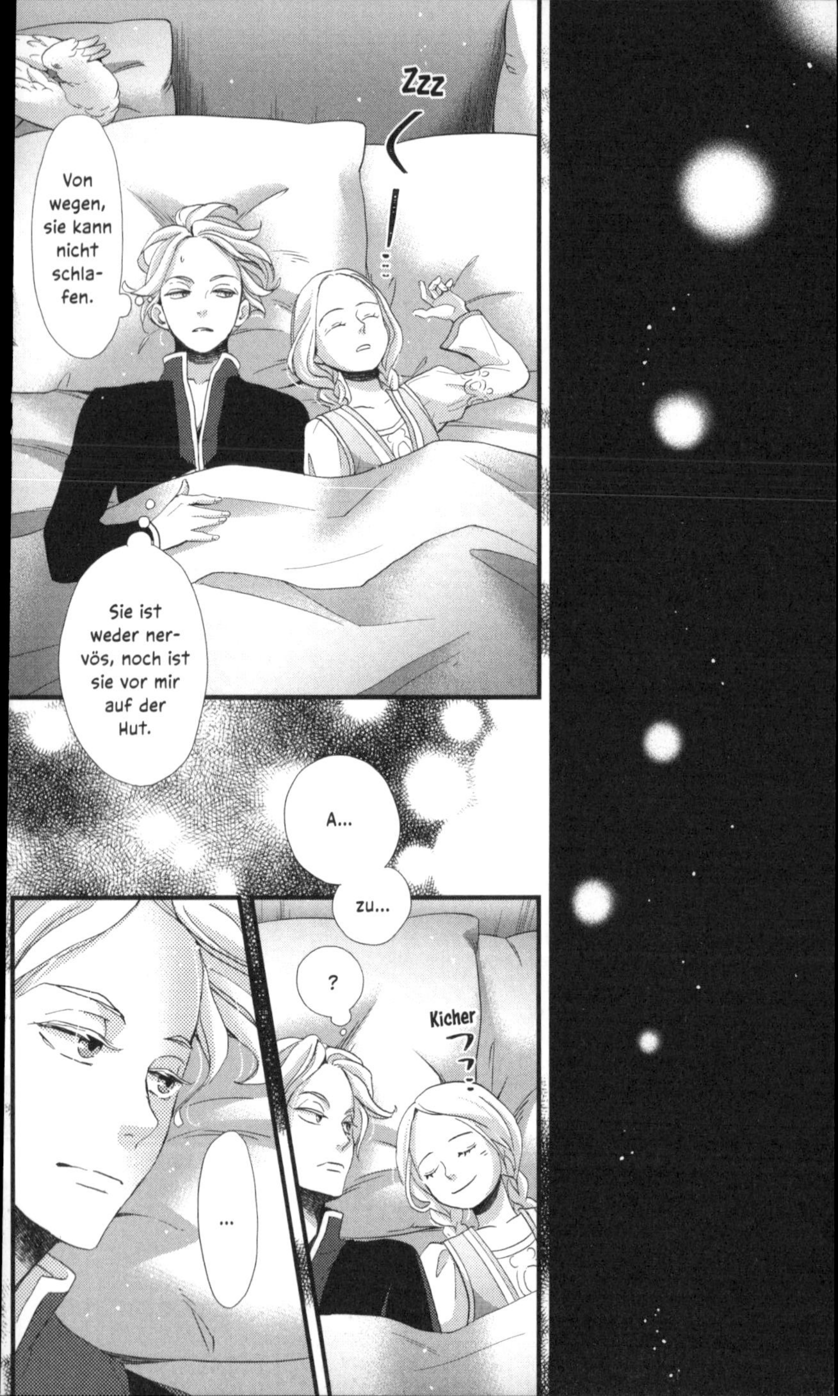
Zzz
Von wegen, sie kann nicht schla-fen.
Sie ist weder ner-vös, noch ist sie vor mir auf der Hut.
A...
zu...
?
Kicher
...

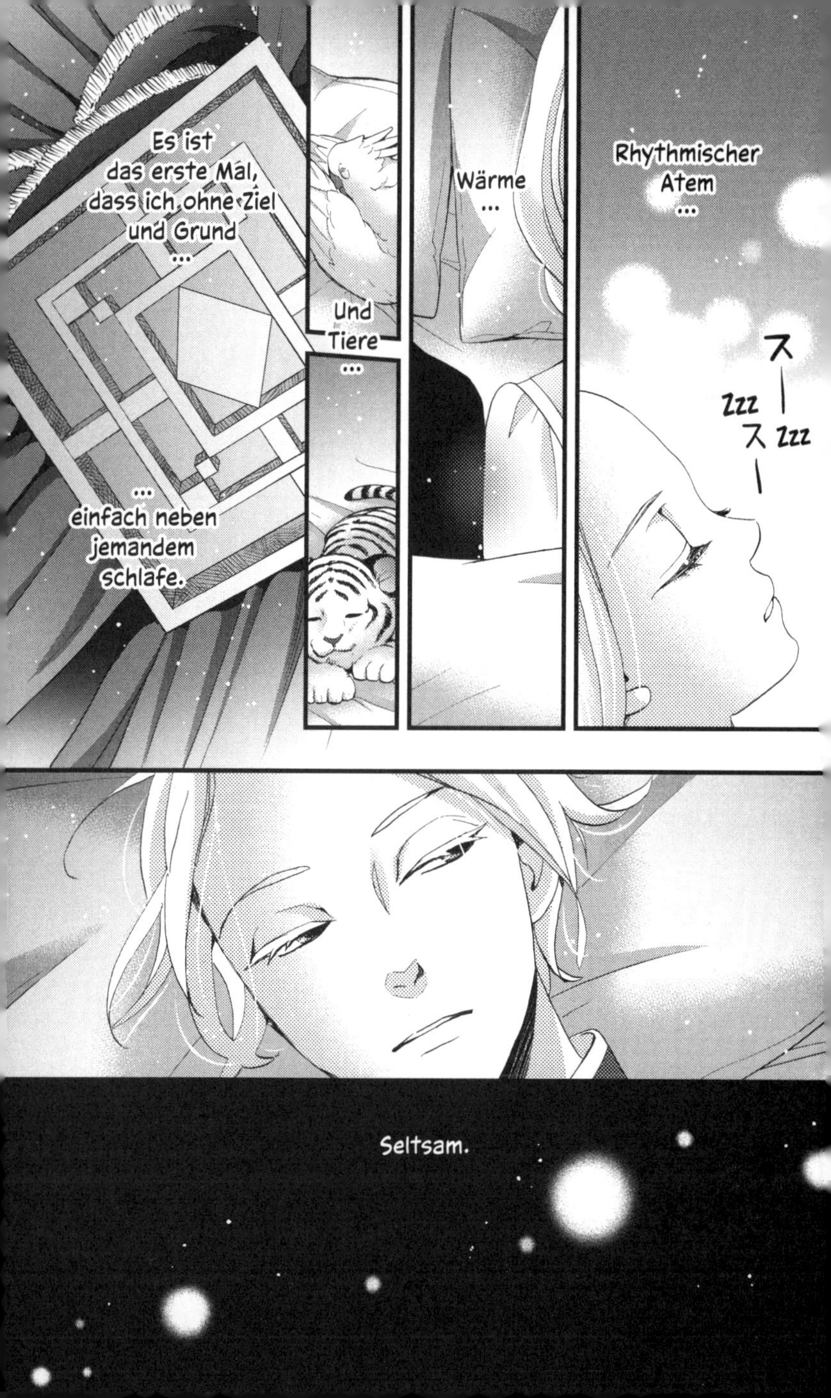
Rhythmischer Atem …
スーZzz
スーZzz
Wärme …
Und Tiere …
Es ist das erste Mal, dass ich ohne Ziel und Grund …
… einfach neben jemandem schlafe.
Seltsam.

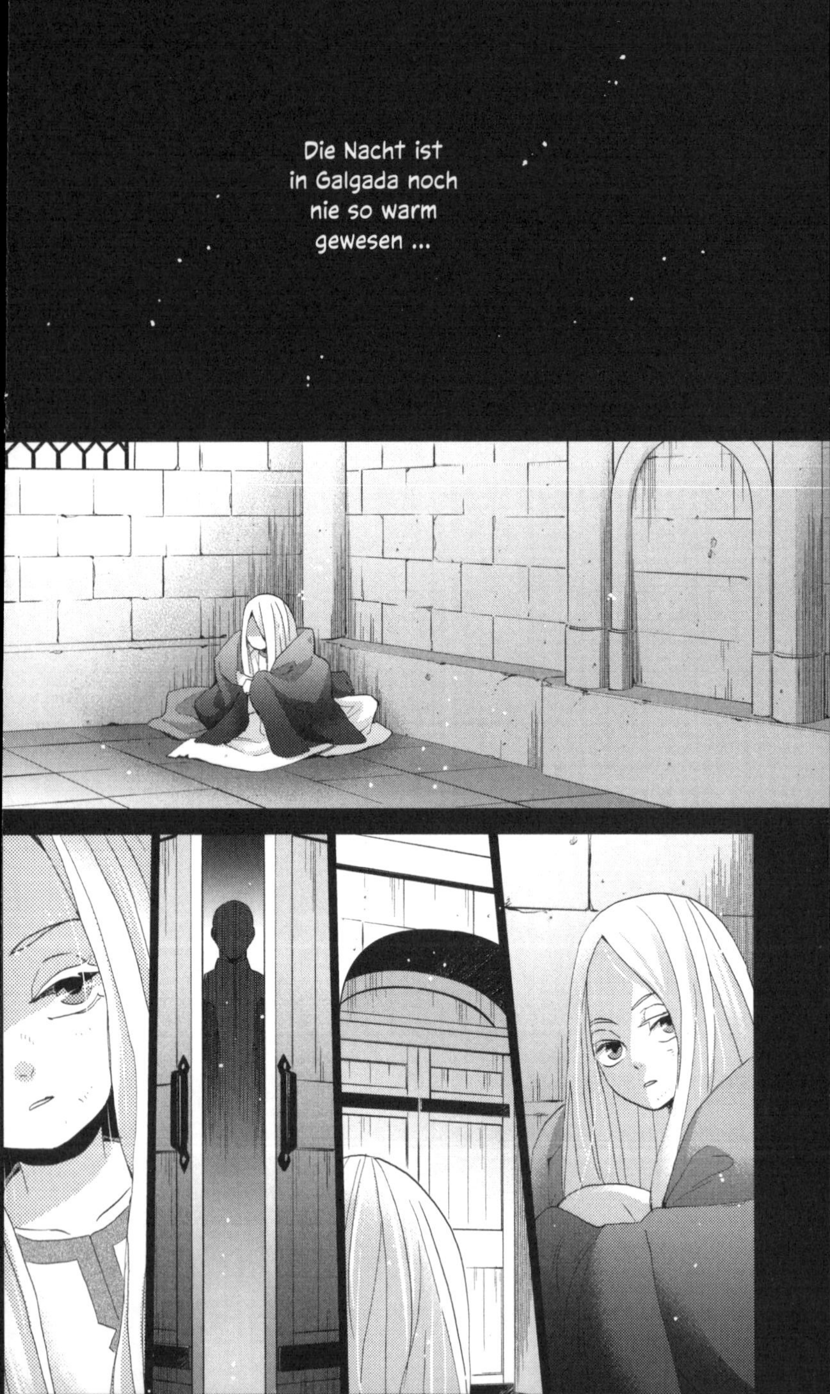
Die Nacht ist in Galgada noch nie so warm gewesen ...

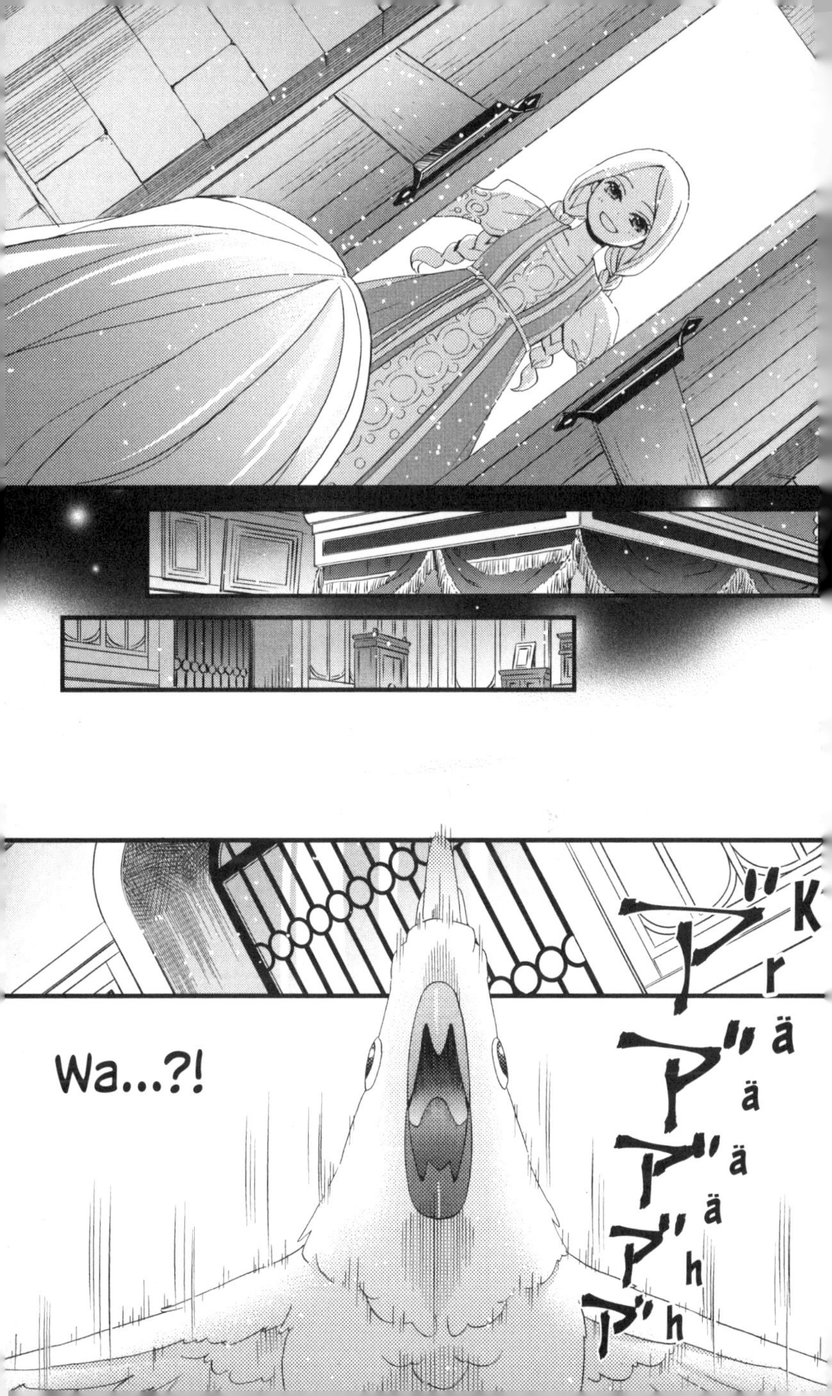
Wa...?!
ダ゙ア゙ア゙ア゙ア゙
Krääääähh

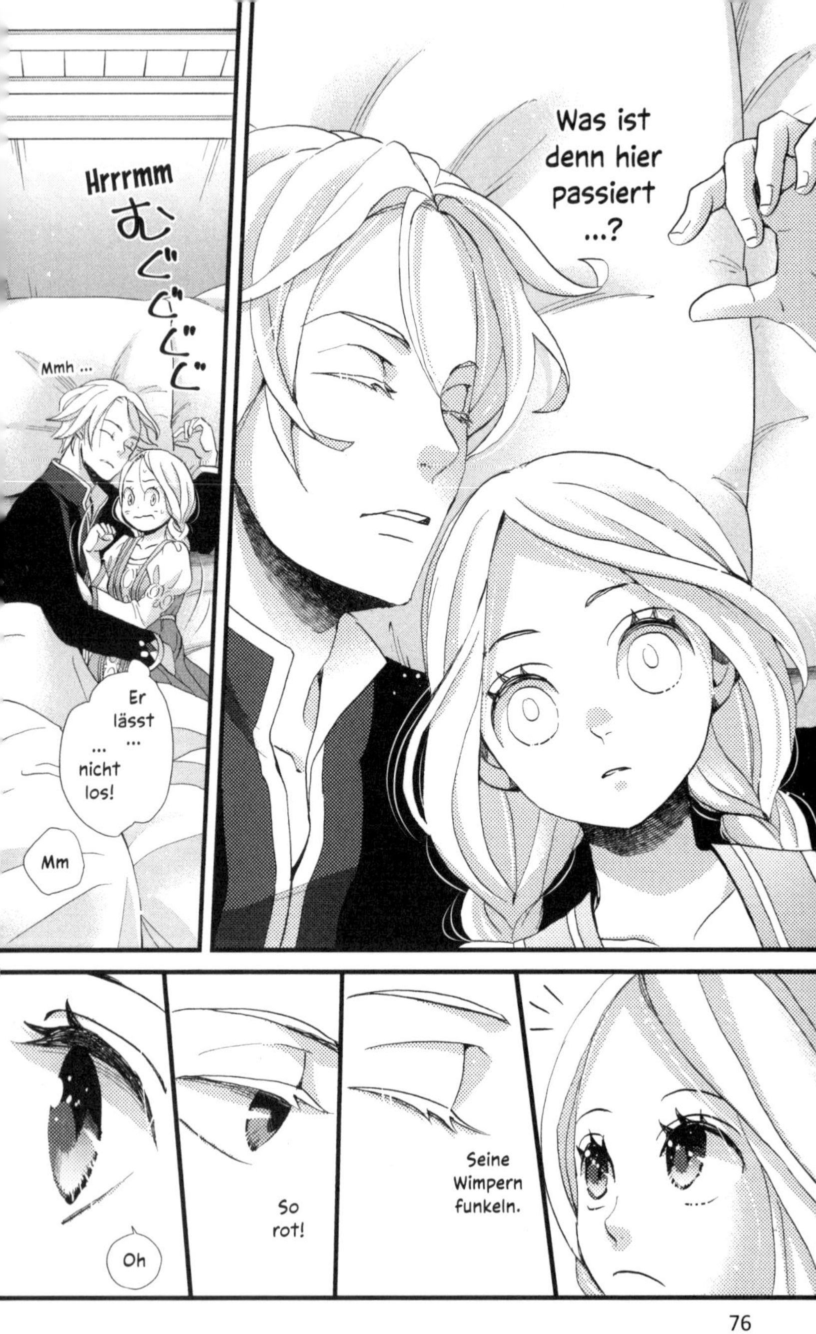

Was ist denn hier passiert ...?
Hrrrmm
むぐぐぐぐ
Mmh ...
Er lässt ... ... nicht los!
Mm
...
Seine Wimpern funkeln.
So rot!
Oh

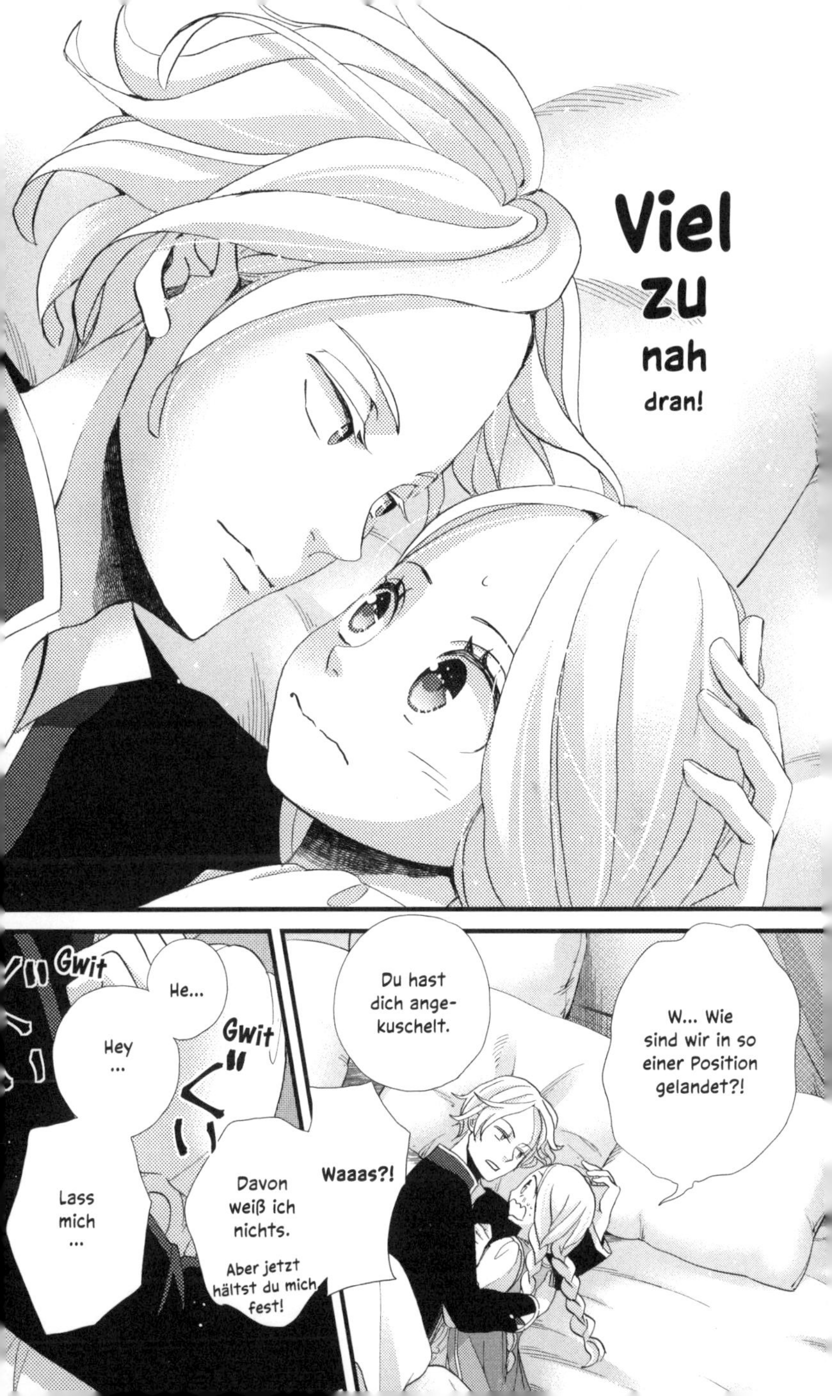
Viel zu nah dran!
W... Wie sind wir in so einer Position gelandet?!
Du hast dich ange-kuschelt.
Waaas?!
Davon weiß ich nichts.
Aber jetzt hältst du mich fest!
Gwit
He...
Gwit
Hey ...
Lass mich ...

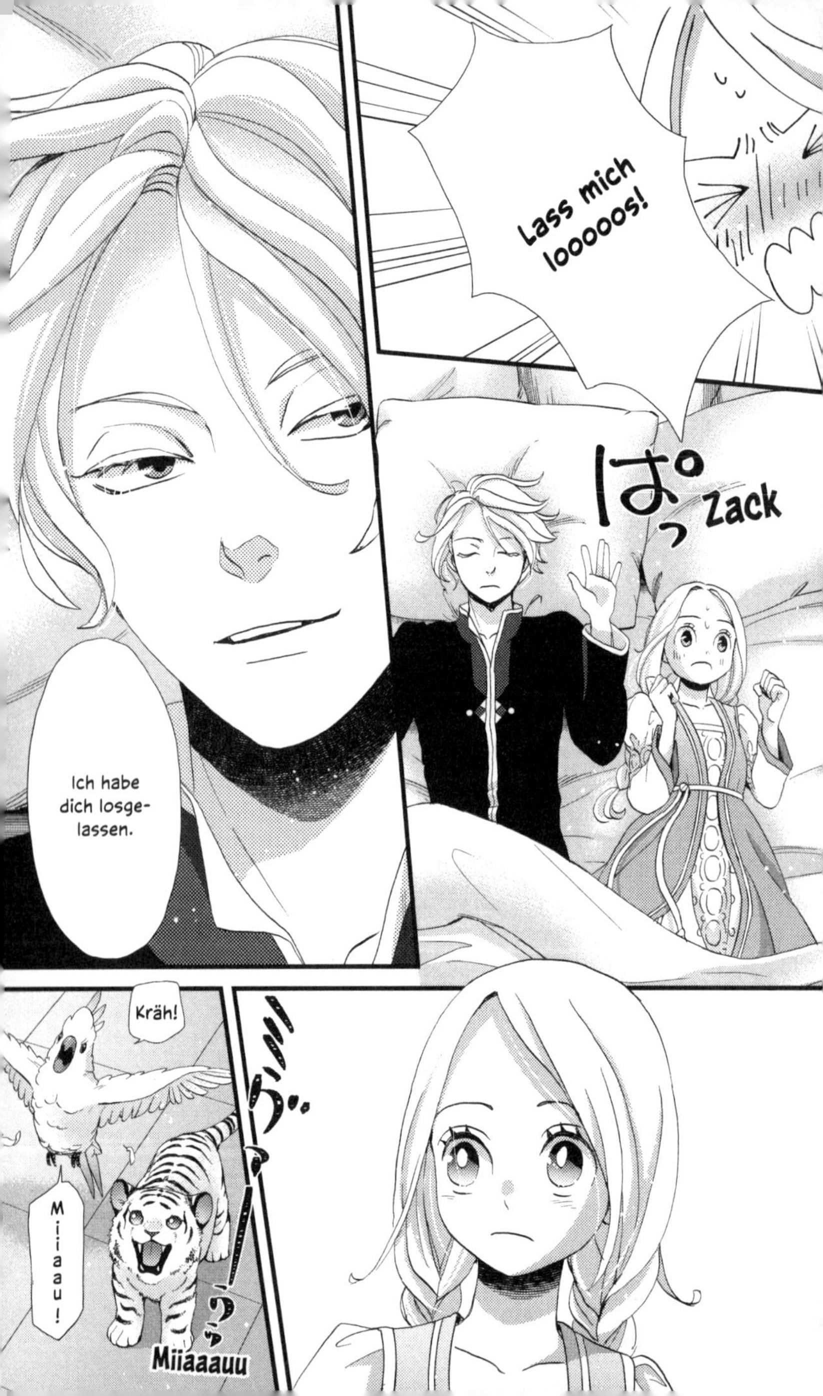
Lass mich loooooos!
はっ
Zack
Ich habe dich losge-lassen.
ぶ
Miiaaauu
Kräh!
Miiaau!

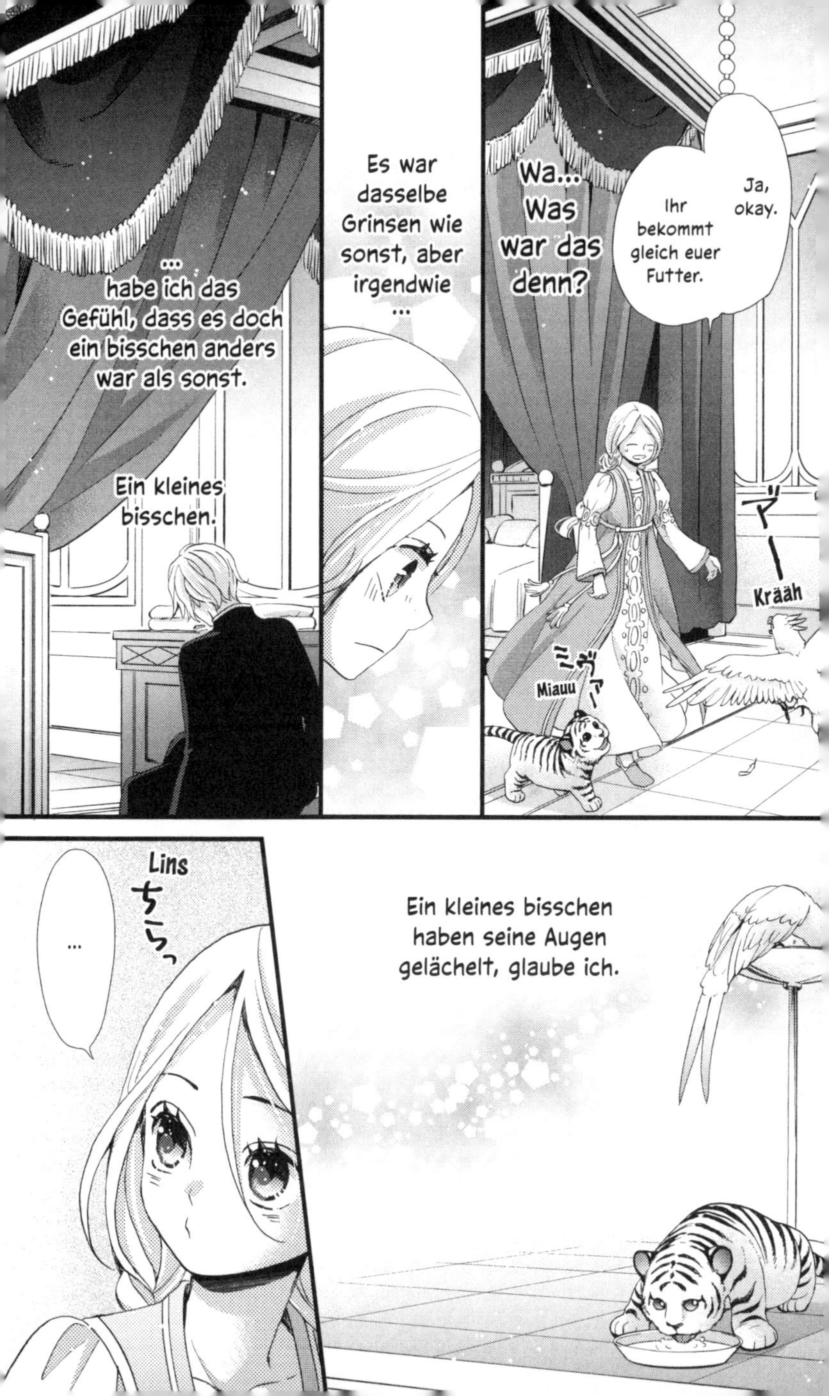

Es war dasselbe Grinsen wie sonst, aber irgendwie ...
... habe ich das Gefühl, dass es doch ein bisschen anders war als sonst.
Ein kleines bisschen.
Ja, okay.
Ihr bekommt gleich euer Futter.
Wa... Was war das denn?
Kräääh
Miauu
Ein kleines bisschen haben seine Augen gelächelt, glaube ich.
Lins
...

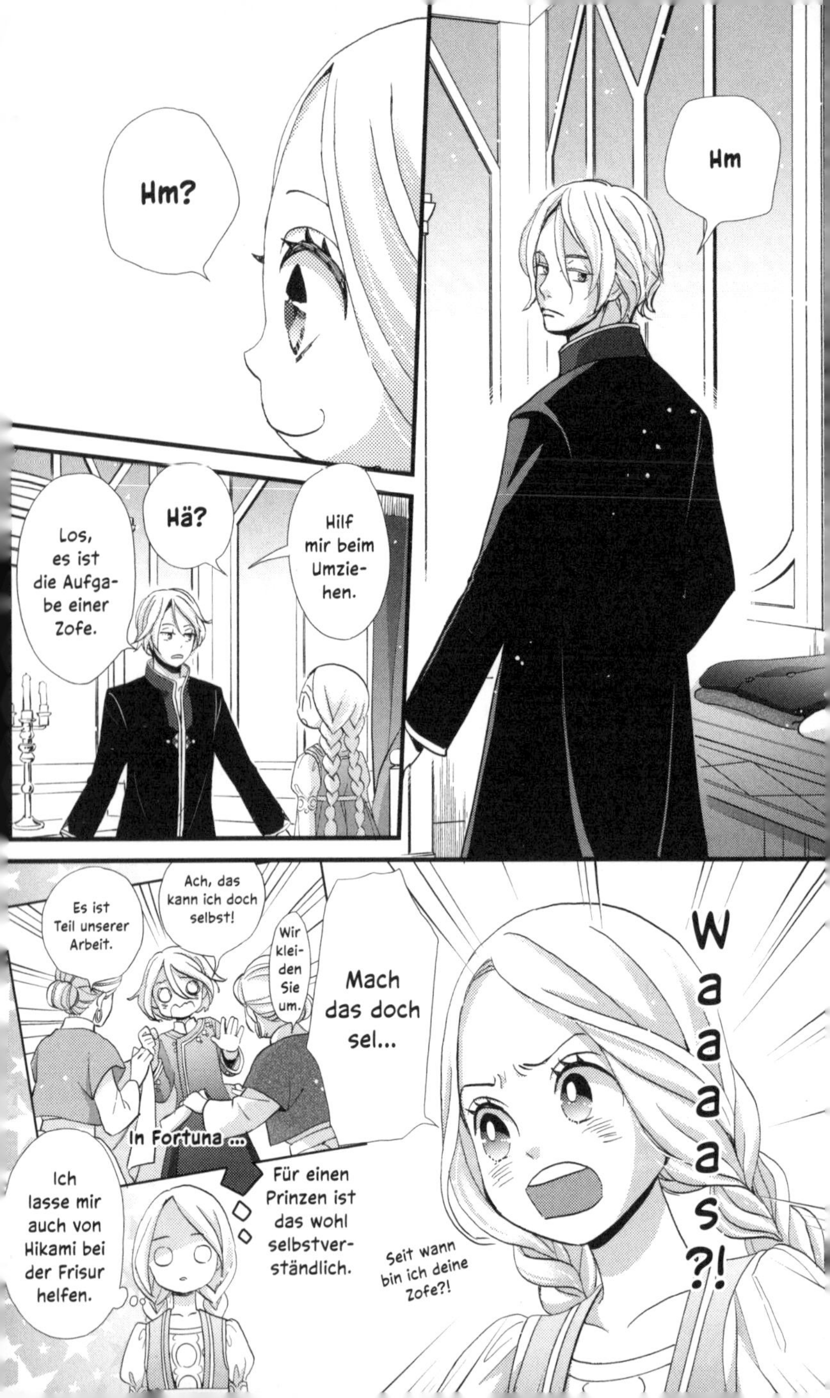
Hm
Hm?
Hilf mir beim Umziehen.
Hä?
Los, es ist die Aufgabe einer Zofe.
Waaaas?!
Seit wann bin ich deine Zofe?!
Mach das doch sel...
Wir kleiden Sie um.
Ach, das kann ich doch selbst!
Es ist Teil unserer Arbeit.
In Fortuna ...
Für einen Prinzen ist das wohl selbstverständlich.
Ich lasse mir auch von Hikami bei der Frisur helfen.

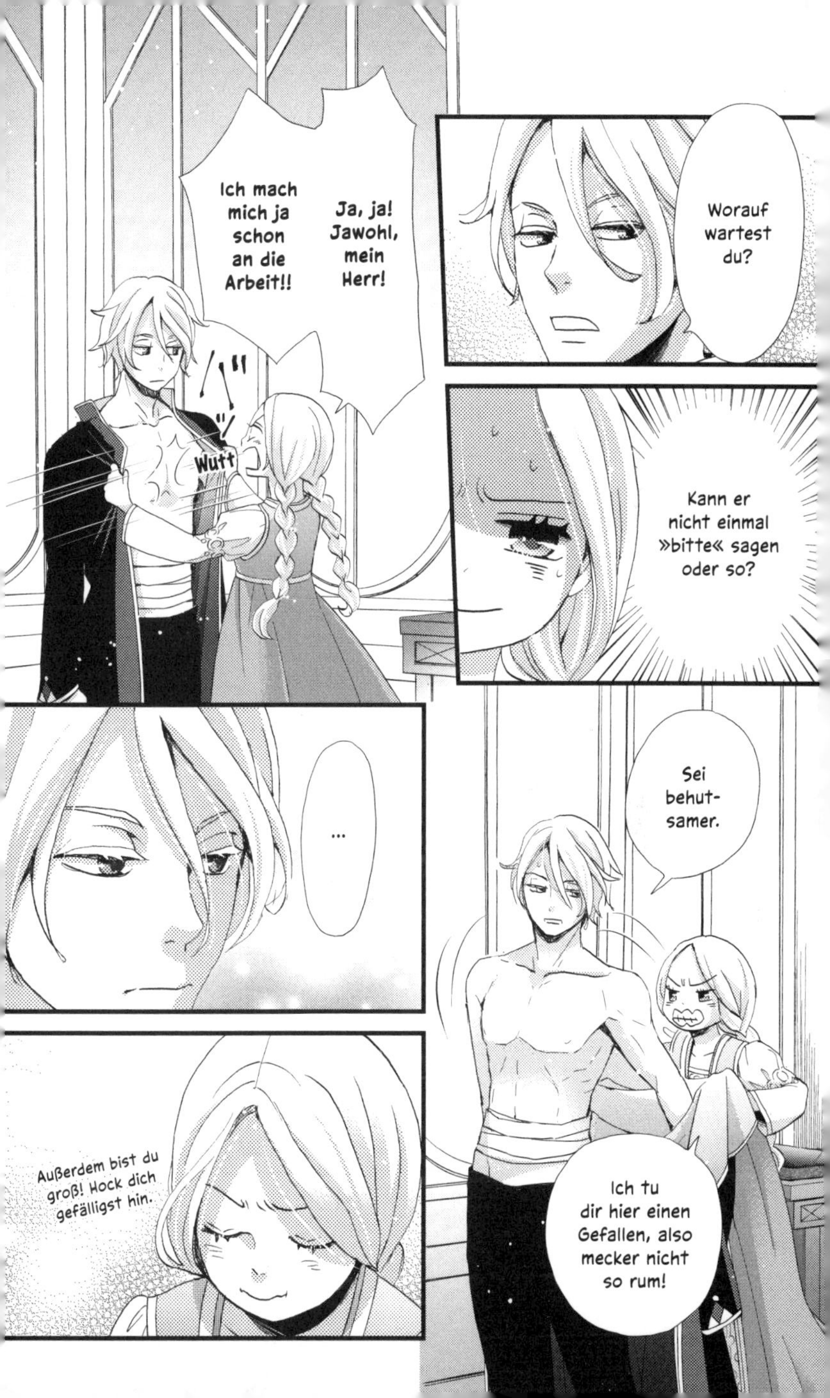
Ich mach mich ja schon an die Arbeit!!
Ja, ja! Jawohl, mein Herr!
Wutt
Worauf wartest du?
Kann er nicht einmal »bitte« sagen oder so?
...
Sei behut-samer.
Außerdem bist du groß! Hock dich gefälligst hin.
Ich tu dir hier einen Gefallen, also mecker nicht so rum!

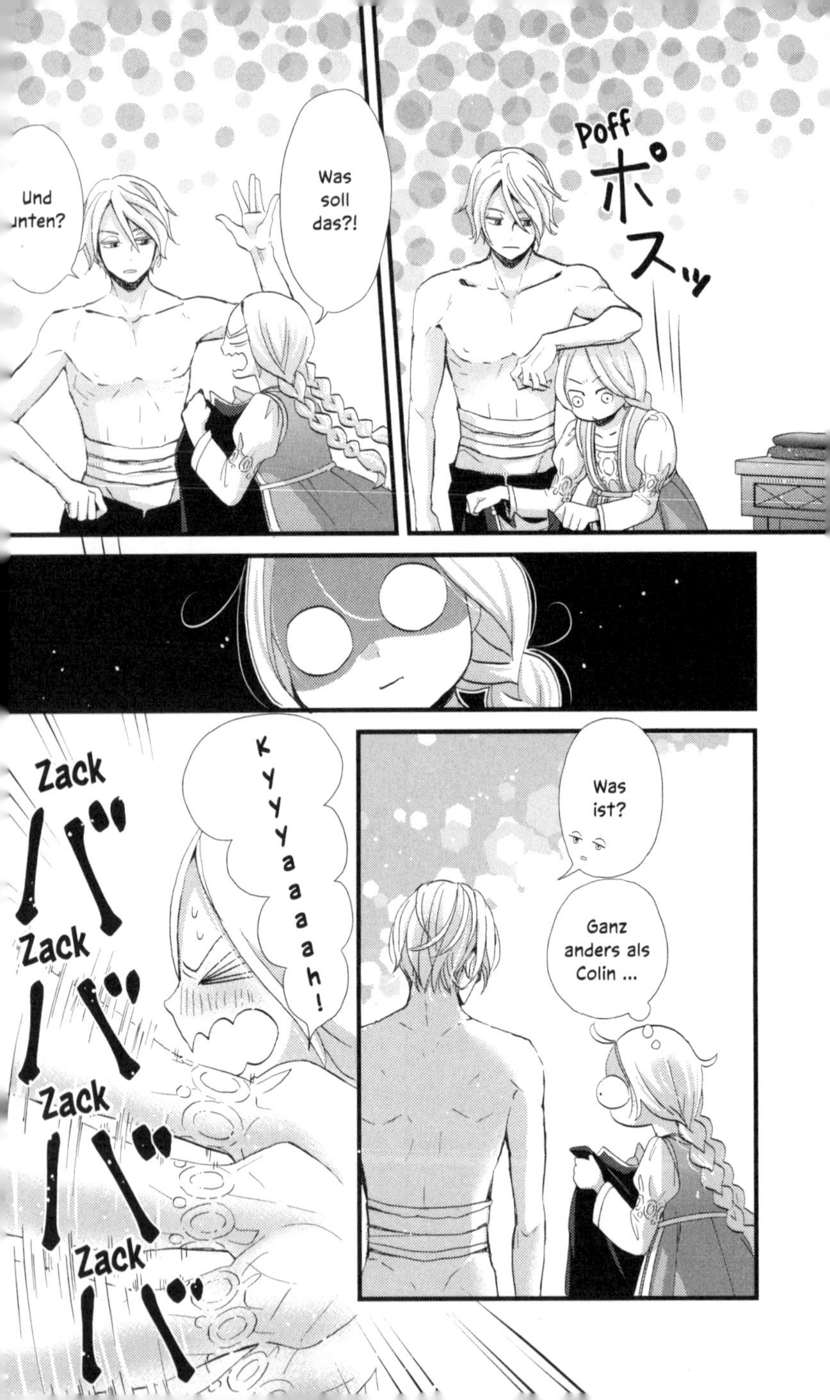

Poff
ポスッ
Was soll das?!
Und unten?
Was ist?
Ganz anders als Colin ...
Kyyyaaaaah!
Zack
バ
Zack
バ
Zack
バ
Zack
バ

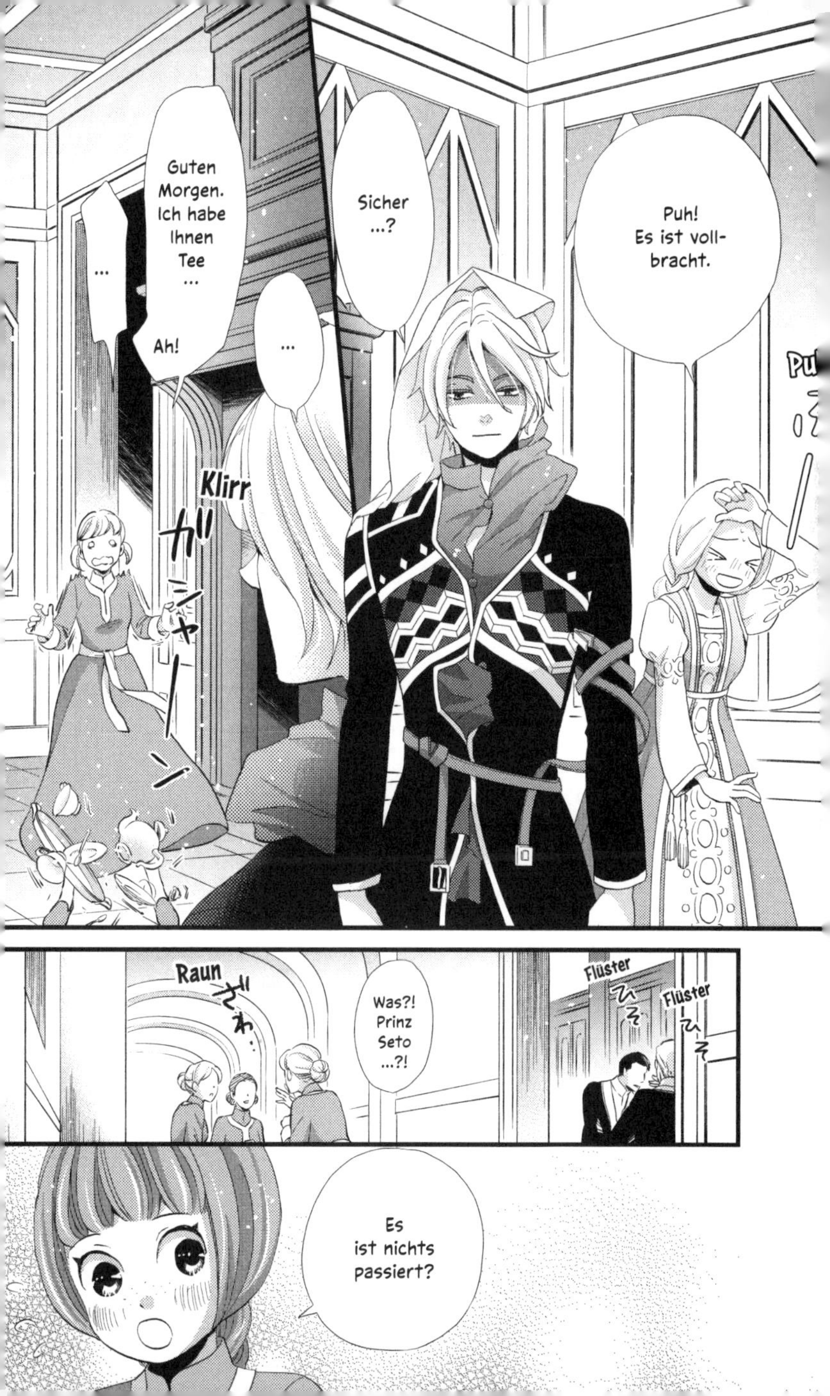
Puh!
Es ist voll-
bracht.
Sicher
...?
...
Guten
Morgen.
Ich habe
Ihnen
Tee
...
Ah!
...
Klirr
Flüster
Flüster
Was?!
Prinz
Seto
...?!
Raun
Es
ist nichts
passiert?

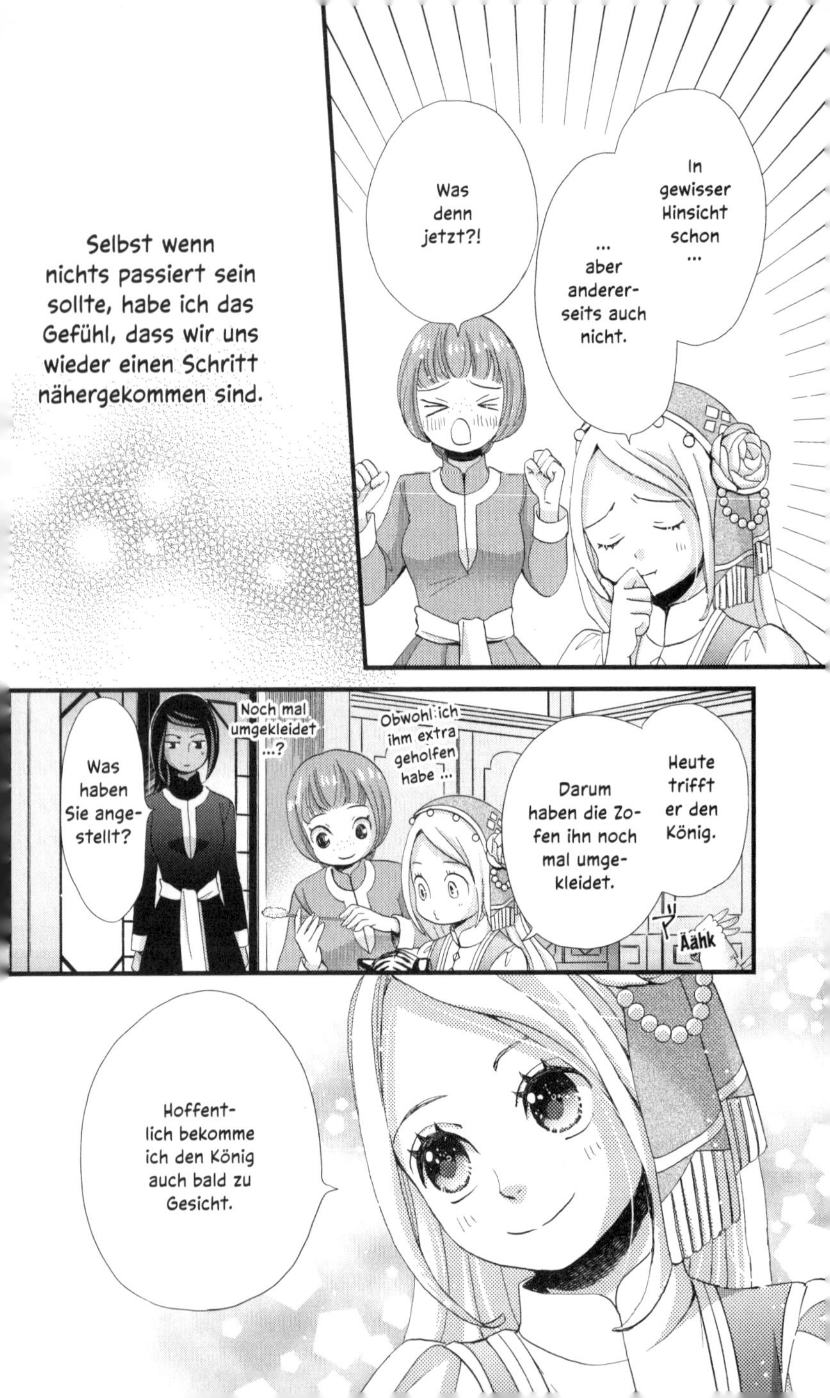

In gewisser Hinsicht schon … … aber andererseits auch nicht.
Was denn jetzt?!
Selbst wenn nichts passiert sein sollte, habe ich das Gefühl, dass wir uns wieder einen Schritt nähergekommen sind.
Heute trifft er den König.
Darum haben die Zofen ihn noch mal umgekleidet.
Äähk
Obwohl ich ihm extra geholfen habe …
Noch mal umgekleidet …?
Was haben Sie angestellt?
Hoffentlich bekomme ich den König auch bald zu Gesicht.

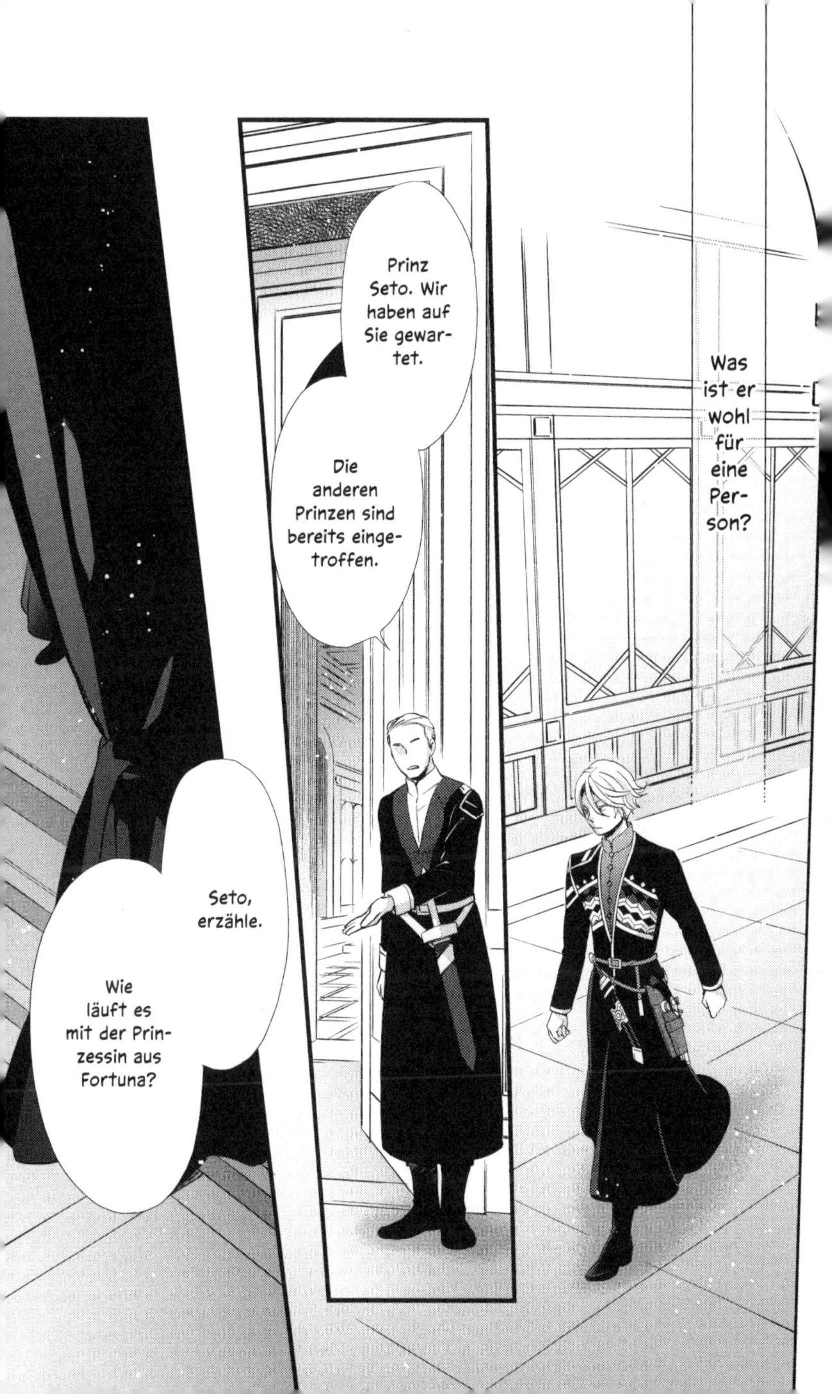
Was ist er wohl für eine Person?
Prinz Seto. Wir haben auf Sie gewartet.
Die anderen Prinzen sind bereits eingetroffen.
Seto, erzähle.
Wie läuft es mit der Prinzessin aus Fortuna?

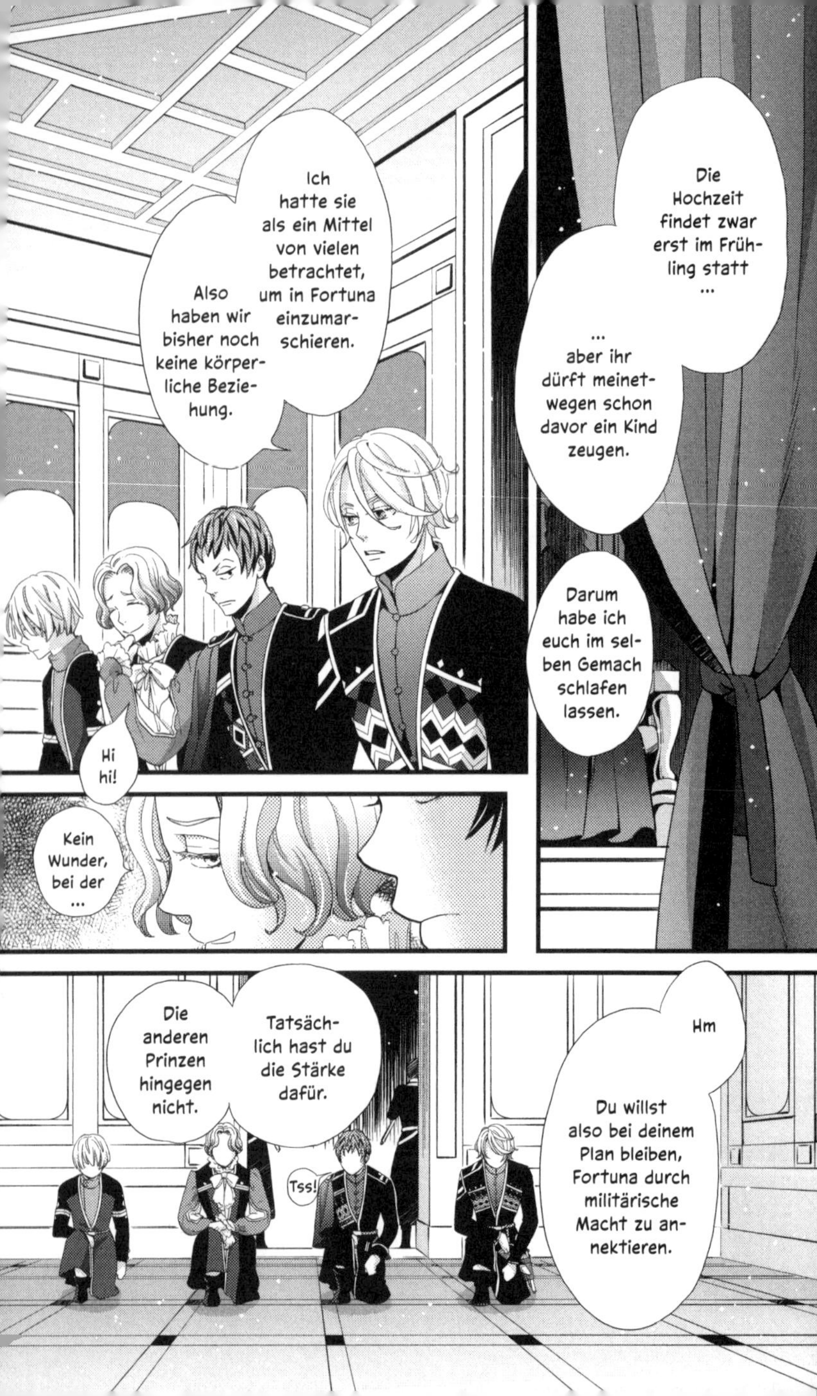
Die Hochzeit findet zwar erst im Frühling statt ...
... aber ihr dürft meinetwegen schon davor ein Kind zeugen.
Darum habe ich euch im selben Gemach schlafen lassen.
Ich hatte sie als ein Mittel von vielen betrachtet, um in Fortuna einzumarschieren.
Also haben wir bisher noch keine körperliche Beziehung.
Hi hi!
Kein Wunder, bei der ...
Hm
Du willst also bei deinem Plan bleiben, Fortuna durch militärische Macht zu annektieren.
Tss!
Tatsächlich hast du die Stärke dafür.
Die anderen Prinzen hingegen nicht.

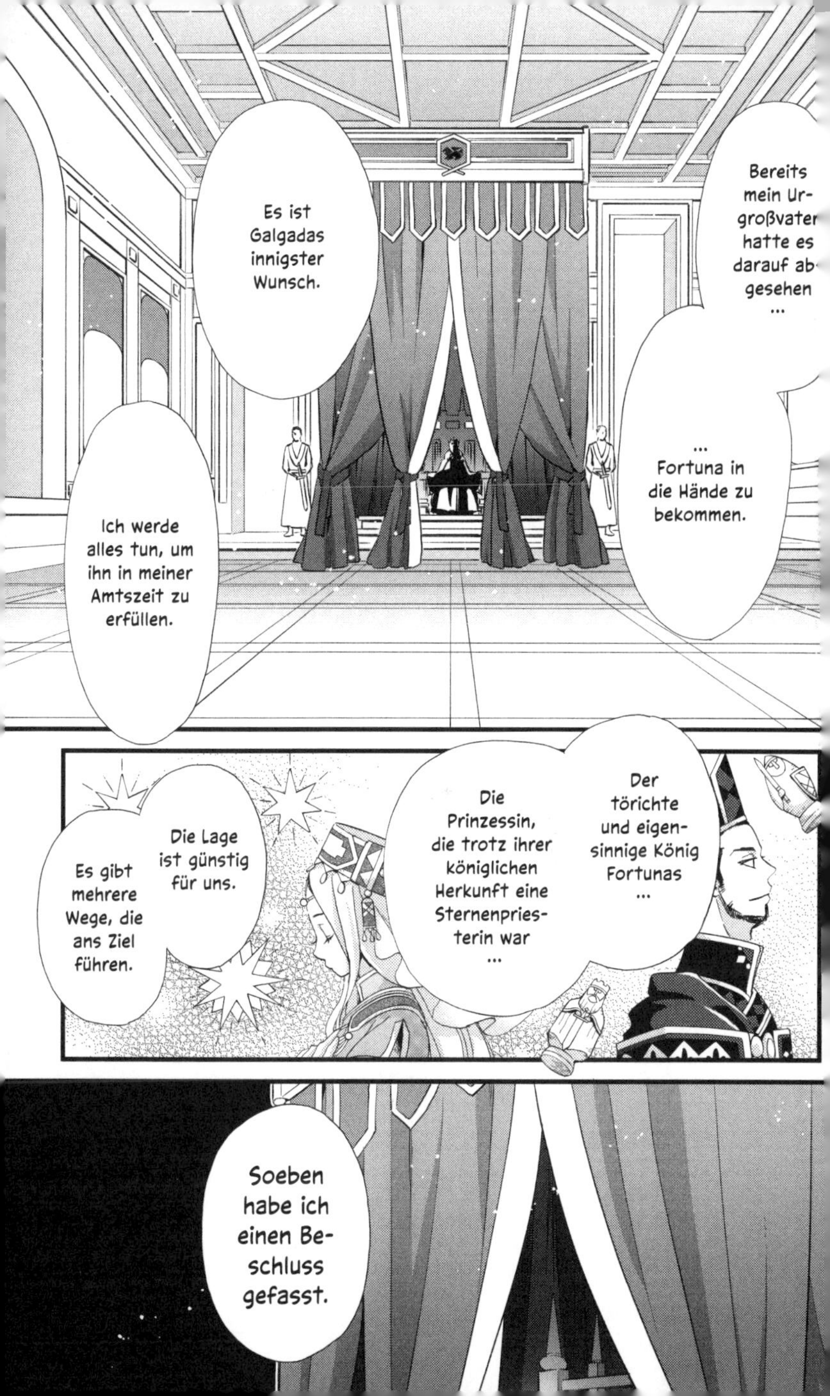
Bereits mein Urgroßvater hatte es darauf abgesehen ...
... Fortuna in die Hände zu bekommen.
Es ist Galgadas innigster Wunsch.
Ich werde alles tun, um ihn in meiner Amtszeit zu erfüllen.
Der törichte und eigensinnige König Fortunas ...
Die Prinzessin, die trotz ihrer königlichen Herkunft eine Sternenpriesterin war ...
Die Lage ist günstig für uns.
Es gibt mehrere Wege, die ans Ziel führen.
Soeben habe ich einen Beschluss gefasst.

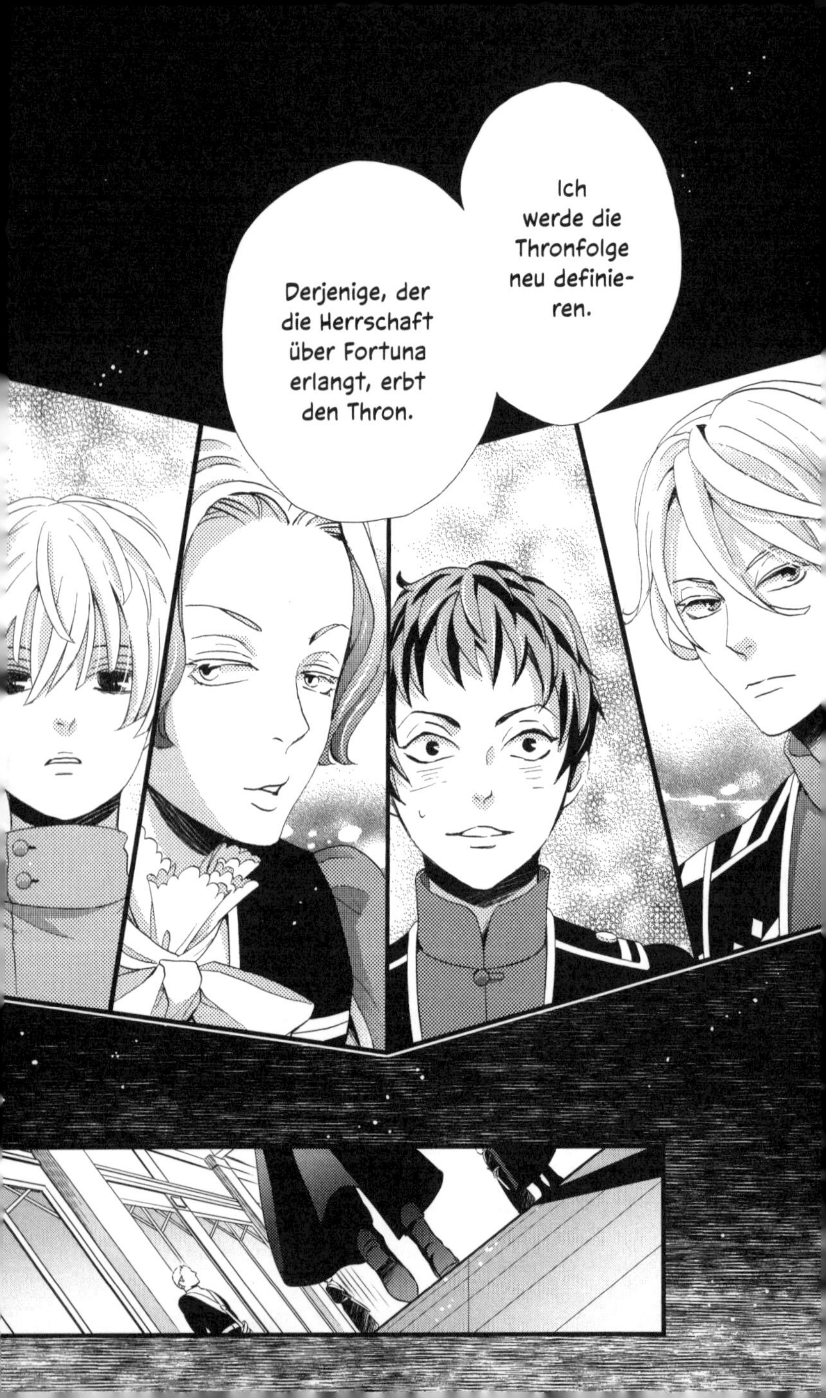
Ich werde die Thronfolge neu definieren.
Derjenige, der die Herrschaft über Fortuna erlangt, erbt den Thron.

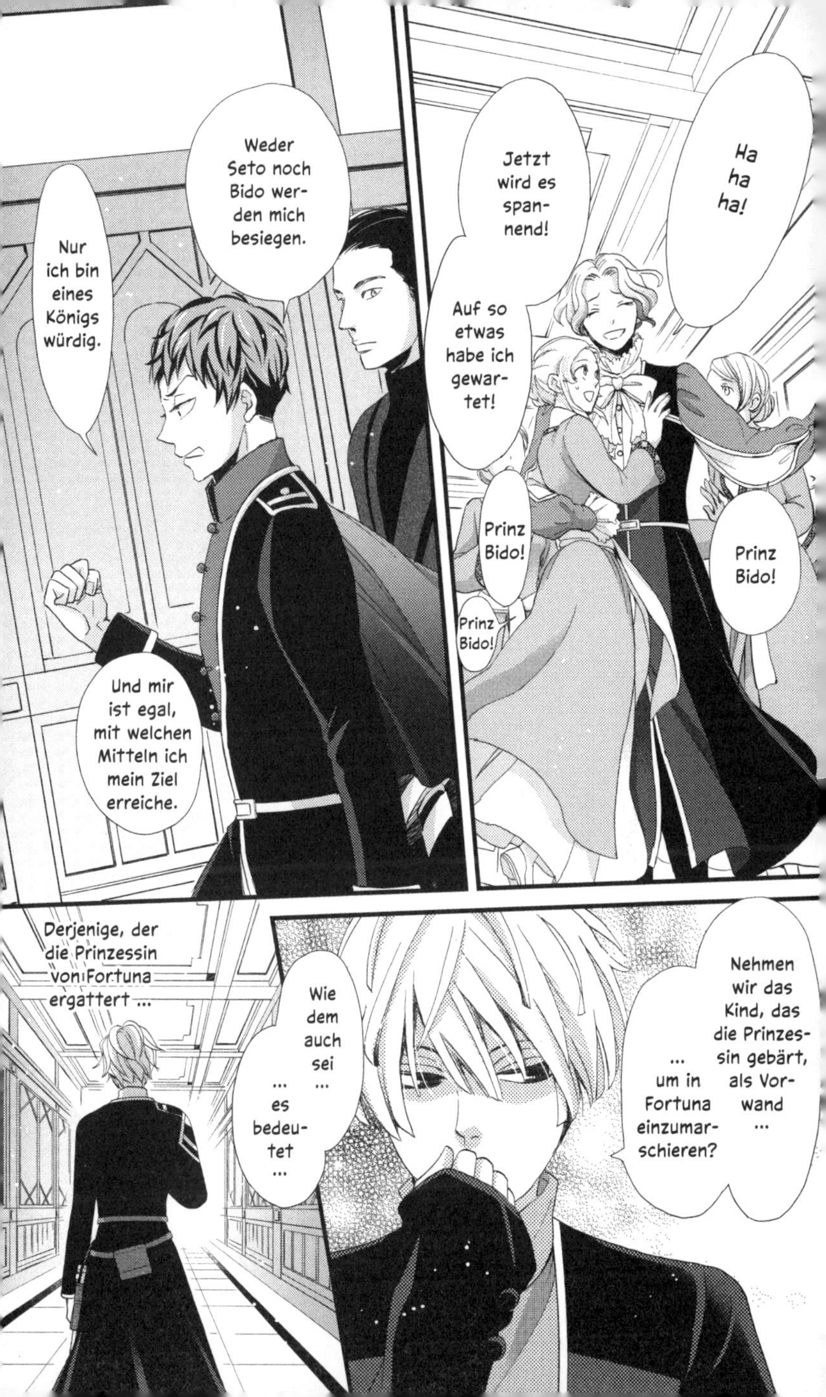
Ha ha ha!
Jetzt wird es spannend!
Auf so etwas habe ich gewartet!
Prinz Bido!
Prinz Bido!
Prinz Bido!
Weder Seto noch Bido werden mich besiegen.
Nur ich bin eines Königs würdig.
Und mir ist egal, mit welchen Mitteln ich mein Ziel erreiche.
Nehmen wir das Kind, das die Prinzessin gebärt, als Vorwand ...
... um in Fortuna einzumarschieren?
Wie dem auch sei ...
... es bedeutet ...
Derjenige, der die Prinzessin von Fortuna ergattert ...

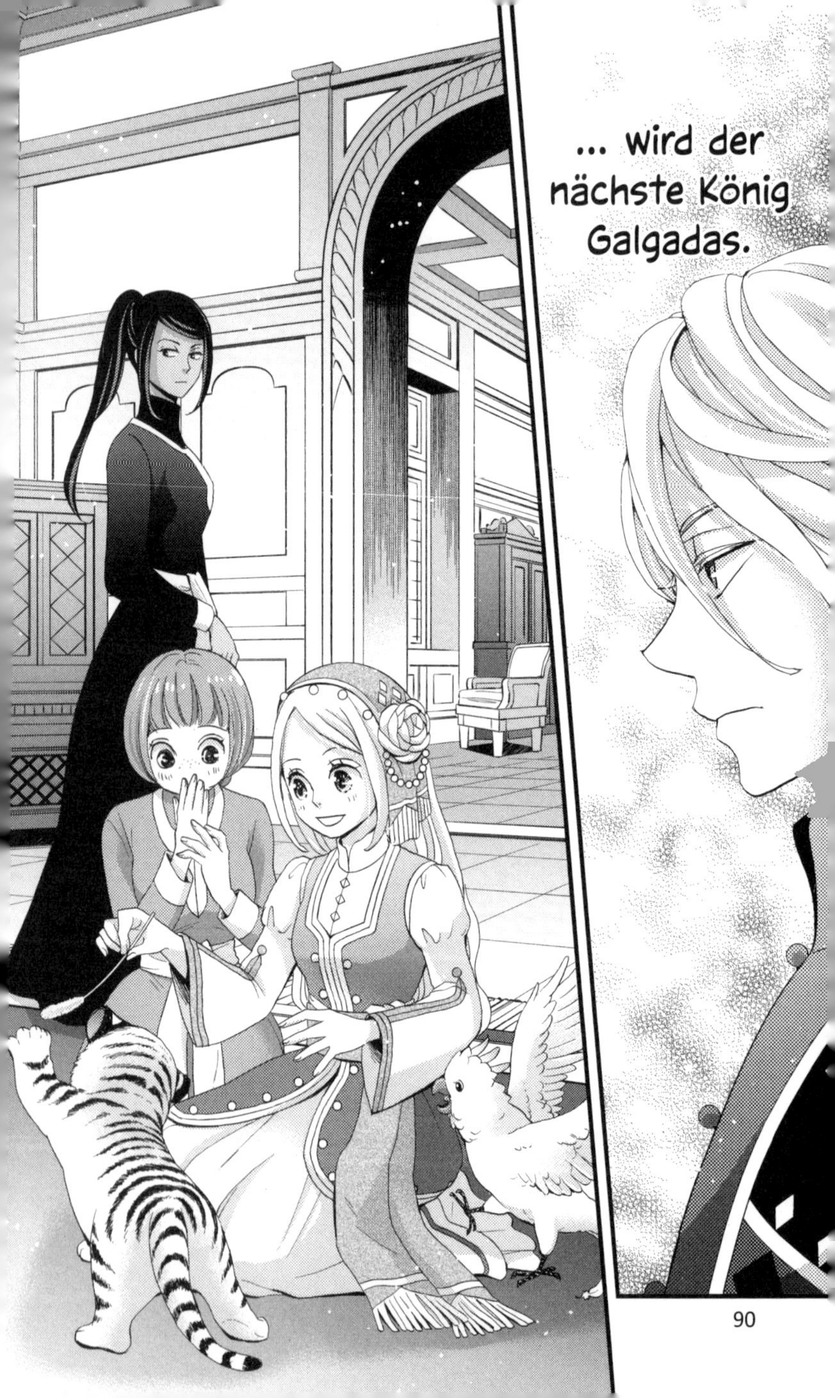
... wird der nächste König Galgadas.

Nina

Die Sterne sind dein Schicksal

Nina

Die Sterne sind dein Schicksal

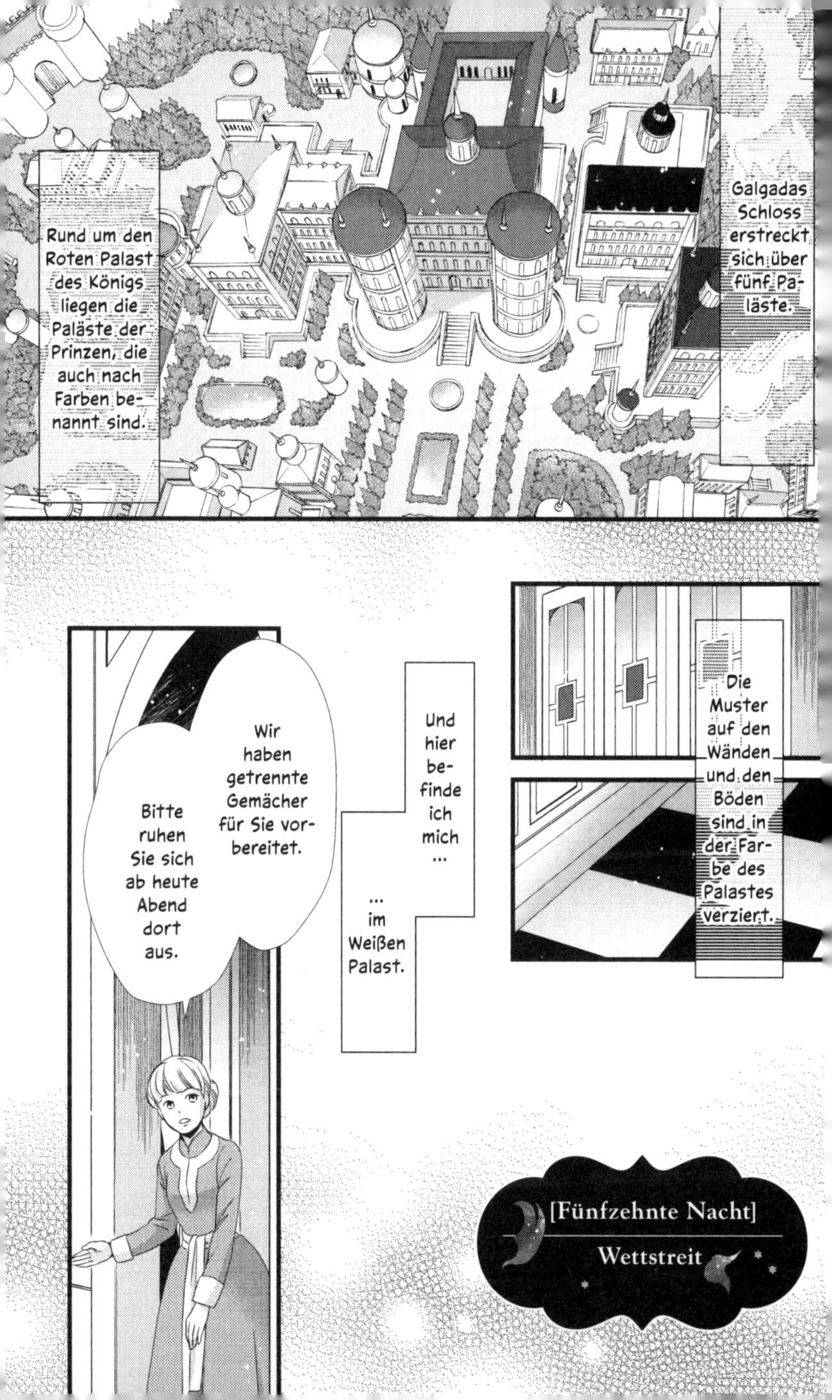
Galgadas Schloss erstreckt sich über fünf Paläste.
Rund um den Roten Palast des Königs liegen die Paläste der Prinzen, die auch nach Farben benannt sind.
Die Muster auf den Wänden und den Böden sind in der Farbe des Palastes verziert.
Und hier befinde ich mich …
… im Weißen Palast.
Wir haben getrennte Gemächer für Sie vorbereitet.
Bitte ruhen Sie sich ab heute Abend dort aus.
[Fünfzehnte Nacht]
Wettstreit

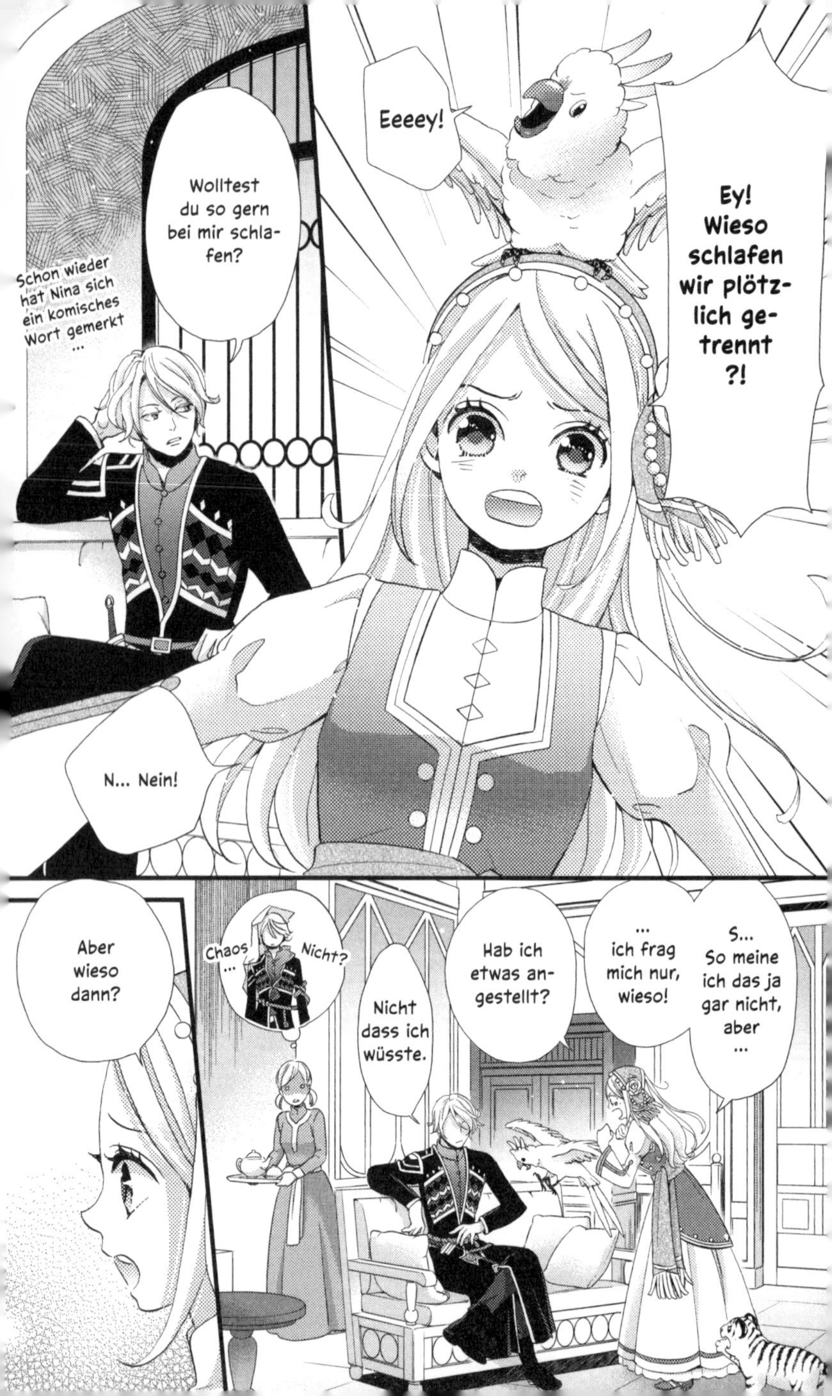

Ey! Wieso schlafen wir plötzlich getrennt?!
Eeeey!
Wolltest du so gern bei mir schlafen?
Schon wieder hat Nina sich ein komisches Wort gemerkt ...
N... Nein!
S... So meine ich das ja gar nicht, aber ...
... ich frag mich nur, wieso!
Hab ich etwas angestellt?
Nicht dass ich wüsste.
Nicht?
Chaos ...
Aber wieso dann?

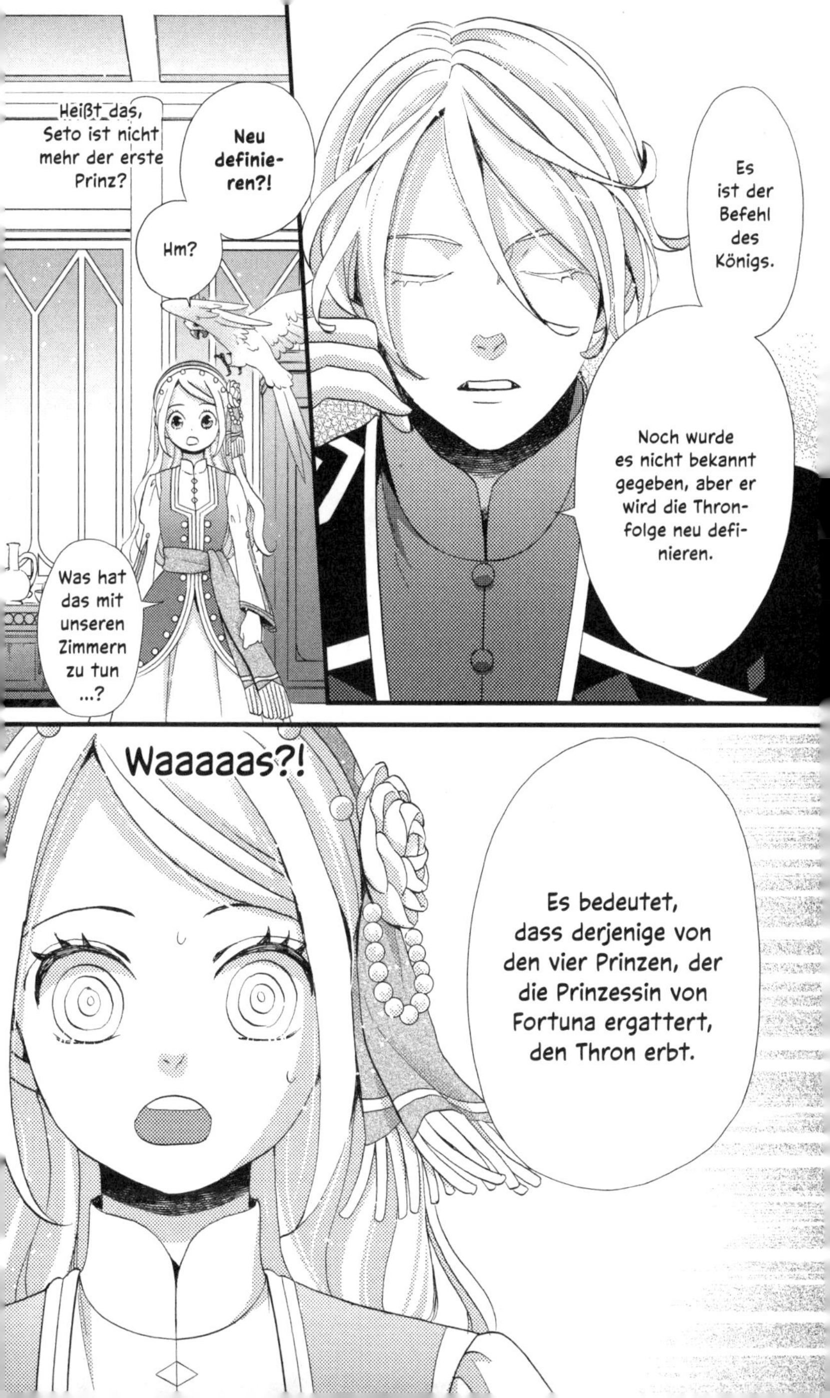
Es ist der Befehl des Königs.
Noch wurde es nicht bekannt gegeben, aber er wird die Thronfolge neu definieren.
Neu definieren?!
Heißt das, Seto ist nicht mehr der erste Prinz?
Hm?
Was hat das mit unseren Zimmern zu tun ...?
Es bedeutet, dass derjenige von den vier Prinzen, der die Prinzessin von Fortuna ergattert, den Thron erbt.
Waaaaas?!

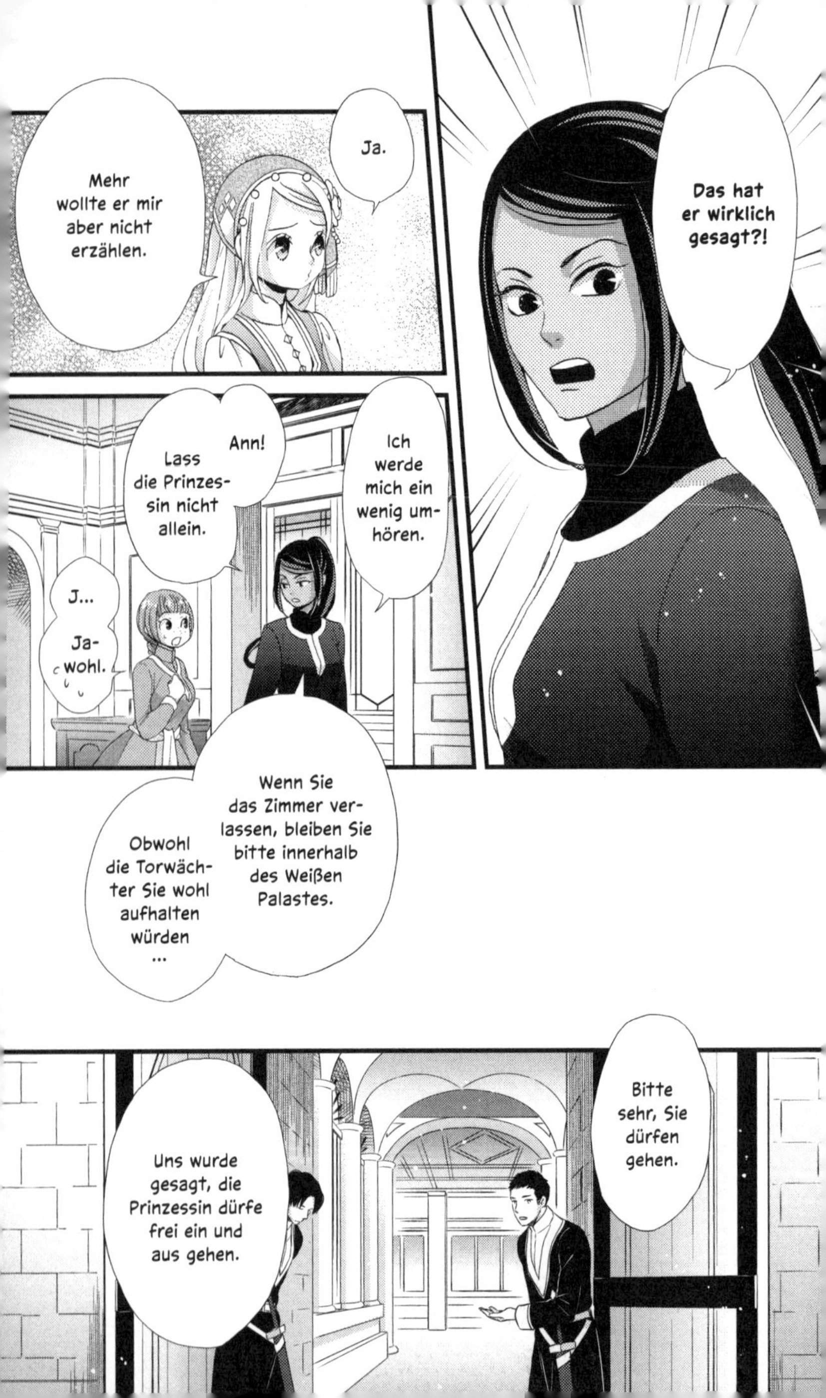
Das hat er wirklich gesagt?!
Ja.
Mehr wollte er mir aber nicht erzählen.
Ich werde mich ein wenig umhören.
Ann! Lass die Prinzessin nicht allein.
J... Ja-wohl.
Wenn Sie das Zimmer verlassen, bleiben Sie bitte innerhalb des Weißen Palastes.
Obwohl die Torwächter Sie wohl aufhalten würden ...
Bitte sehr, Sie dürfen gehen.
Uns wurde gesagt, die Prinzessin dürfe frei ein und aus gehen.

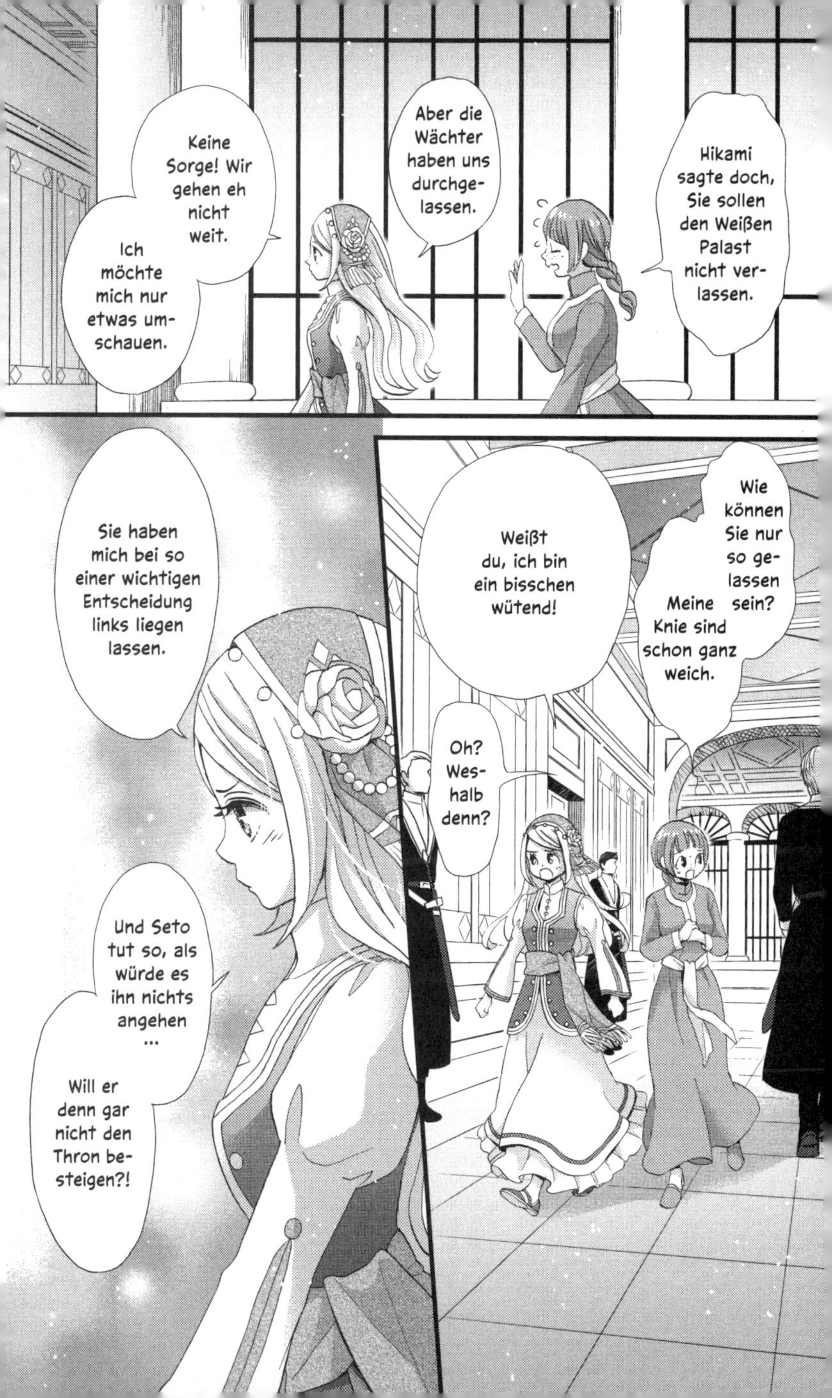
Hikami sagte doch, Sie sollen den Weißen Palast nicht verlassen.
Aber die Wächter haben uns durchgelassen.
Keine Sorge! Wir gehen eh nicht weit.
Ich möchte mich nur etwas umschauen.
Wie können Sie nur so gelassen sein?
Meine Knie sind schon ganz weich.
Weißt du, ich bin ein bisschen wütend!
Oh? Weshalb denn?
Sie haben mich bei so einer wichtigen Entscheidung links liegen lassen.
Und Seto tut so, als würde es ihn nichts angehen ...
Will er denn gar nicht den Thron besteigen?!

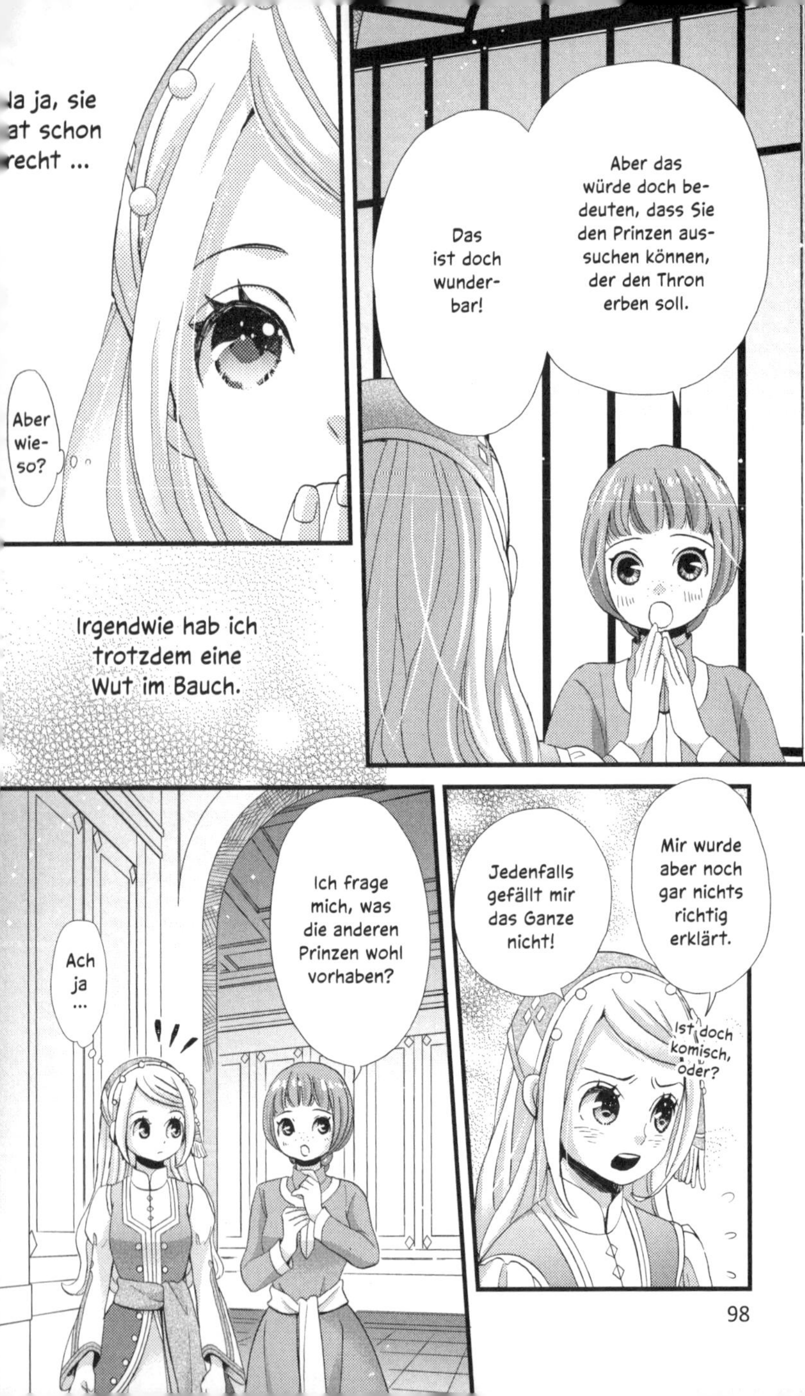
Aber das würde doch bedeuten, dass Sie den Prinzen aussuchen können, der den Thron erben soll.
Das ist doch wunderbar!
a ja, sie at schon recht ...
Aber wieso?
Irgendwie hab ich trotzdem eine Wut im Bauch.
Mir wurde aber noch gar nichts richtig erklärt.
Jedenfalls gefällt mir das Ganze nicht!
Ist doch komisch, oder?
Ich frage mich, was die anderen Prinzen wohl vorhaben?
Ach ja ...

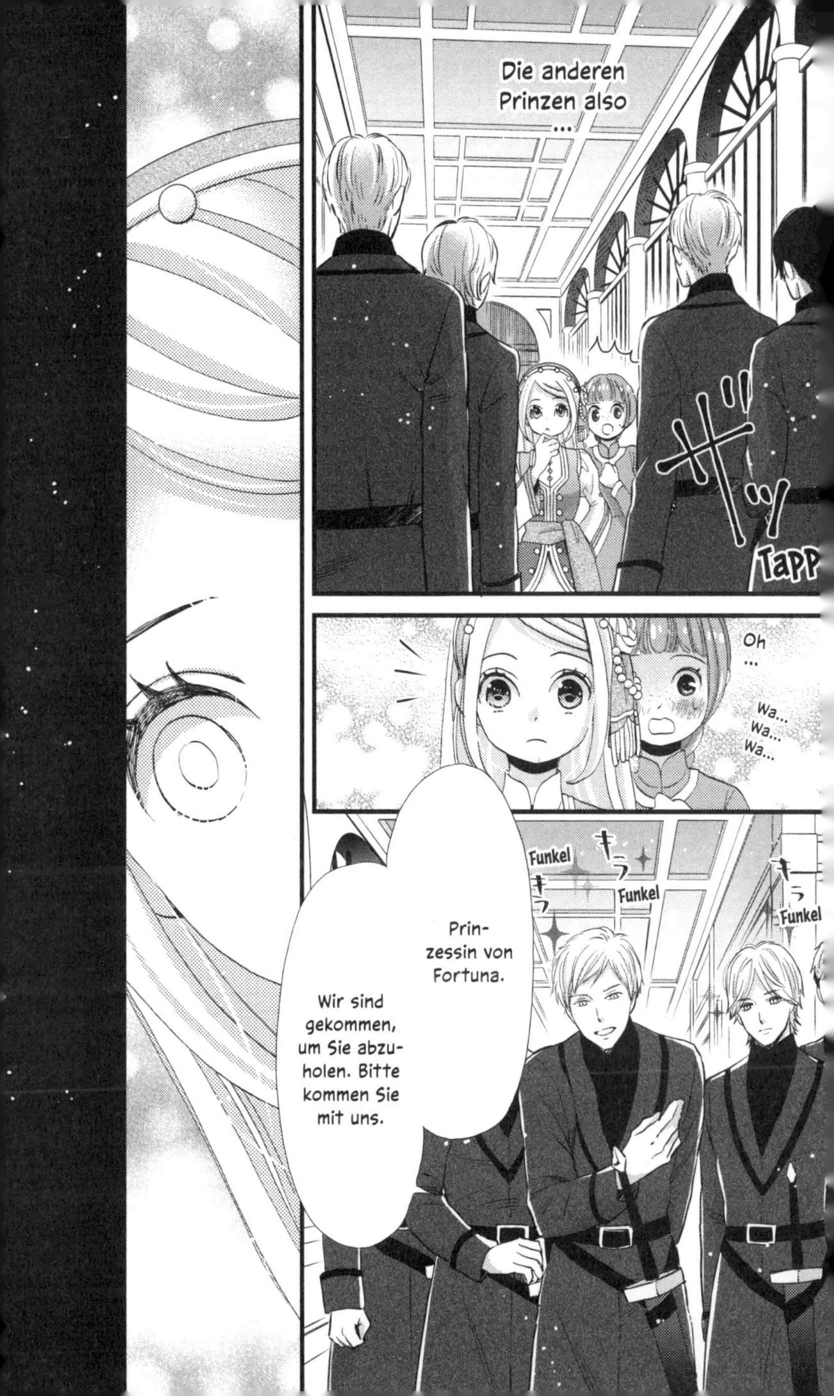
Die anderen Prinzen also ...
Tapp
Oh ...
Wa... Wa... Wa...
Funkel
Funkel
Funkel
Prinzessin von Fortuna.
Wir sind gekommen, um Sie abzuholen. Bitte kommen Sie mit uns.

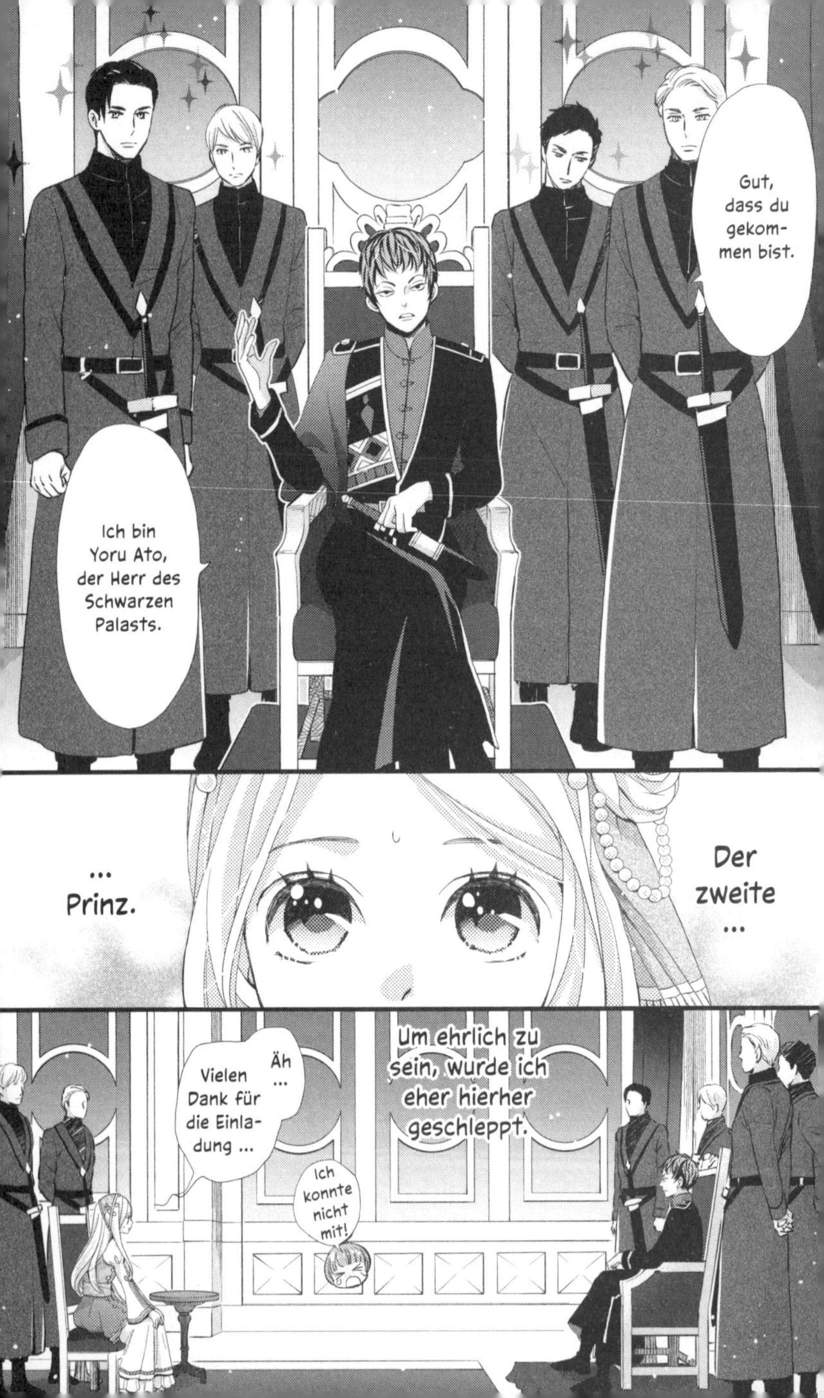
Gut, dass du gekommen bist.
Ich bin Yoru Ato, der Herr des Schwarzen Palasts.
Der zweite ...
... Prinz.
Um ehrlich zu sein, wurde ich eher hierher geschleppt.
Äh ...
Vielen Dank für die Einladung ...
Ich konnte nicht mit!

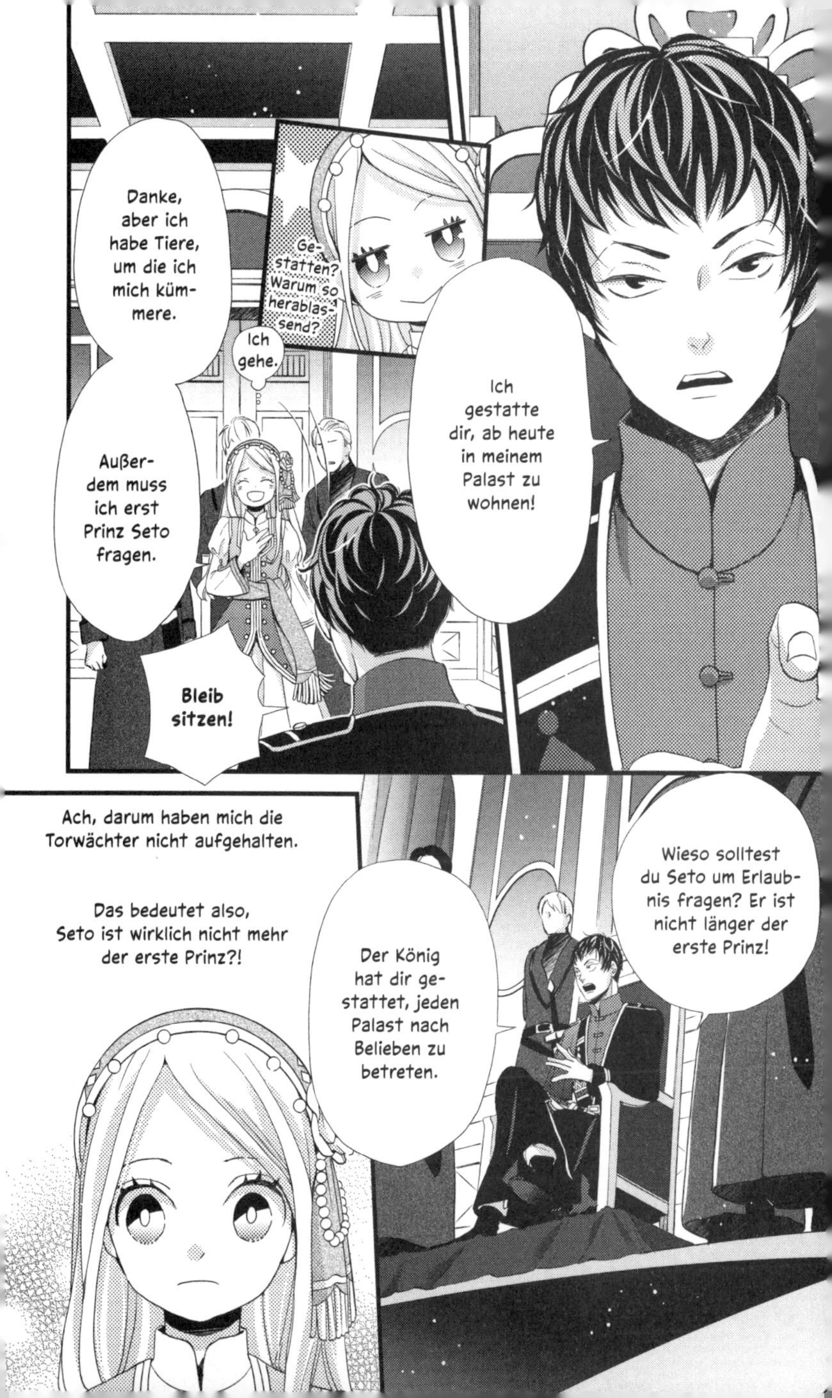

Ich gestatte dir, ab heute in meinem Palast zu wohnen!
Gestatten? Warum so herablassend?
Ich gehe.
Danke, aber ich habe Tiere, um die ich mich kümmere.
Außerdem muss ich erst Prinz Seto fragen.
Bleib sitzen!
Wieso solltest du Seto um Erlaubnis fragen? Er ist nicht länger der erste Prinz!
Der König hat dir gestattet, jeden Palast nach Belieben zu betreten.
Ach, darum haben mich die Torwächter nicht aufgehalten.
Das bedeutet also, Seto ist wirklich nicht mehr der erste Prinz?!

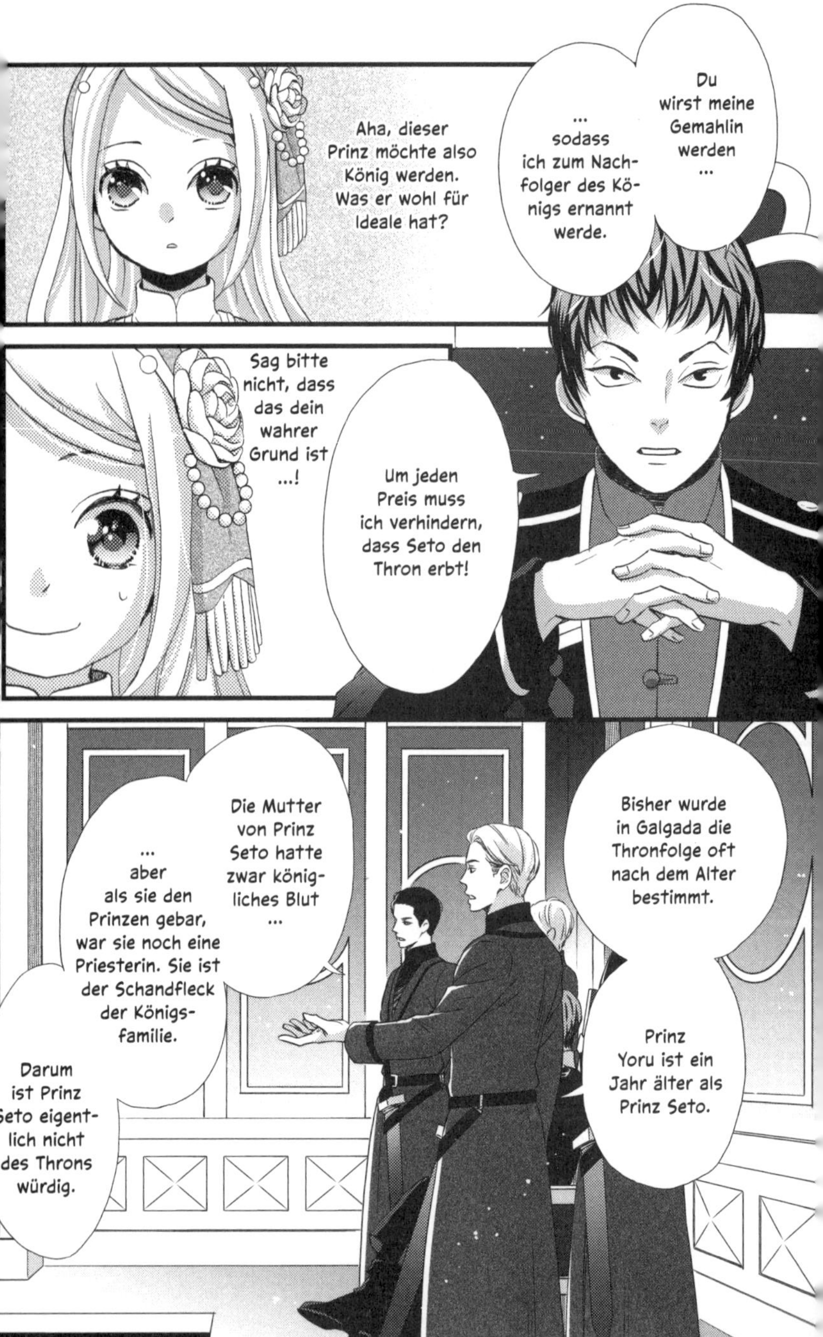
Du wirst meine Gemahlin werden ...
... sodass ich zum Nachfolger des Königs ernannt werde.
Aha, dieser Prinz möchte also König werden. Was er wohl für Ideale hat?
Um jeden Preis muss ich verhindern, dass Seto den Thron erbt!
Sag bitte nicht, dass das dein wahrer Grund ist ...!
Bisher wurde in Galgada die Thronfolge oft nach dem Alter bestimmt.
Prinz Yoru ist ein Jahr älter als Prinz Seto.
Die Mutter von Prinz Seto hatte zwar königliches Blut ...
... aber als sie den Prinzen gebar, war sie noch eine Priesterin. Sie ist der Schandfleck der Königsfamilie.
Darum ist Prinz Seto eigentlich nicht des Throns würdig.

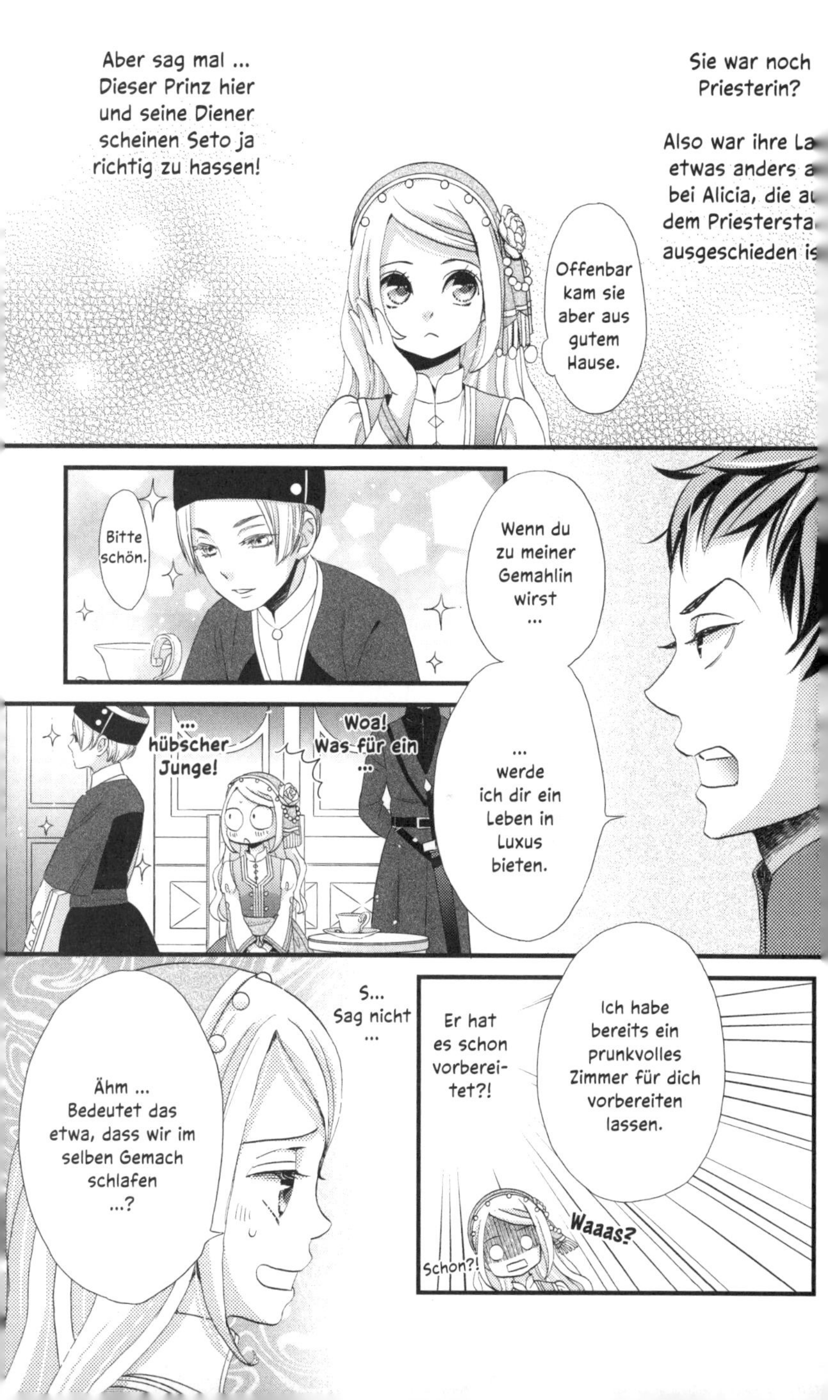

Sie war noch Priesterin?
Also war ihre La etwas anders a bei Alicia, die au dem Priestersta ausgeschieden is
Offenbar kam sie aber aus gutem Hause.
Aber sag mal ... Dieser Prinz hier und seine Diener scheinen Seto ja richtig zu hassen!
Wenn du zu meiner Gemahlin wirst ...
Bitte schön.
... werde ich dir ein Leben in Luxus bieten.
Woa! Was für ein ...
... hübscher Junge!
Ich habe bereits ein prunkvolles Zimmer für dich vorbereiten lassen.
Er hat es schon vorberei- tet?!
Waaas?
Schon?!
S... Sag nicht ...
Ähm ... Bedeutet das etwa, dass wir im selben Gemach schlafen ...?

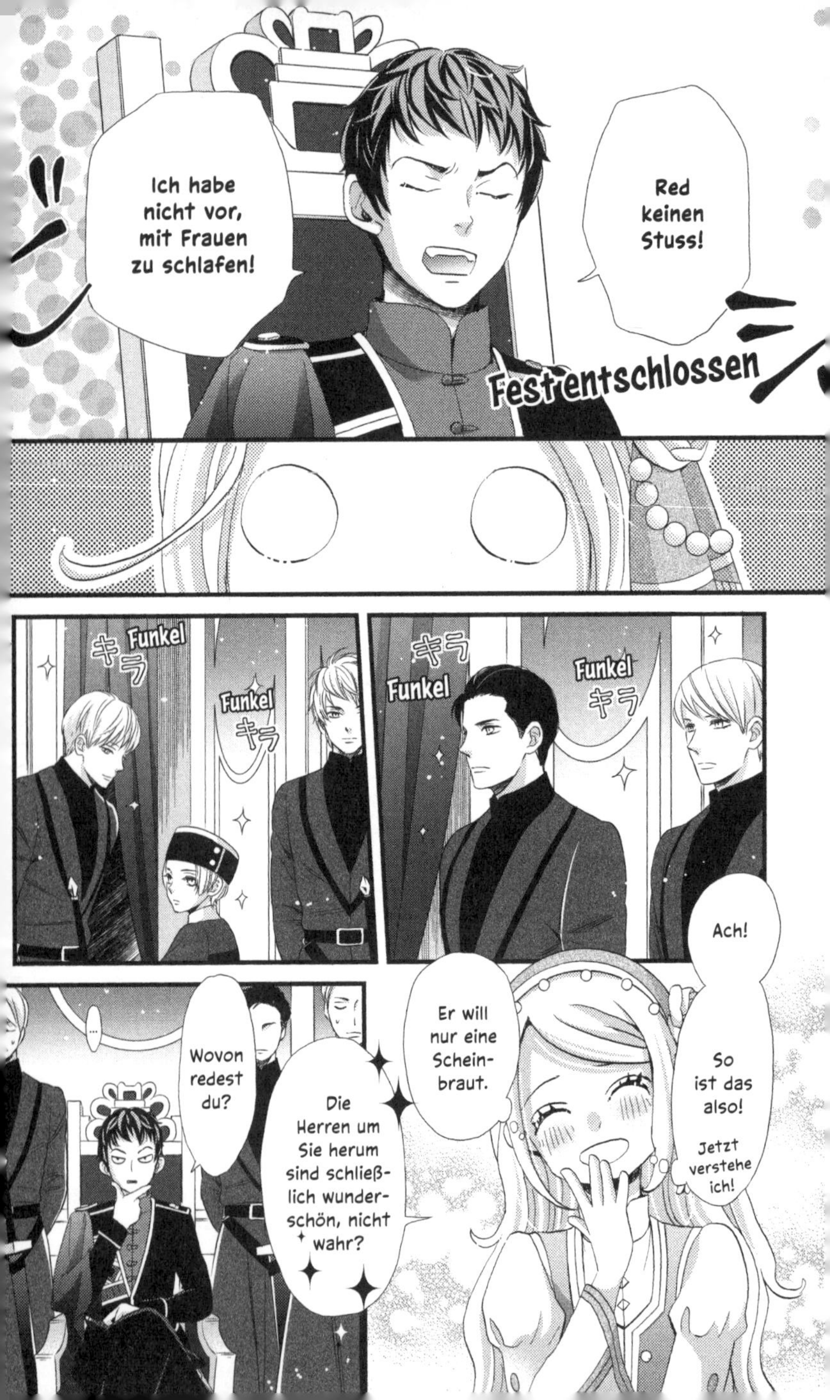

Red keinen Stuss!
Ich habe nicht vor, mit Frauen zu schlafen!
Fest entschlossen
Funkel キラ
Funkel キラ
Funkel キラ
Funkel キラ
Ach!
So ist das also!
Jetzt verstehe ich!
Er will nur eine Scheinbraut.
Die Herren um Sie herum sind schließlich wunderschön, nicht wahr?
Wovon redest du?
...

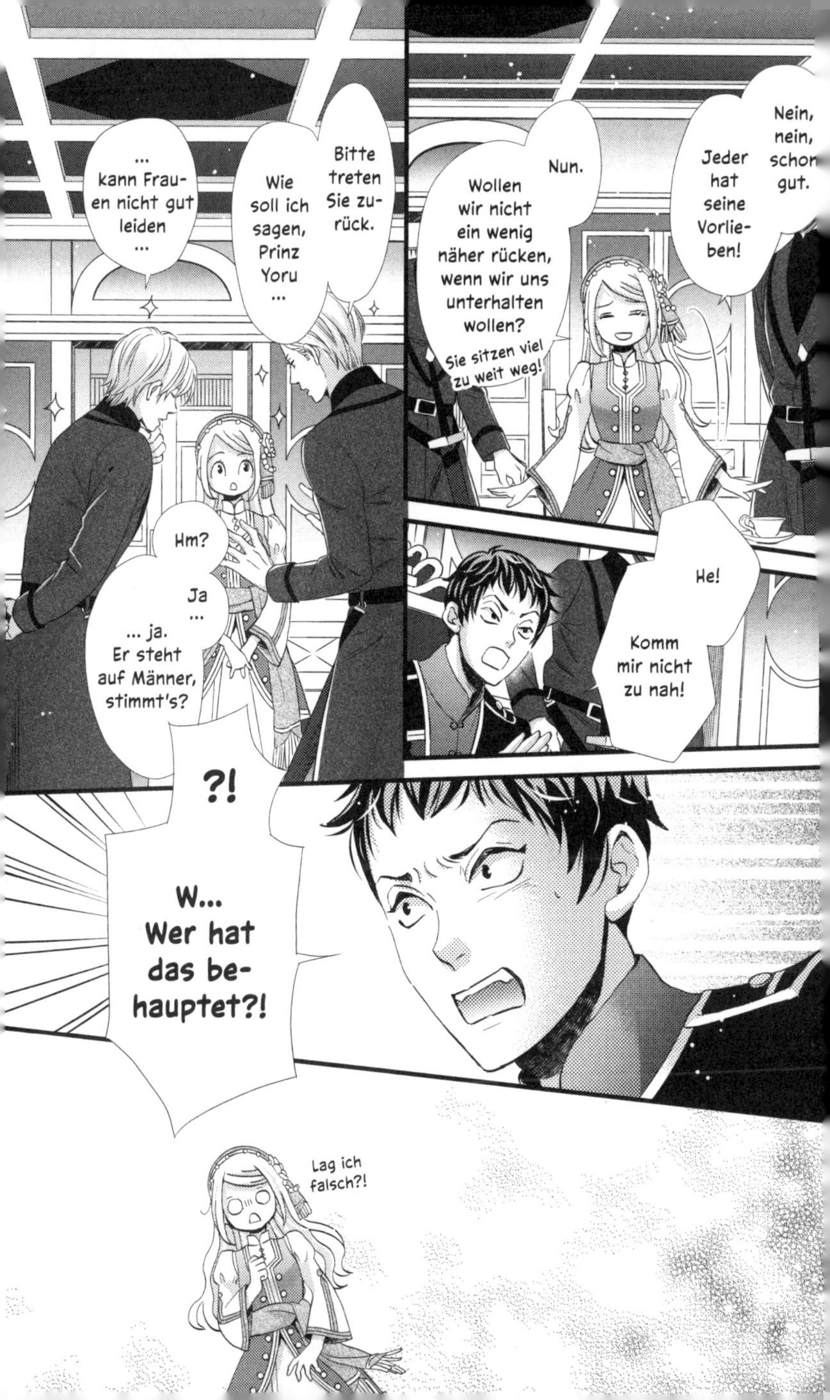
Bitte treten Sie zurück.
Wie soll ich sagen, Prinz Yoru ...
... kann Frauen nicht gut leiden ...
Hm?
Ja ...
... ja. Er steht auf Männer, stimmt's?
Nein, nein, schon gut.
Jeder hat seine Vorlieben!
Nun.
Wollen wir nicht ein wenig näher rücken, wenn wir uns unterhalten wollen?
Sie sitzen viel zu weit weg!
He!
Komm mir nicht zu nah!
?!
W... Wer hat das behauptet?!
Lag ich falsch?!

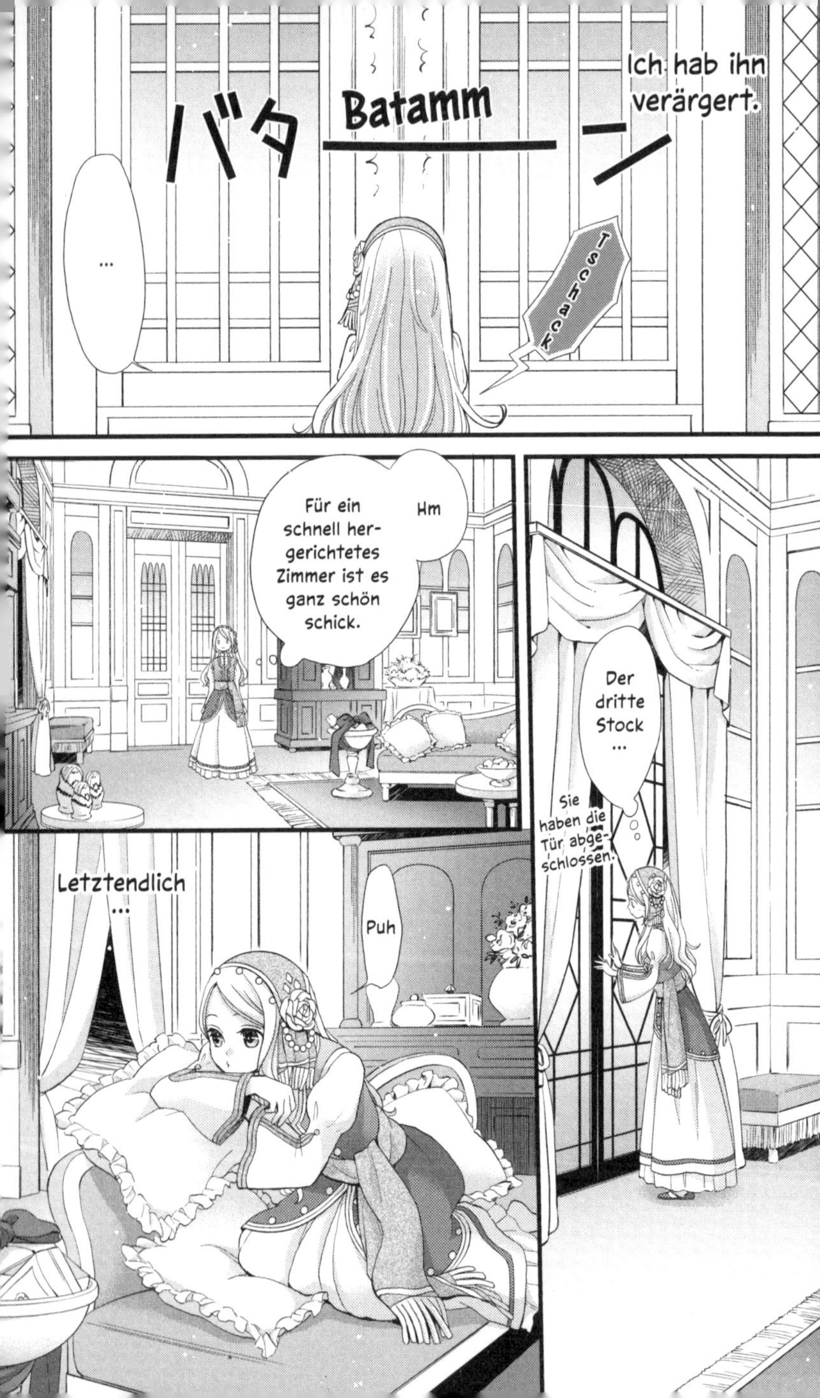

Ich hab ihn verärgert.
Tschack
Batamm
バタ
...
Der dritte Stock ...
Sie haben die Tür abge-schlossen.
Hm
Für ein schnell her-gerichtetes Zimmer ist es ganz schön schick.
Puh
Letztendlich ...

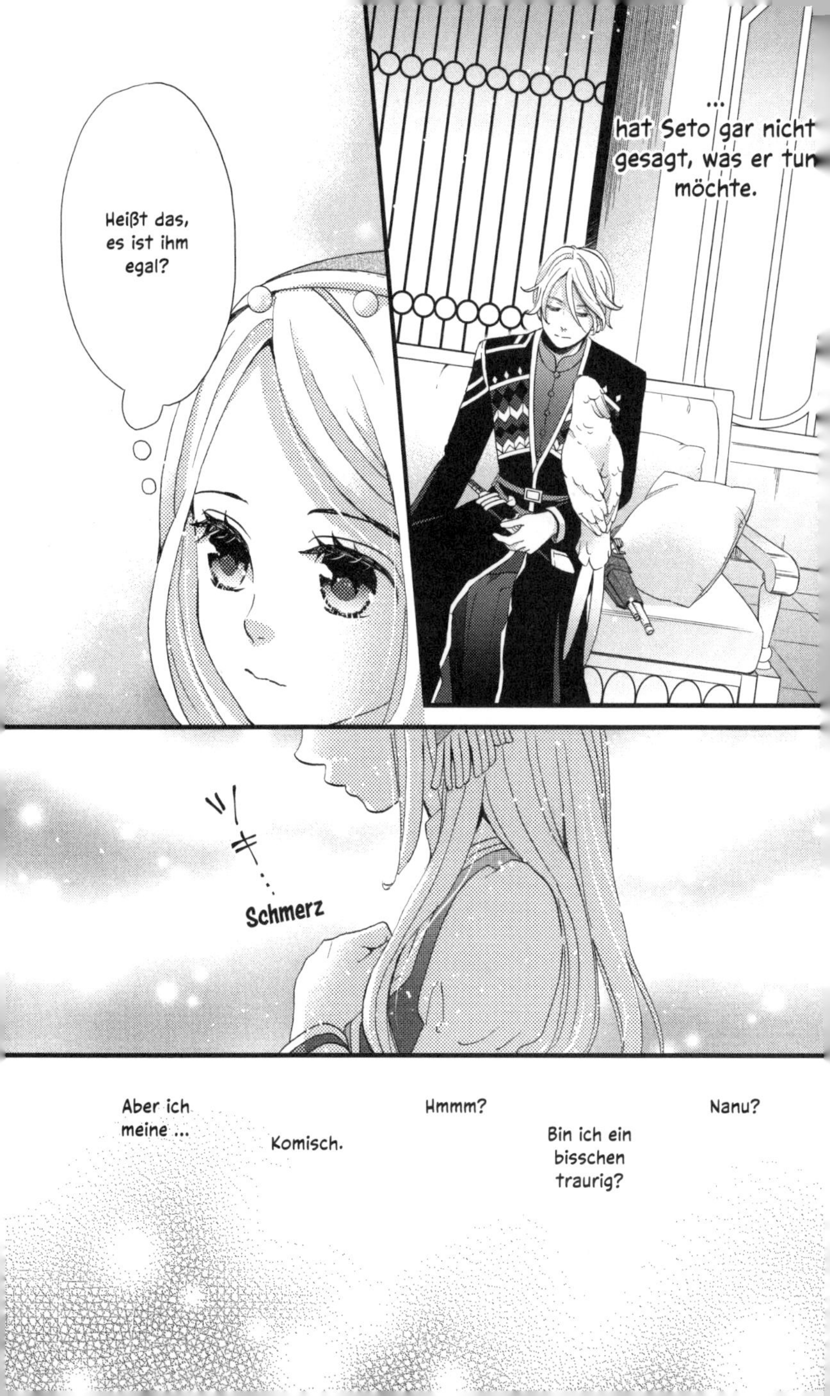
... hat Seto gar nicht gesagt, was er tun möchte.
Heißt das, es ist ihm egal?
ツキ… Schmerz
Nanu?
Bin ich ein bisschen traurig?
Hmmm?
Komisch.
Aber ich meine ...

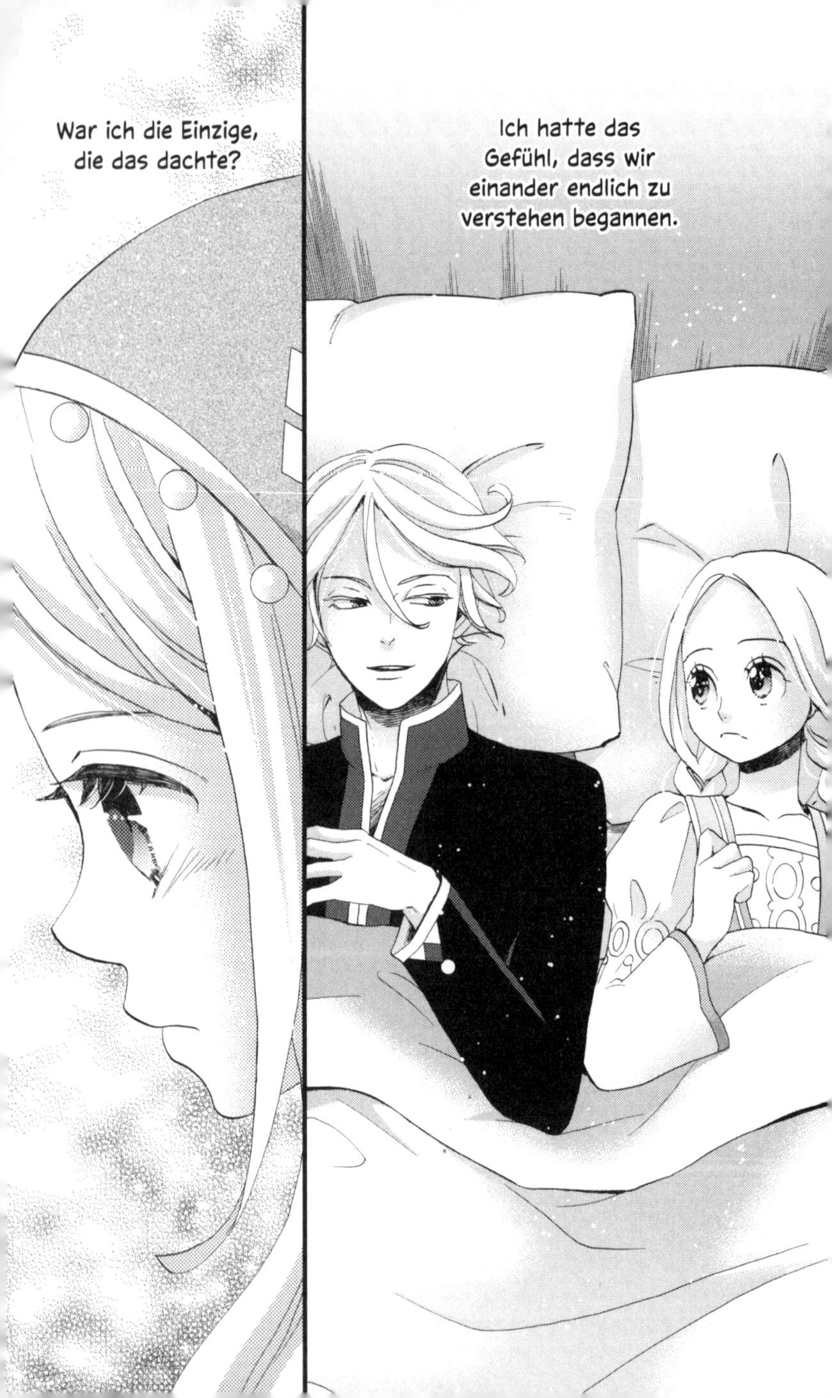
Ich hatte das Gefühl, dass wir einander endlich zu verstehen begannen.
War ich die Einzige, die das dachte?

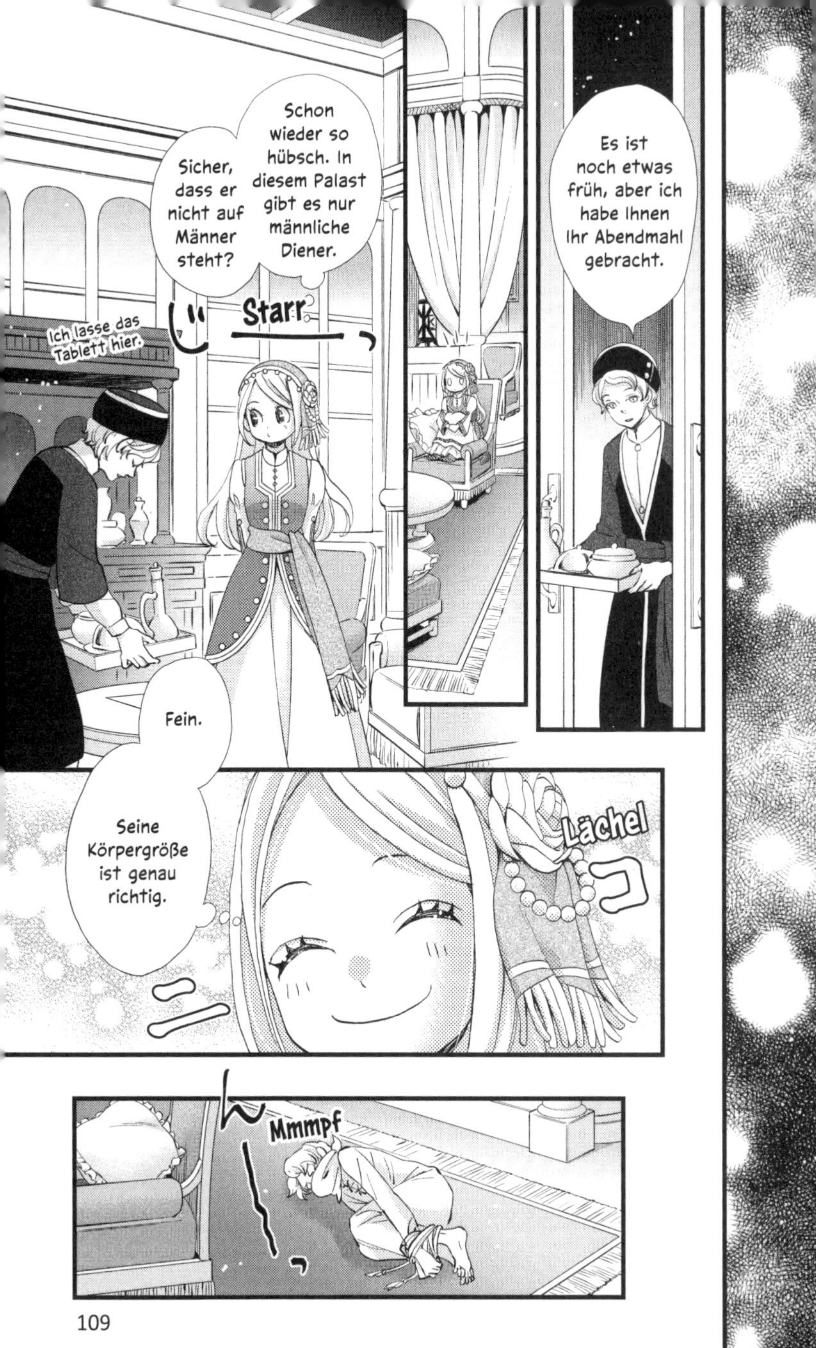

Es ist noch etwas früh, aber ich habe Ihnen Ihr Abendmahl gebracht.
Schon wieder so hübsch. In diesem Palast gibt es nur männliche Diener.
Sicher, dass er nicht auf Männer steht?
Starr
Ich lasse das Tablett hier.
Fein.
Seine Körpergröße ist genau richtig.
Lächel
Mmmpf

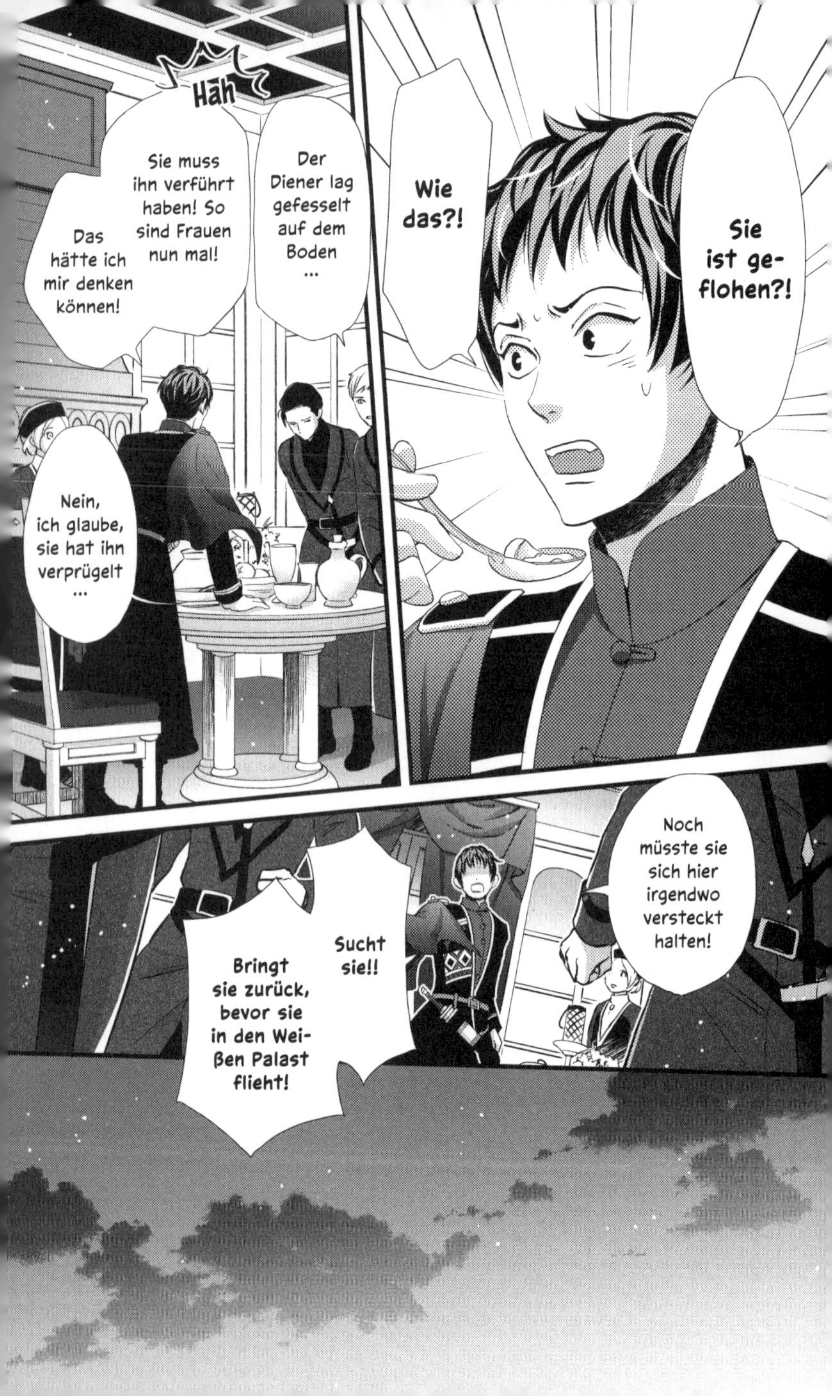
Sie ist geflohen?!
Wie das?!
Der Diener lag gefesselt auf dem Boden ...
Häh
Sie muss ihn verführt haben! So sind Frauen nun mal!
Das hätte ich mir denken können!
Nein, ich glaube, sie hat ihn verprügelt ...
Noch müsste sie sich hier irgendwo versteckt halten!
Sucht sie!!
Bringt sie zurück, bevor sie in den Weißen Palast flieht!

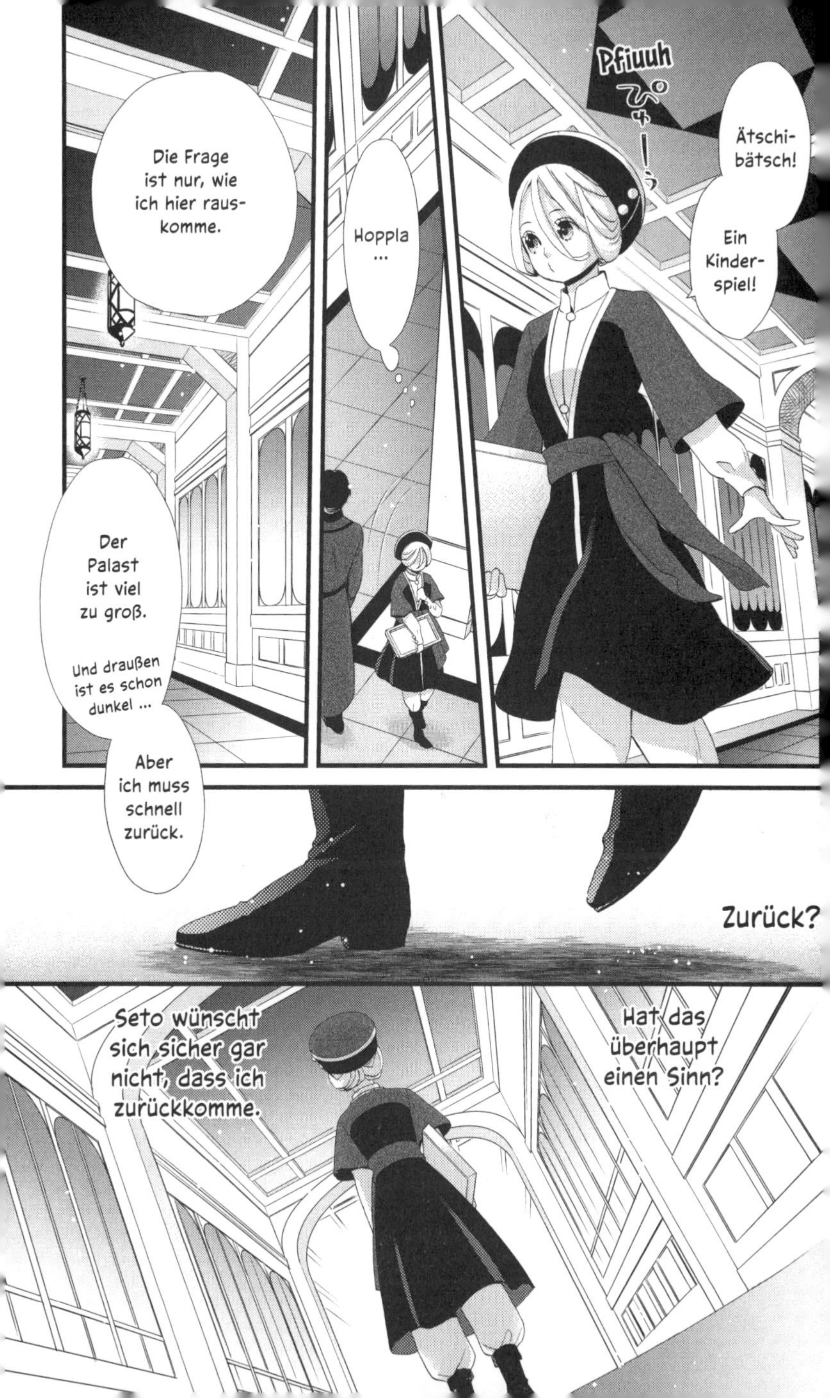
Pfiuuh
ぴゅーっ
Ätschi-bätsch!
Ein Kinder-spiel!
Hoppla ...
Die Frage ist nur, wie ich hier raus-komme.
Der Palast ist viel zu groß.
Und draußen ist es schon dunkel ...
Aber ich muss schnell zurück.
Zurück?
Hat das überhaupt einen Sinn?
Seto wünscht sich sicher gar nicht, dass ich zurückkomme.

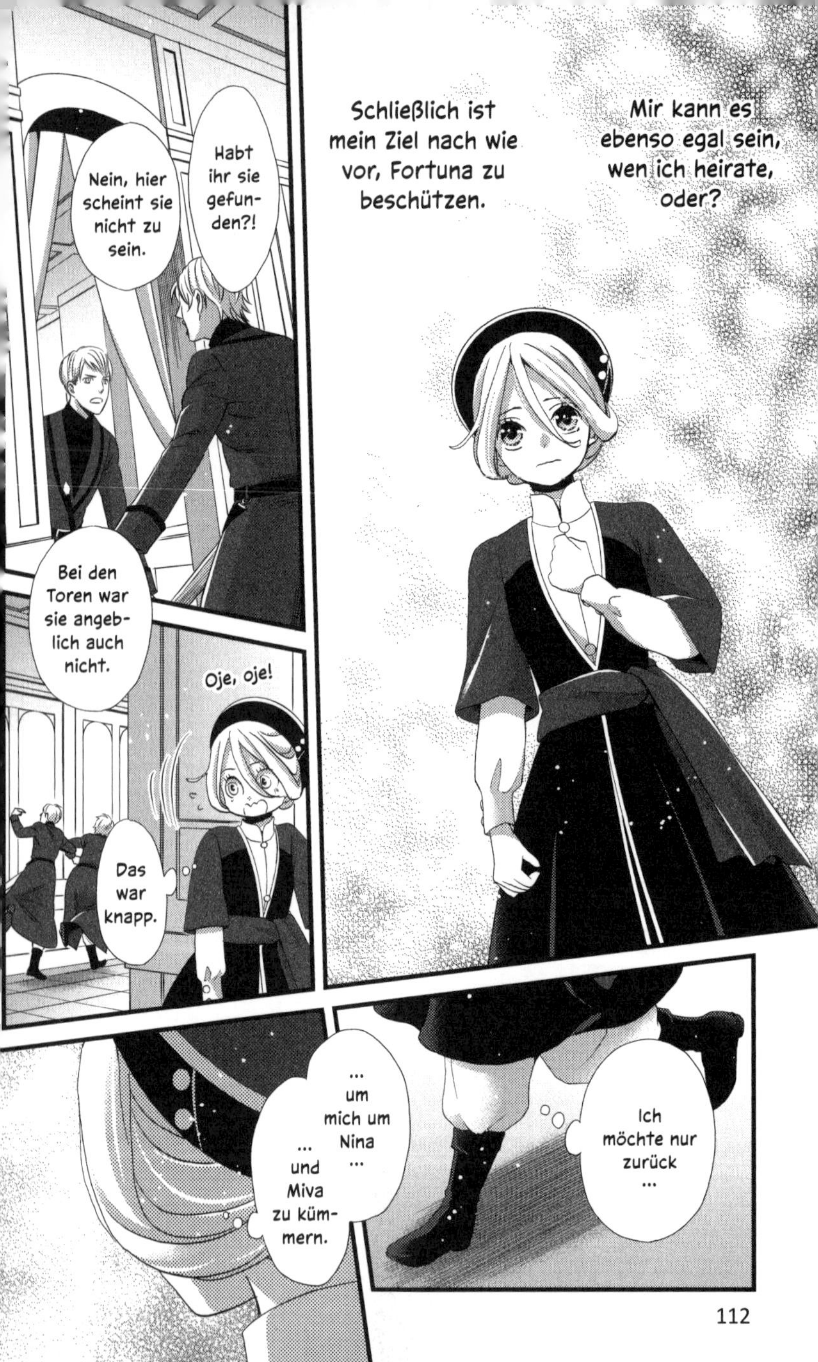
Mir kann es ebenso egal sein, wen ich heirate, oder?
Schließlich ist mein Ziel nach wie vor, Fortuna zu beschützen.
Habt ihr sie gefun-den?!
Nein, hier scheint sie nicht zu sein.
Bei den Toren war sie angeb-lich auch nicht.
Oje, oje!
Das war knapp.
Ich möchte nur zurück ...
... um mich um Nina ...
... und Miva zu küm-mern.

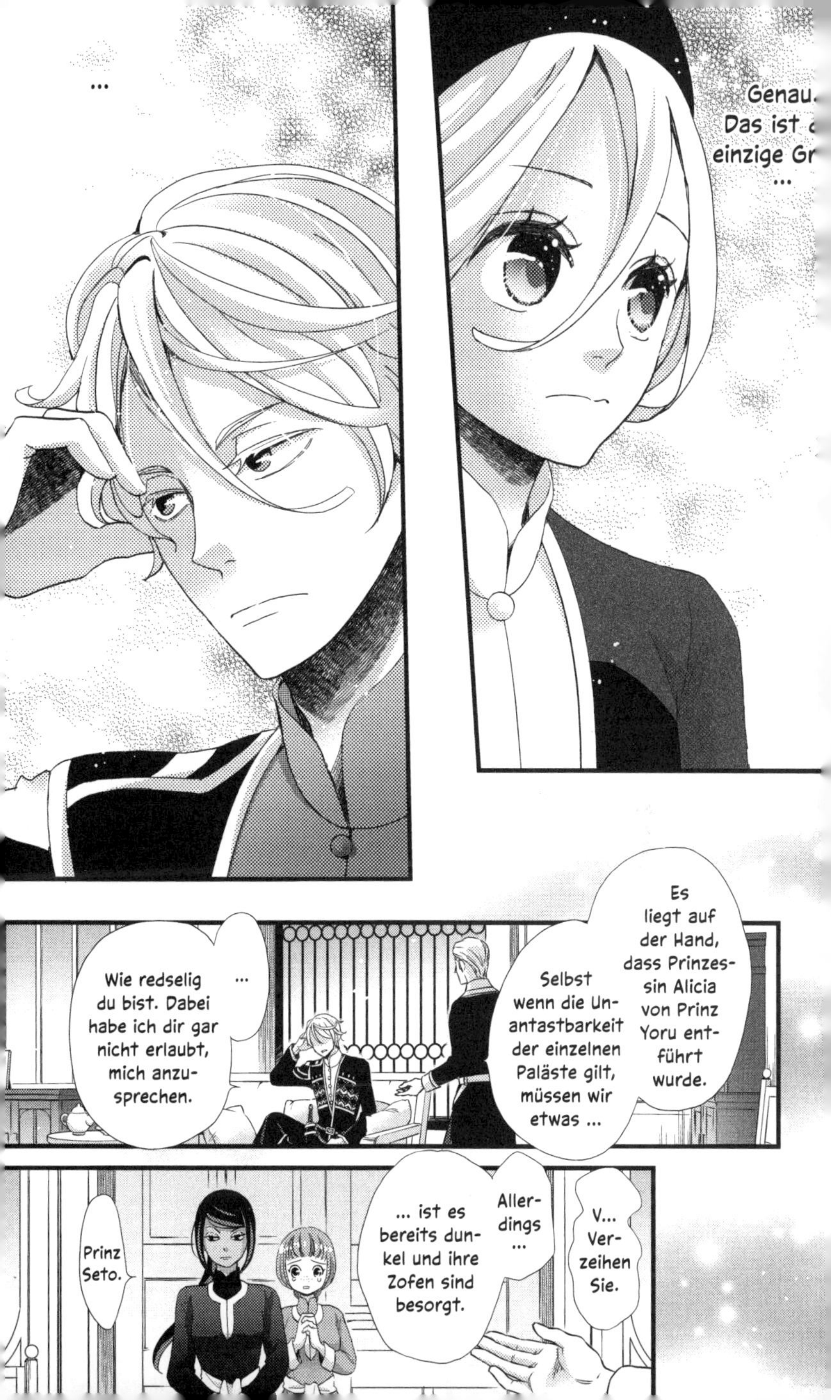
Genau. Das ist
einzige Gr
...
...
Es liegt auf der Hand, dass Prinzes-sin Alicia von Prinz Yoru ent-führt wurde.
Selbst wenn die Un-antastbarkeit der einzelnen Paläste gilt, müssen wir etwas ...
...
Wie redselig du bist. Dabei habe ich dir gar nicht erlaubt, mich anzu-sprechen.
V... Ver-zeihen Sie.
Aller-dings ...
... ist es bereits dun-kel und ihre Zofen sind besorgt.
Prinz Seto.

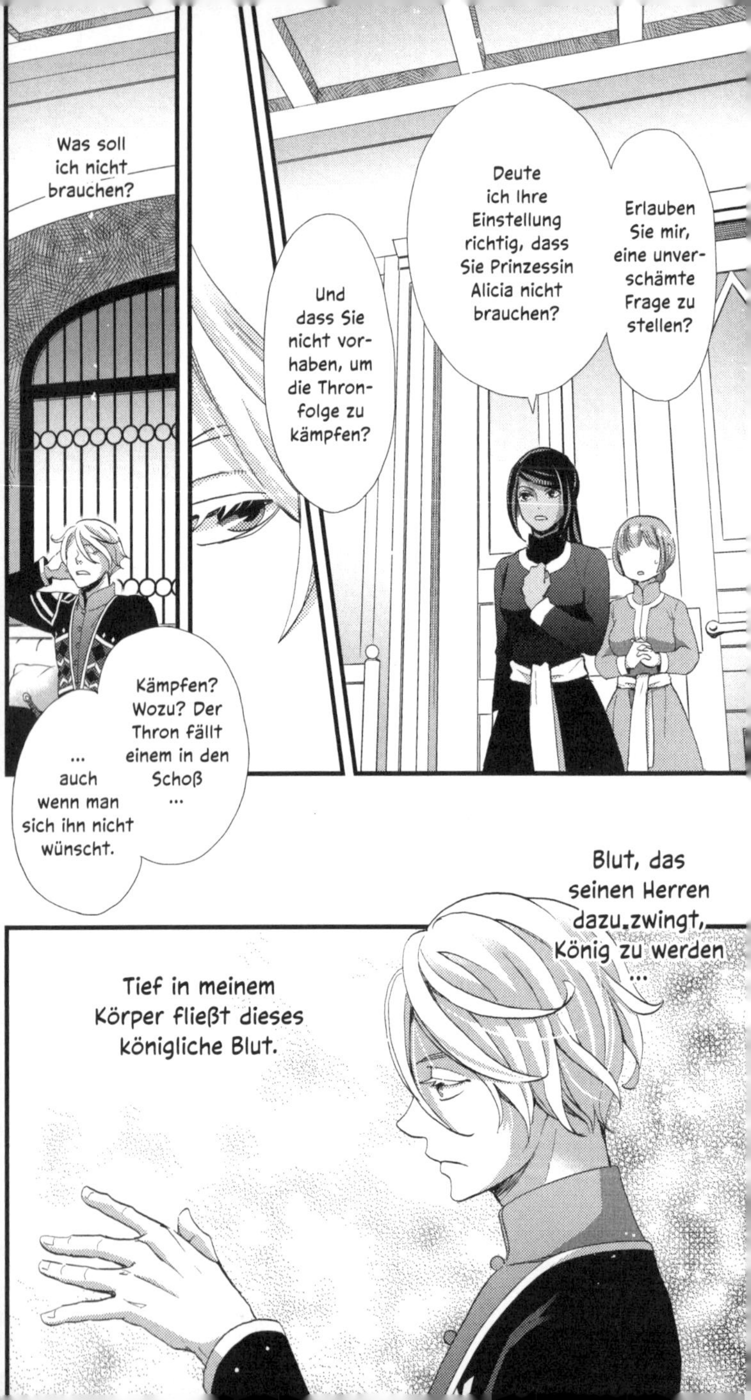

Erlauben Sie mir, eine unverschämte Frage zu stellen?
Deute ich Ihre Einstellung richtig, dass Sie Prinzessin Alicia nicht brauchen?
Und dass Sie nicht vorhaben, um die Thronfolge zu kämpfen?
Was soll ich nicht brauchen?
Kämpfen? Wozu? Der Thron fällt einem in den Schoß ...
... auch wenn man sich ihn nicht wünscht.
Blut, das seinen Herren dazu zwingt, König zu werden ...
Tief in meinem Körper fließt dieses königliche Blut.

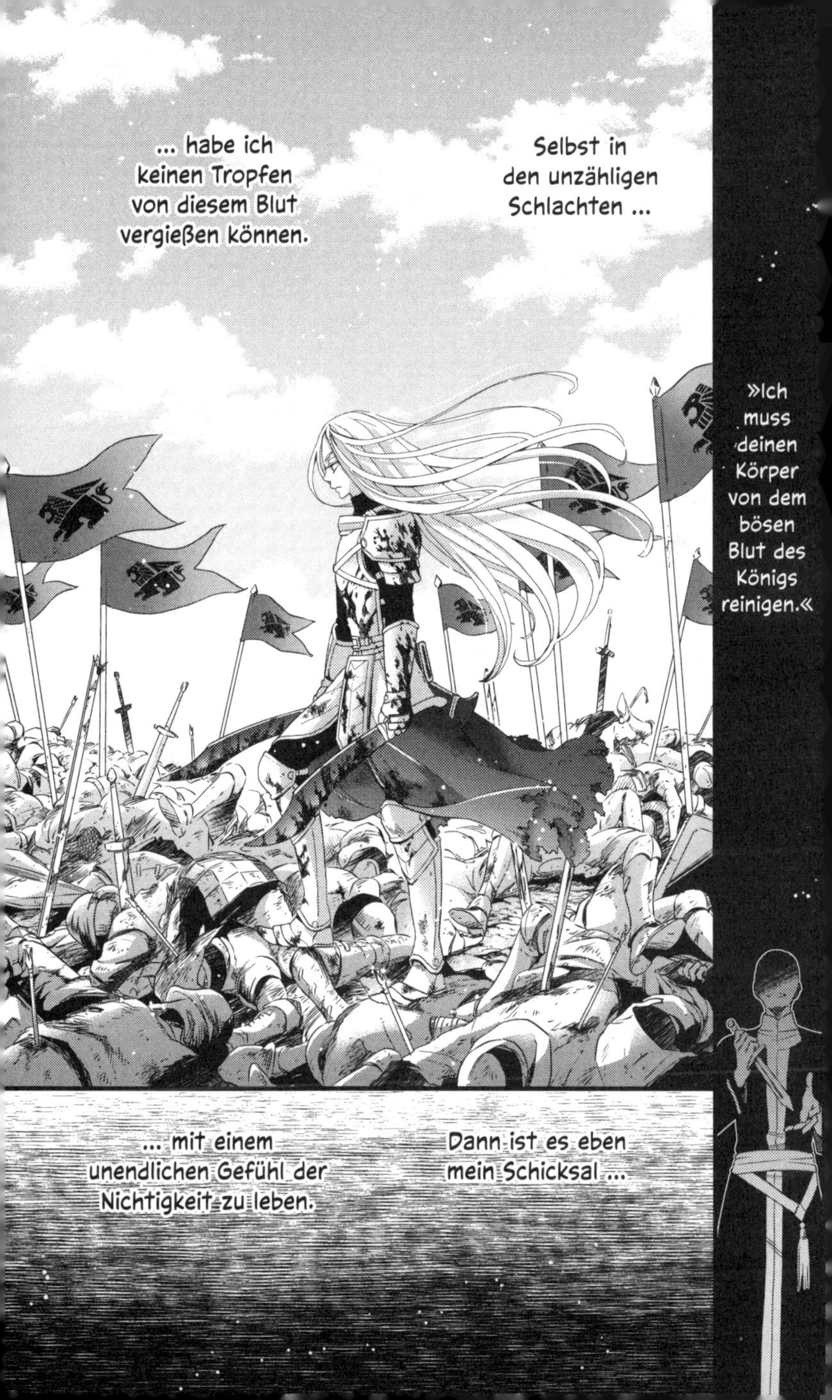
»Ich muss deinen Körper von dem bösen Blut des Königs reinigen.«
Selbst in den unzähligen Schlachten ...
... habe ich keinen Tropfen von diesem Blut vergießen können.
Dann ist es eben mein Schicksal ...
... mit einem unendlichen Gefühl der Nichtigkeit zu leben.

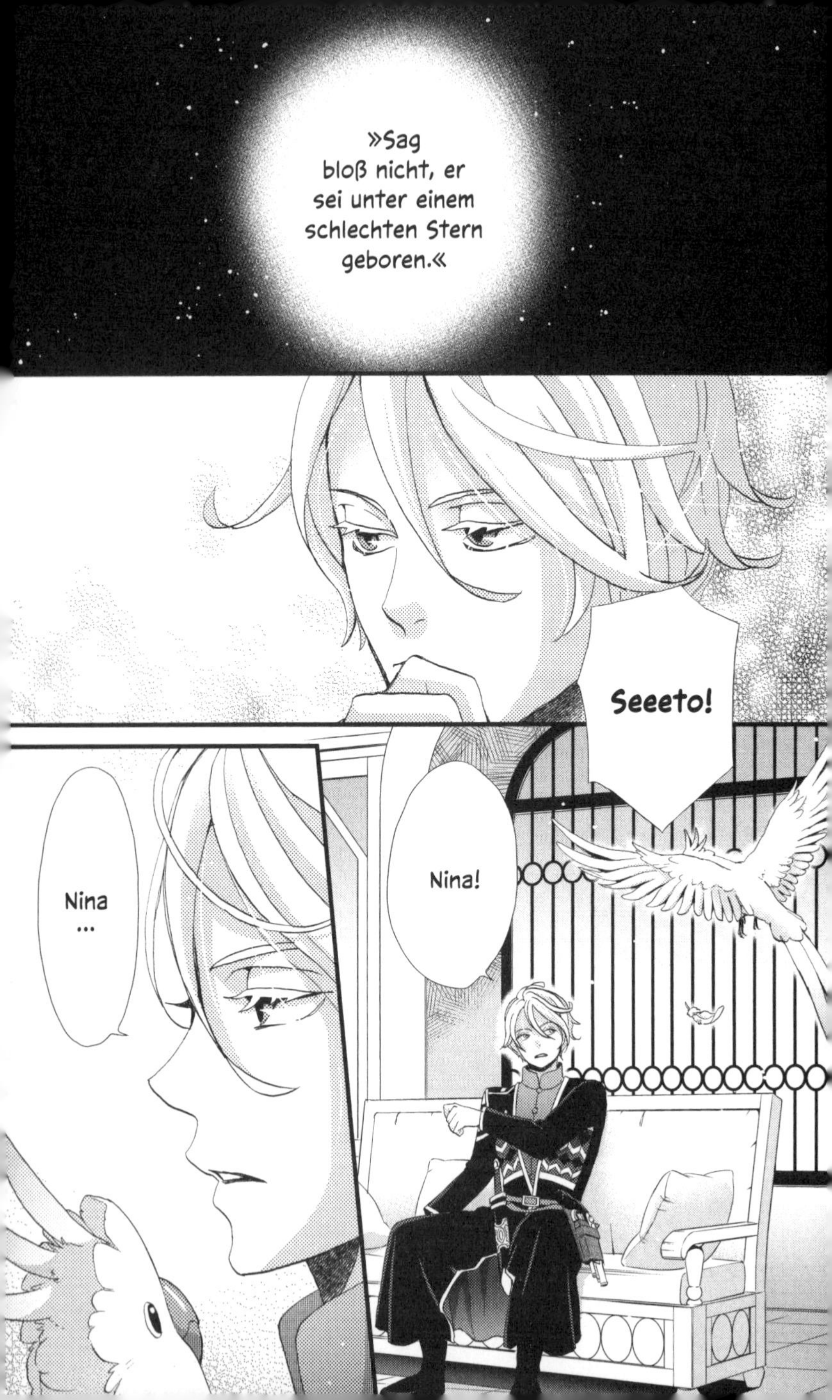
»Sag bloß nicht, er sei unter einem schlechten Stern geboren.«
Seeeto!
Nina!
Nina ...

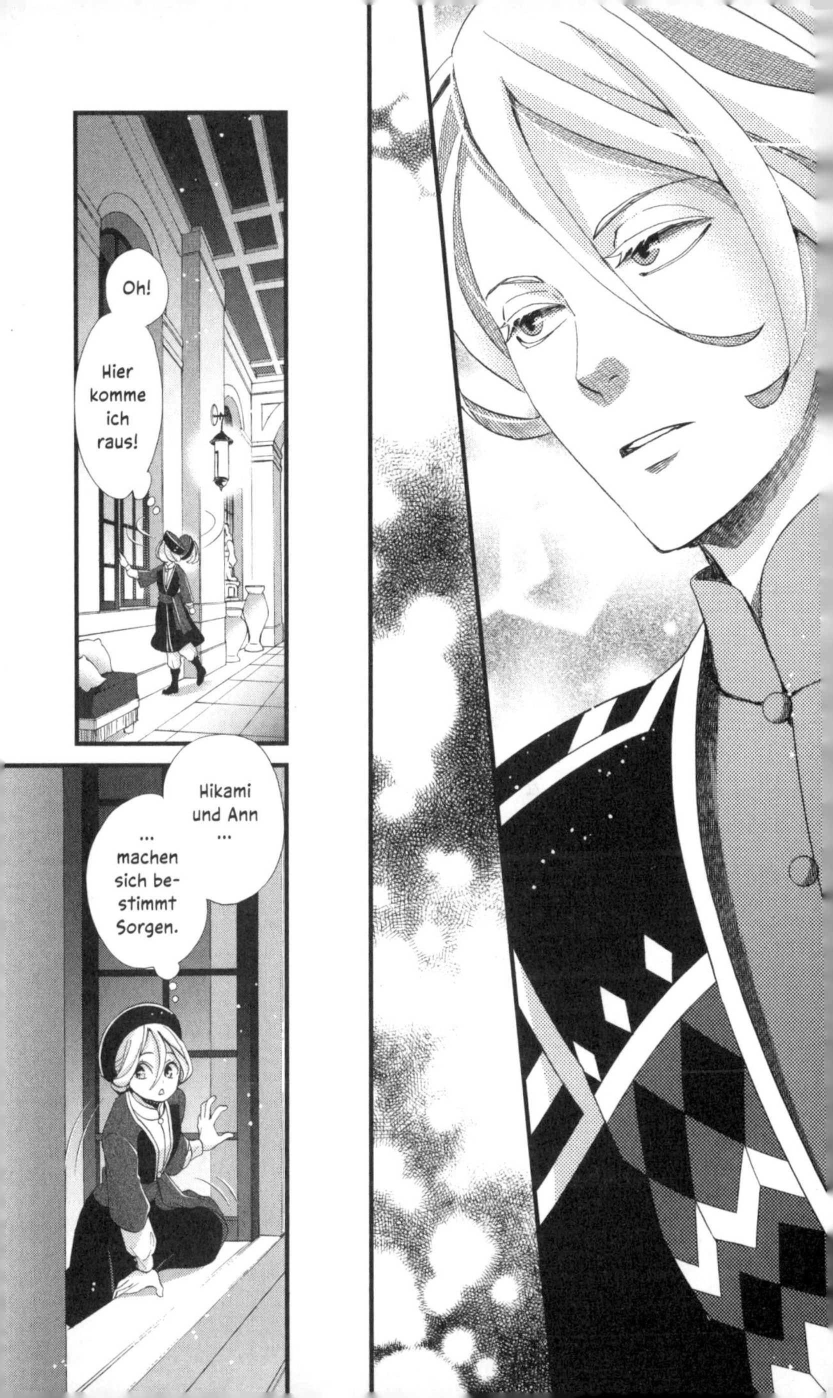
Oh!
Hier komme ich raus!
Hikami und Ann ...
... machen sich bestimmt Sorgen.

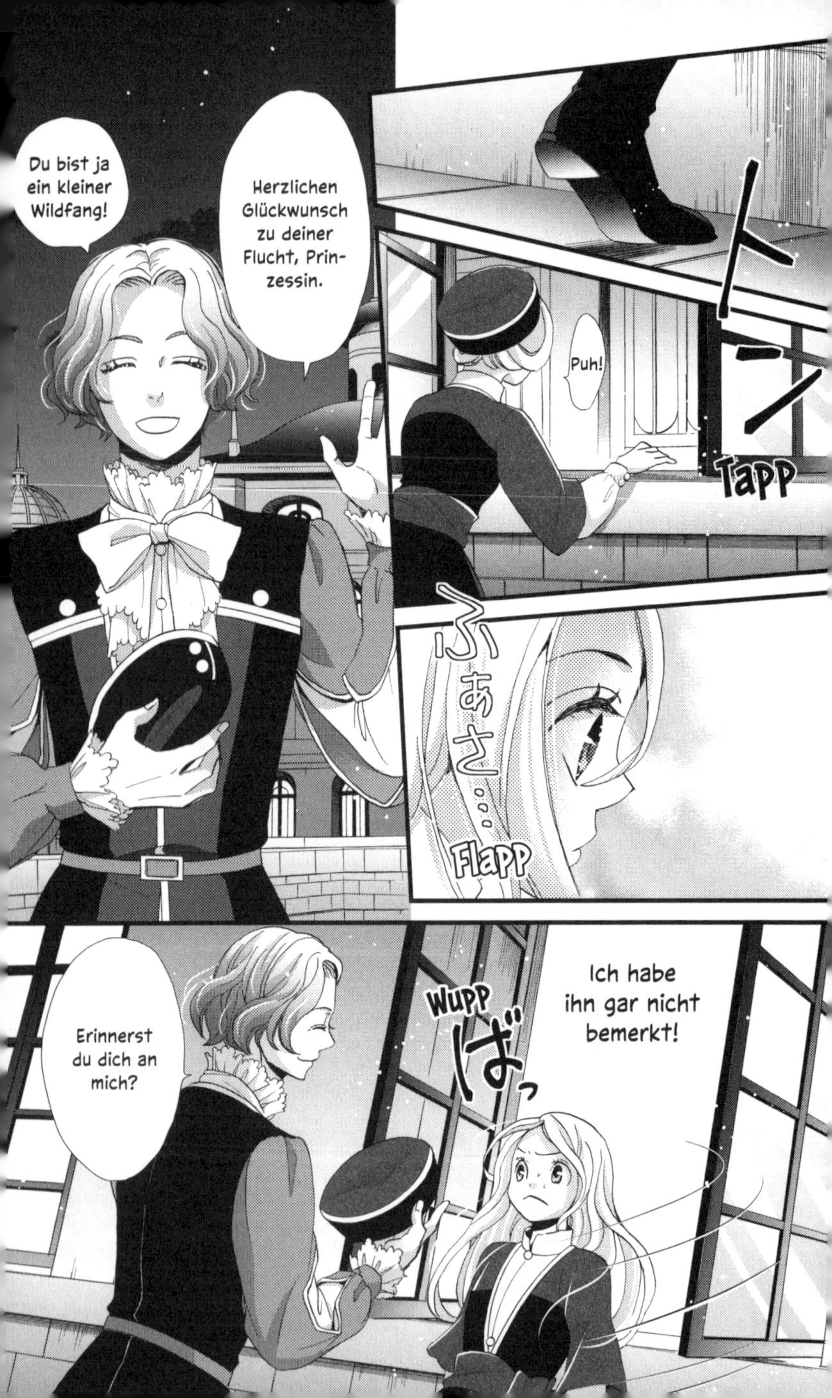

トン
Tapp
Puh!
ふあさ…
Flapp
Herzlichen Glückwunsch zu deiner Flucht, Prinzessin.
Du bist ja ein kleiner Wildfang!
Ich habe ihn gar nicht bemerkt!
ばっ
Wupp
Erinnerst du dich an mich?

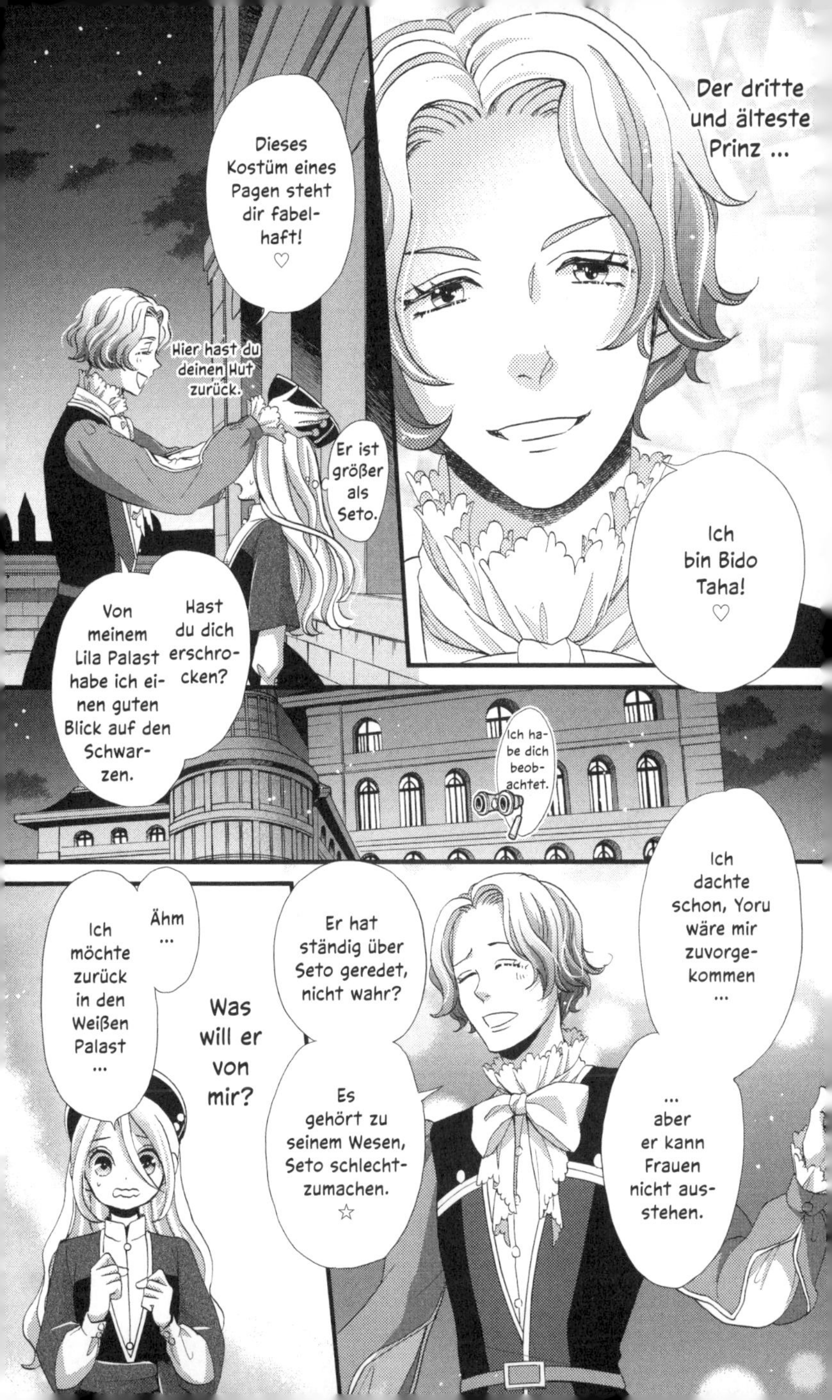

Der dritte und älteste Prinz ...
Dieses Kostüm eines Pagen steht dir fabelhaft! ♡
Ich bin Bido Taha! ♡
Er ist größer als Seto.
Hier hast du deinen Hut zurück.
Hast du dich erschrocken?
Von meinem Lila Palast habe ich einen guten Blick auf den Schwarzen.
Ich habe dich beobachtet.
Ich dachte schon, Yoru wäre mir zuvorgekommen ...
... aber er kann Frauen nicht ausstehen.
Er hat ständig über Seto geredet, nicht wahr?
Es gehört zu seinem Wesen, Seto schlechtzumachen. ☆
Was will er von mir?
Ähm ...
Ich möchte zurück in den Weißen Palast ...

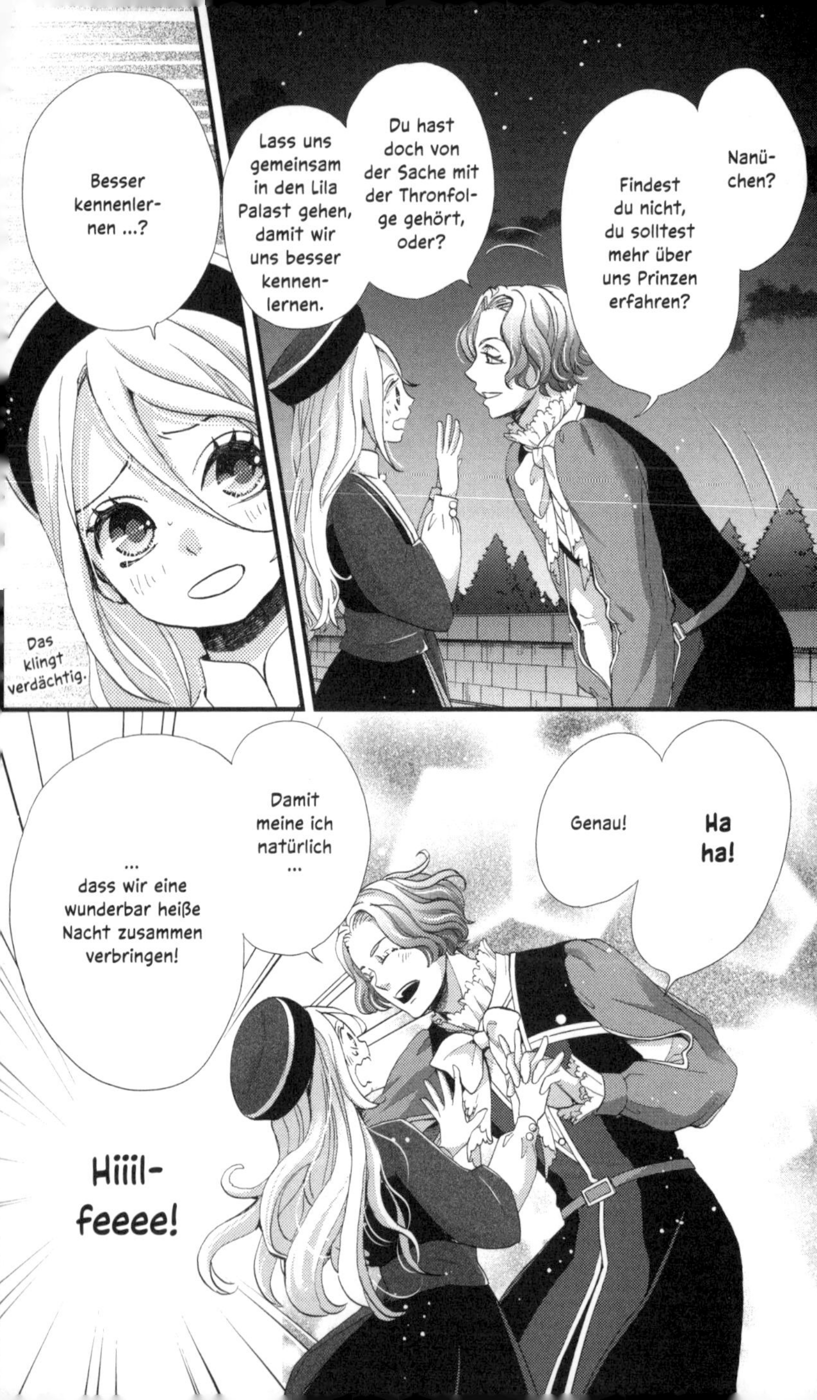
Nanüchen?
Findest du nicht, du solltest mehr über uns Prinzen erfahren?
Du hast doch von der Sache mit der Thronfolge gehört, oder?
Lass uns gemeinsam in den Lila Palast gehen, damit wir uns besser kennenlernen.
Besser kennenlernen ...?
Das klingt verdächtig.
Ha ha!
Genau!
Damit meine ich natürlich ...
... dass wir eine wunderbar heiße Nacht zusammen verbringen!
Hiiil-feeee!

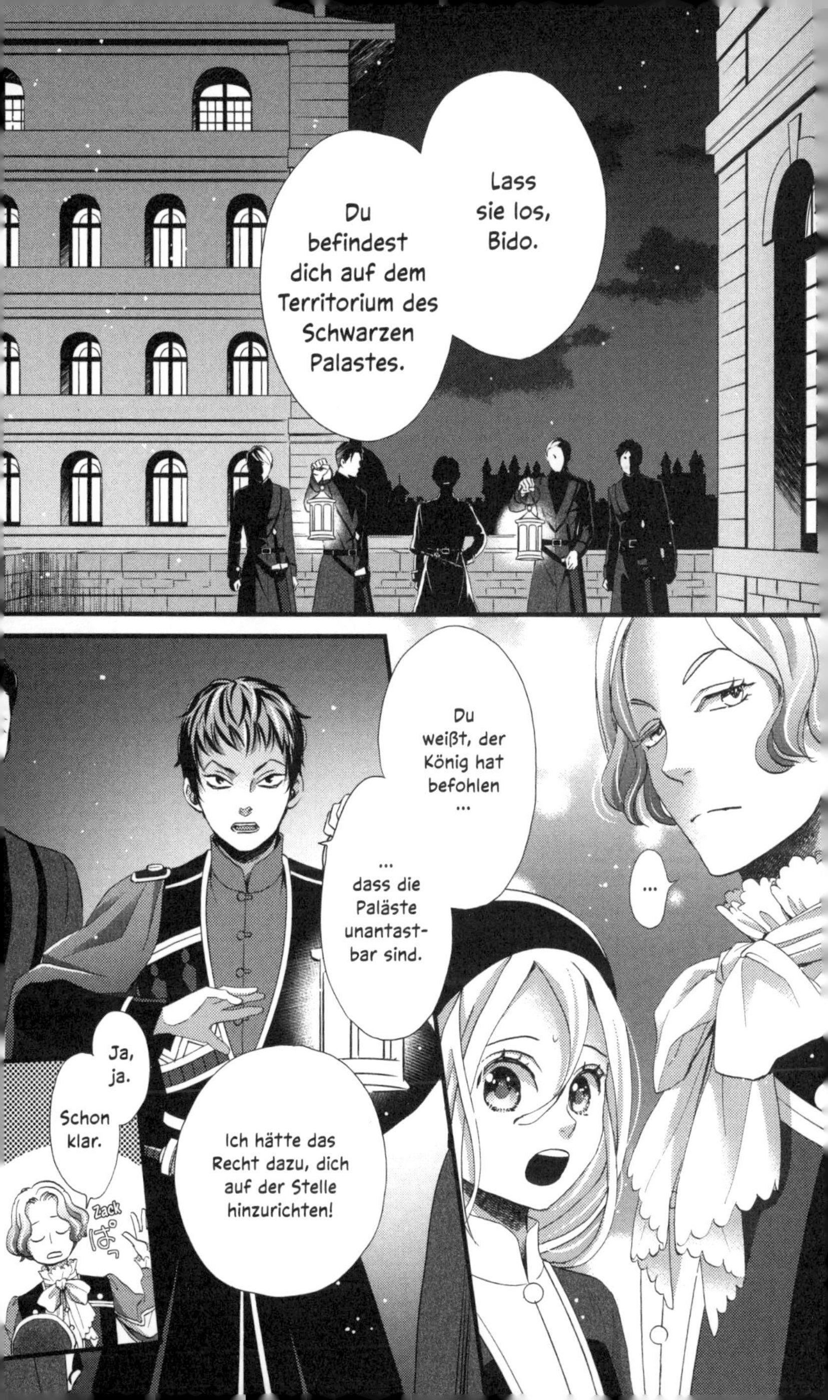

Lass sie los, Bido.
Du befindest dich auf dem Territorium des Schwarzen Palastes.
Du weißt, der König hat befohlen ...
... dass die Paläste unantast-bar sind.
...
Ich hätte das Recht dazu, dich auf der Stelle hinzurichten!
Ja, ja.
Schon klar.
Zack

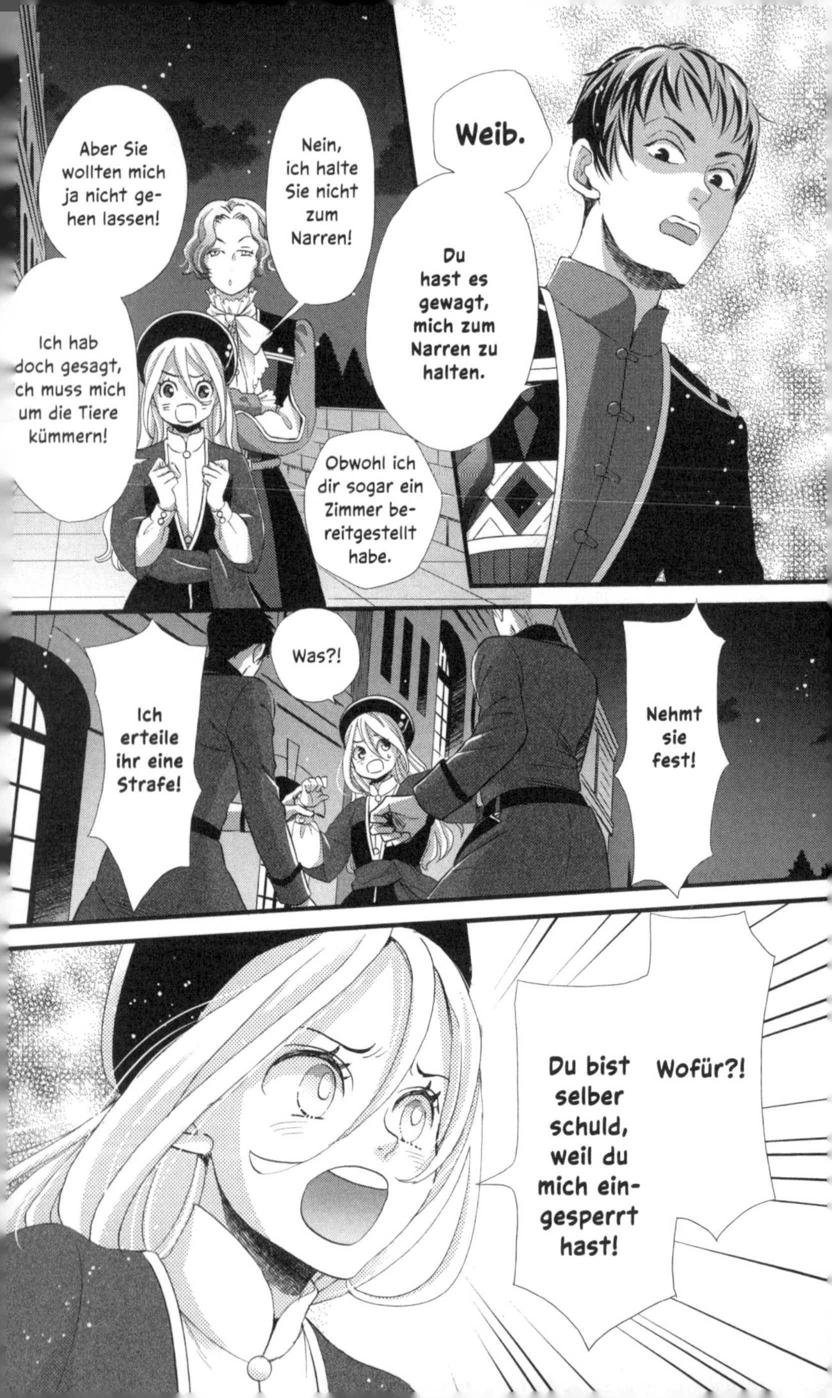
Weib.
Du hast es gewagt, mich zum Narren zu halten.
Obwohl ich dir sogar ein Zimmer bereitgestellt habe.
Nein, ich halte Sie nicht zum Narren!
Aber Sie wollten mich ja nicht gehen lassen!
Ich hab doch gesagt, ich muss mich um die Tiere kümmern!
Nehmt sie fest!
Was?!
Ich erteile ihr eine Strafe!
Wofür?!
Du bist selber schuld, weil du mich eingesperrt hast!

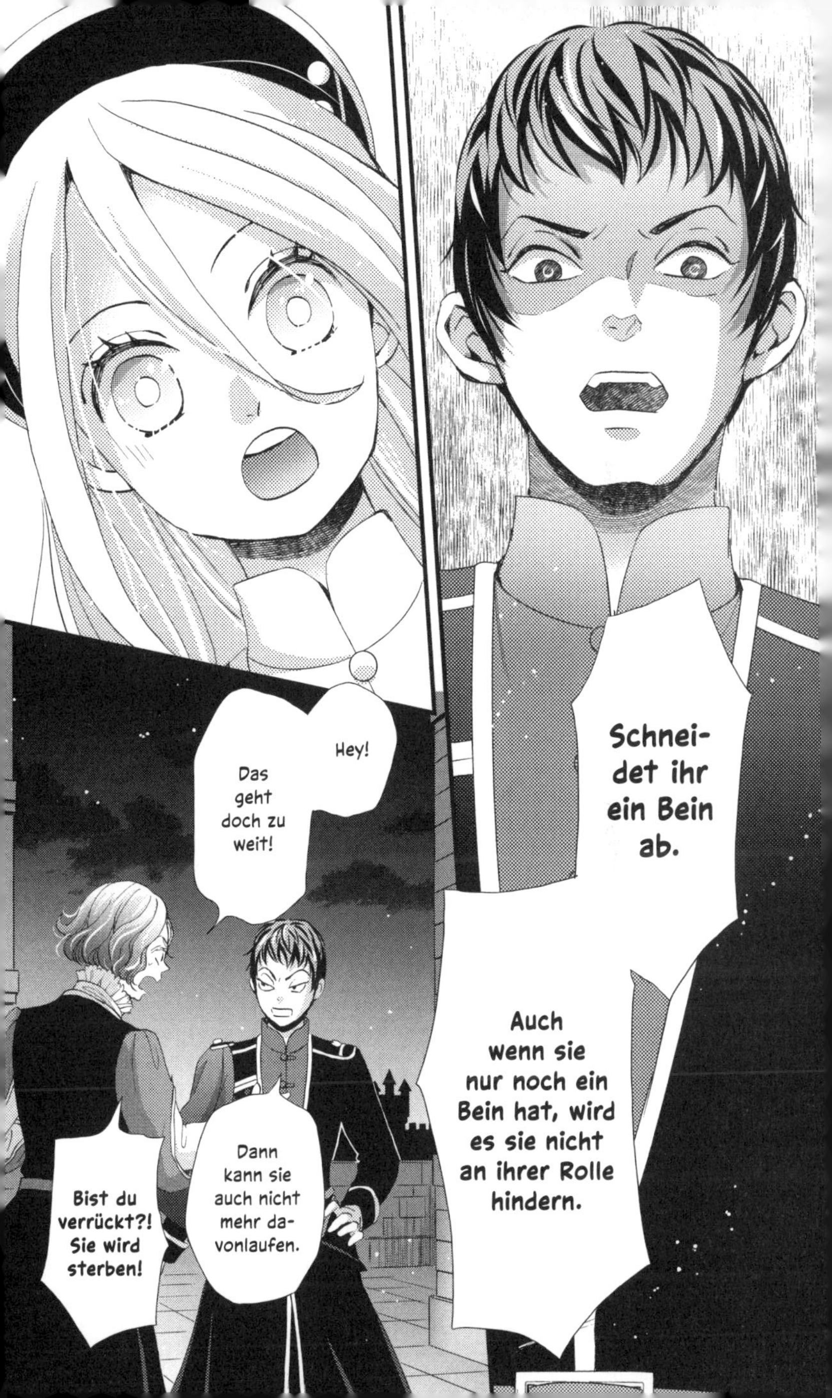

Schneidet ihr ein Bein ab.
Auch wenn sie nur noch ein Bein hat, wird es sie nicht an ihrer Rolle hindern.
Hey! Das geht doch zu weit!
Dann kann sie auch nicht mehr davonlaufen.
Bist du verrückt?! Sie wird sterben!

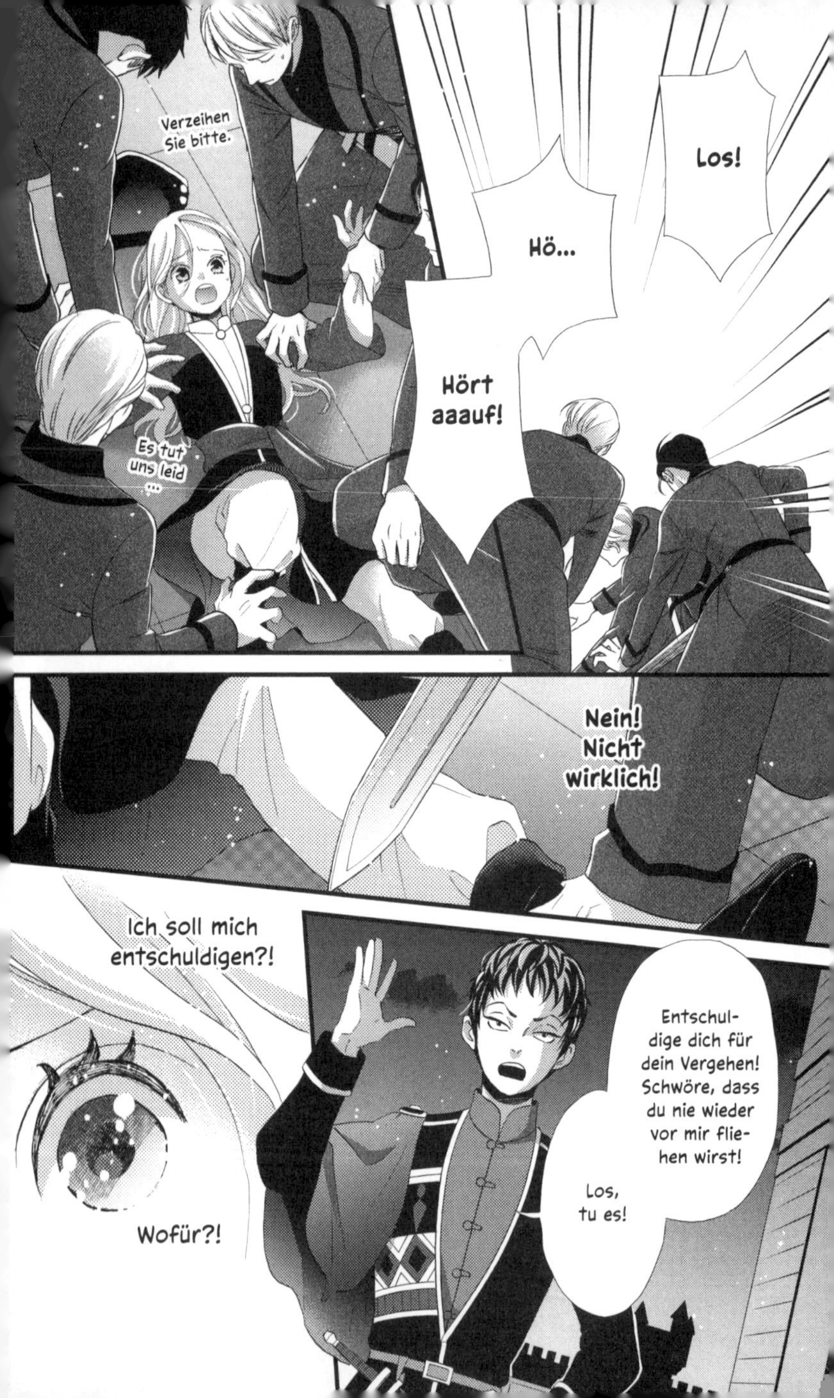
Los!
Hö...
Hört aaauf!
Verzeihen Sie bitte.
Es tut uns leid ...
Nein! Nicht wirklich!
Entschul-dige dich für dein Vergehen! Schwöre, dass du nie wieder vor mir flie-hen wirst!
Los, tu es!
Ich soll mich entschuldigen?!
Wofür?!

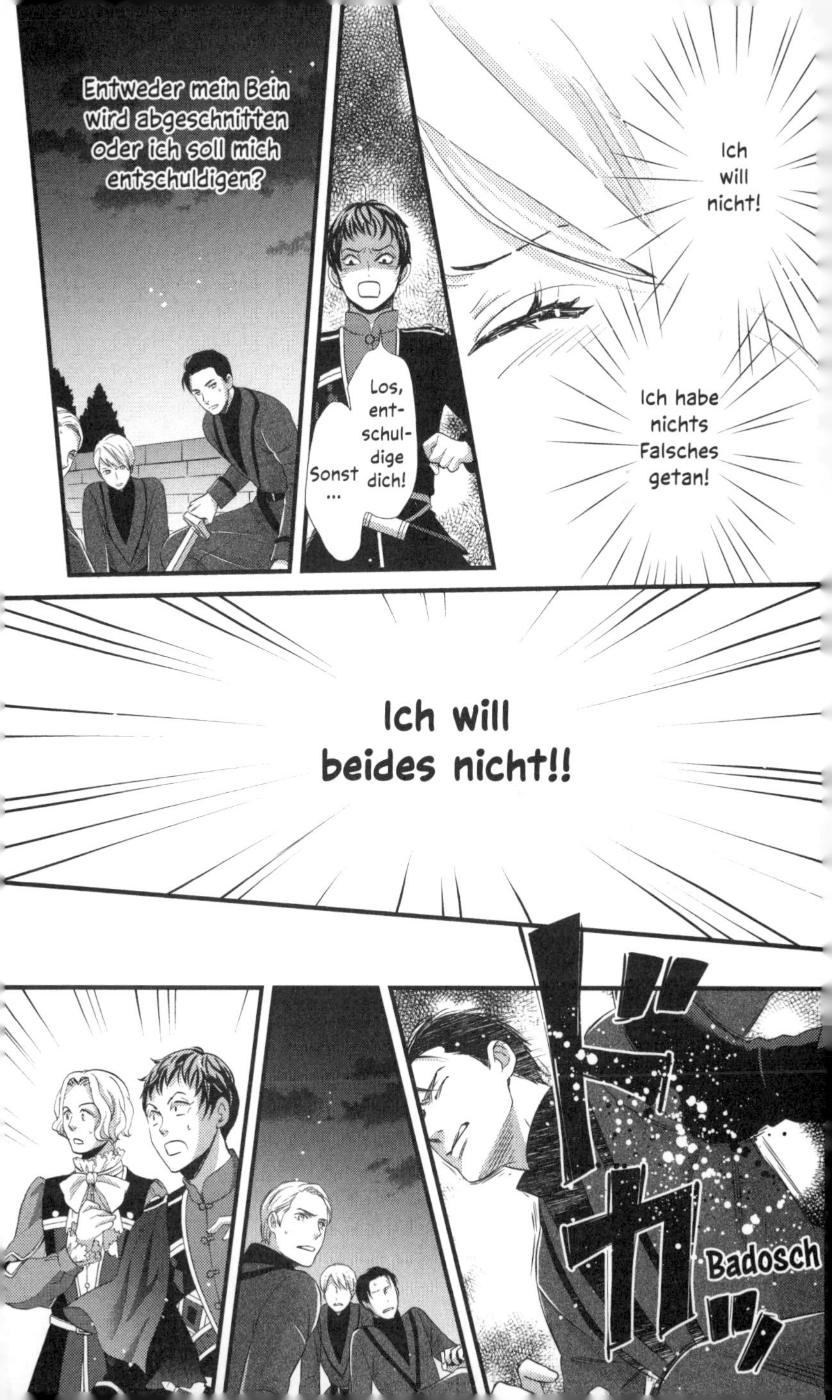
Ich will nicht!
Ich habe nichts Falsches getan!
Los, ent-schul-dige dich!
Sonst ...
Entweder mein Bein wird abgeschnitten oder ich soll mich entschuldigen?
Ich will beides nicht!!
Badosch

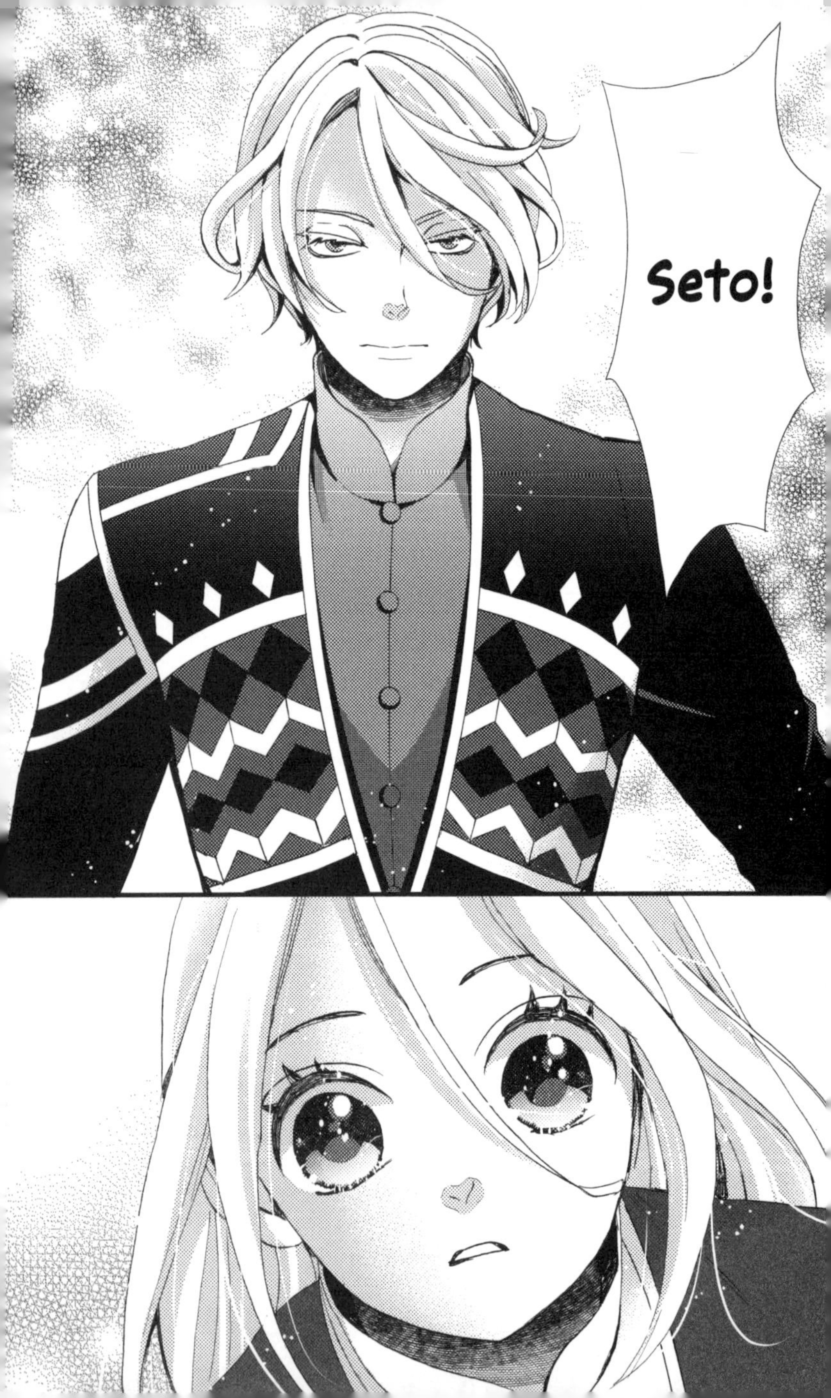
Seto!

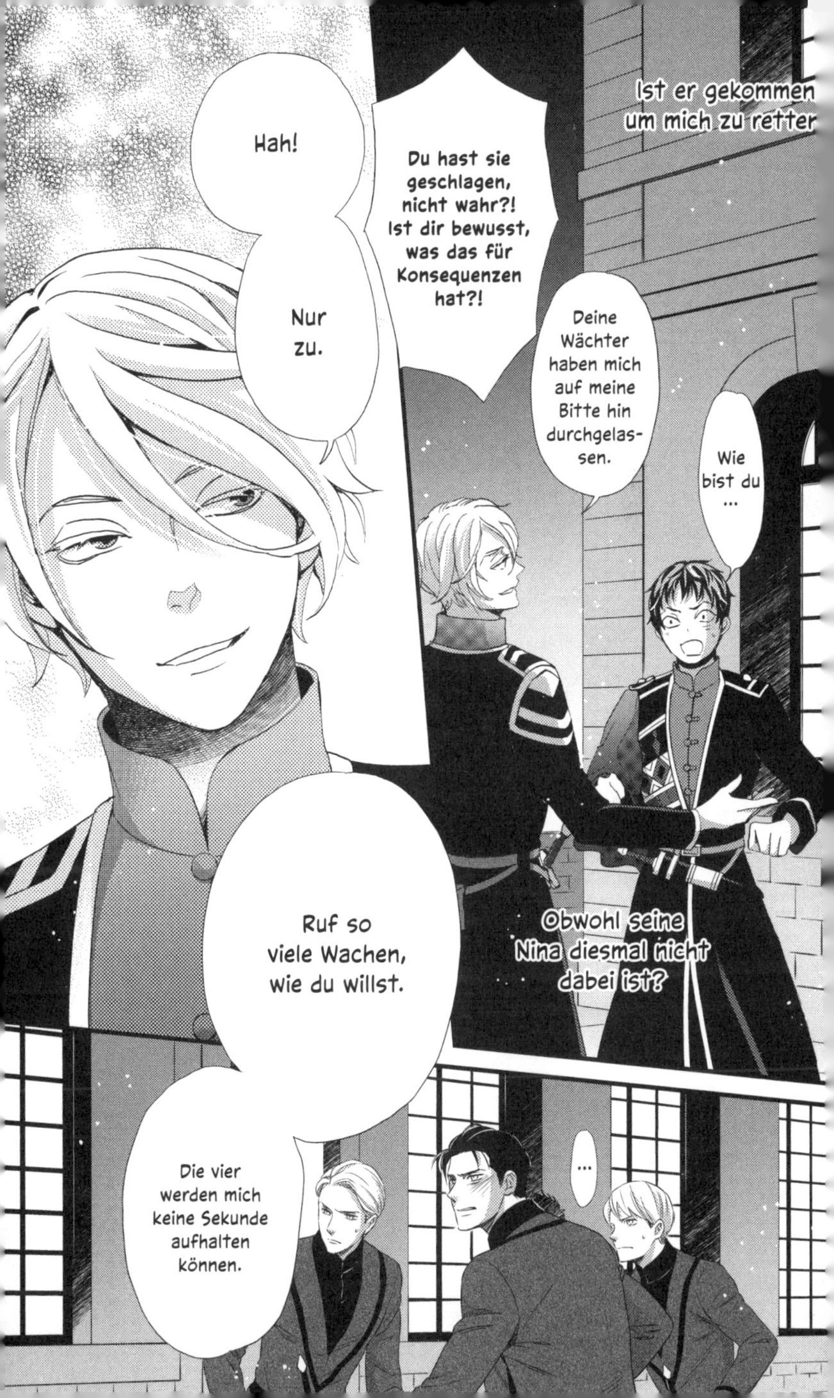
Ist er gekommen
um mich zu retter
Wie bist du ...
Deine Wächter haben mich auf meine Bitte hin durchgelassen.
Du hast sie geschlagen, nicht wahr?! Ist dir bewusst, was das für Konsequenzen hat?!
Hah!
Nur zu.
Obwohl seine Nina diesmal nicht dabei ist?
Ruf so viele Wachen, wie du willst.
...
Die vier werden mich keine Sekunde aufhalten können.

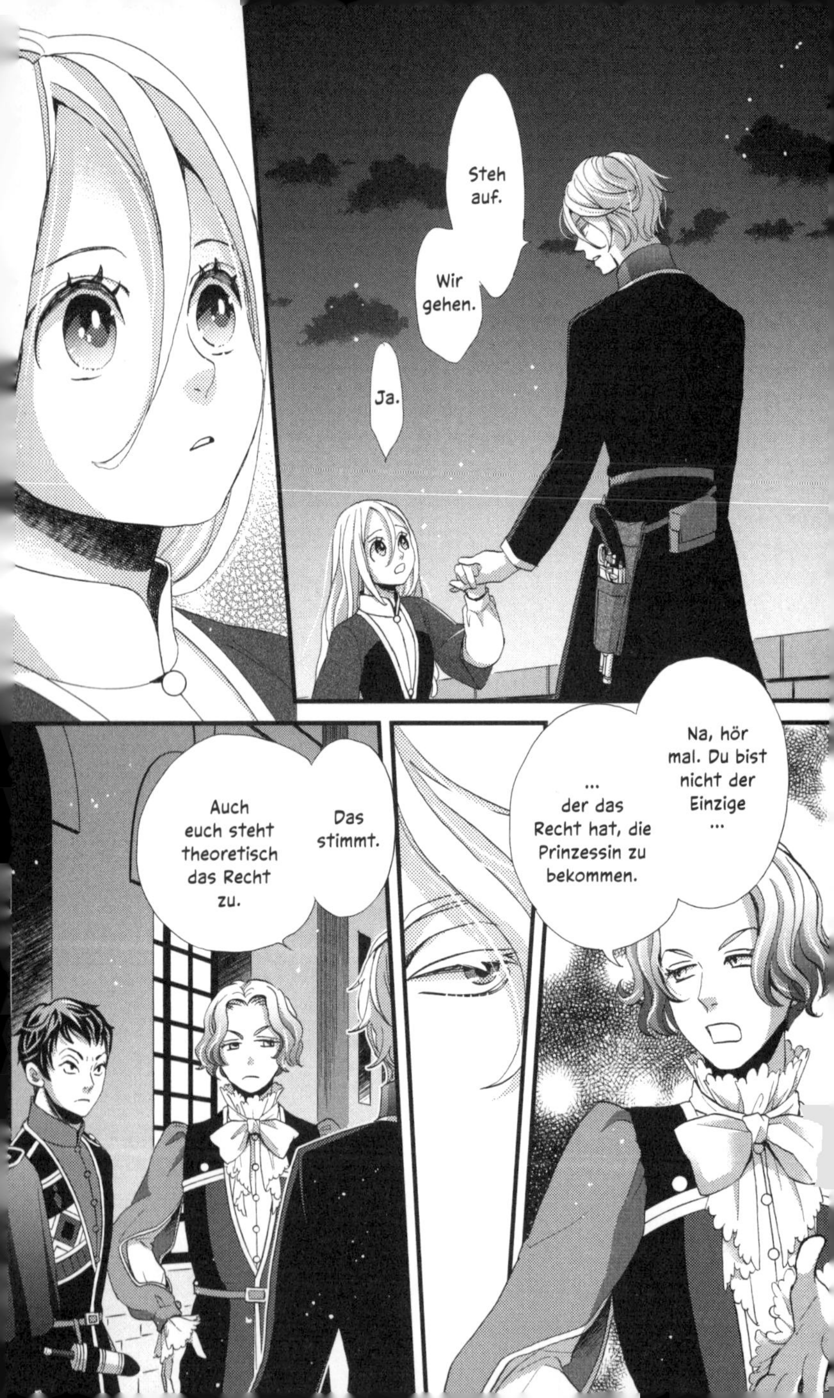

Steh auf.
Wir gehen.
Ja.
Na, hör mal. Du bist nicht der Einzige ...
... der das Recht hat, die Prinzessin zu bekommen.
Das stimmt.
Auch euch steht theoretisch das Recht zu.

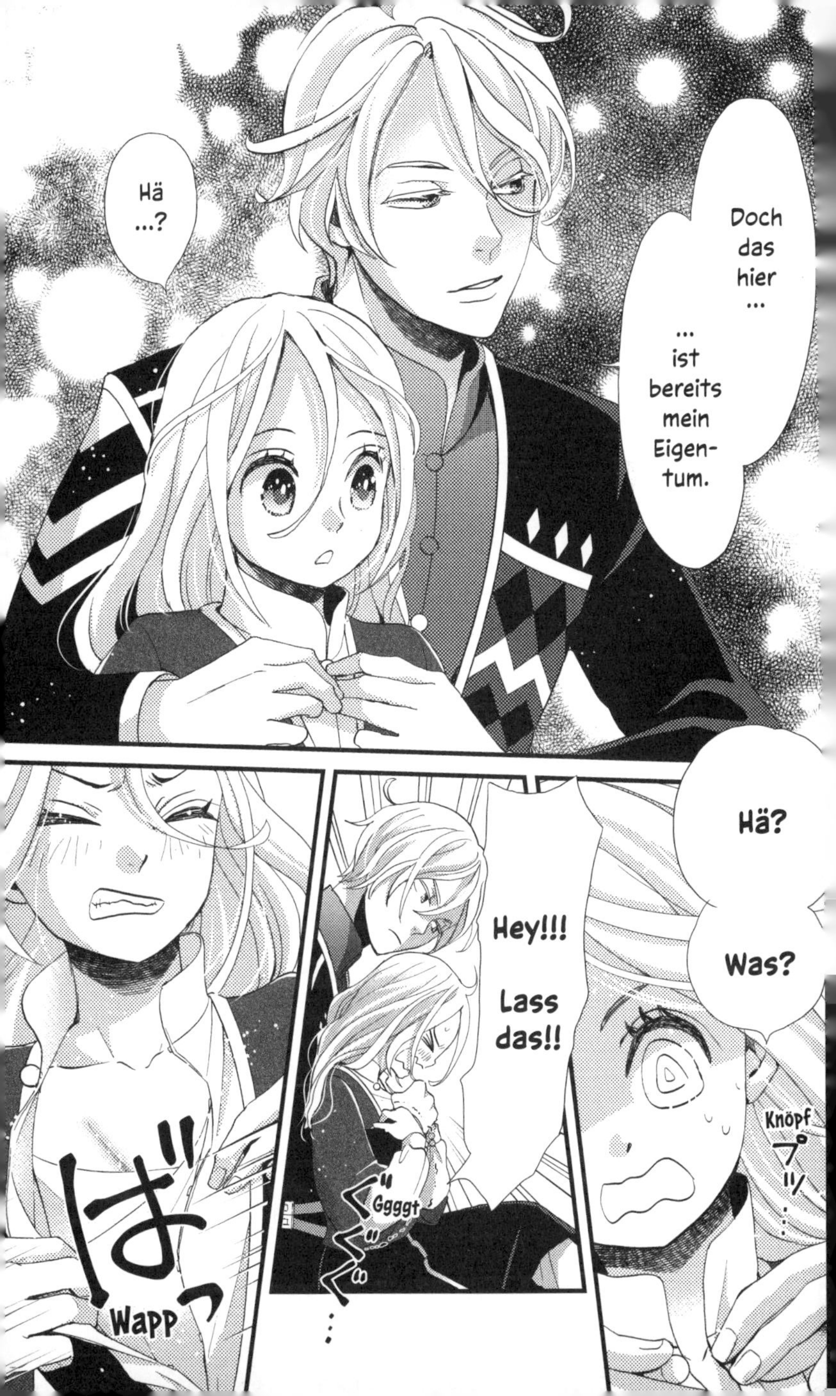
Doch das hier ...
... ist bereits mein Eigentum.
Hä ...?
Hä?
Was?
Knöpf
Hey!!!
Lass das!!
Ggggt
Wapp

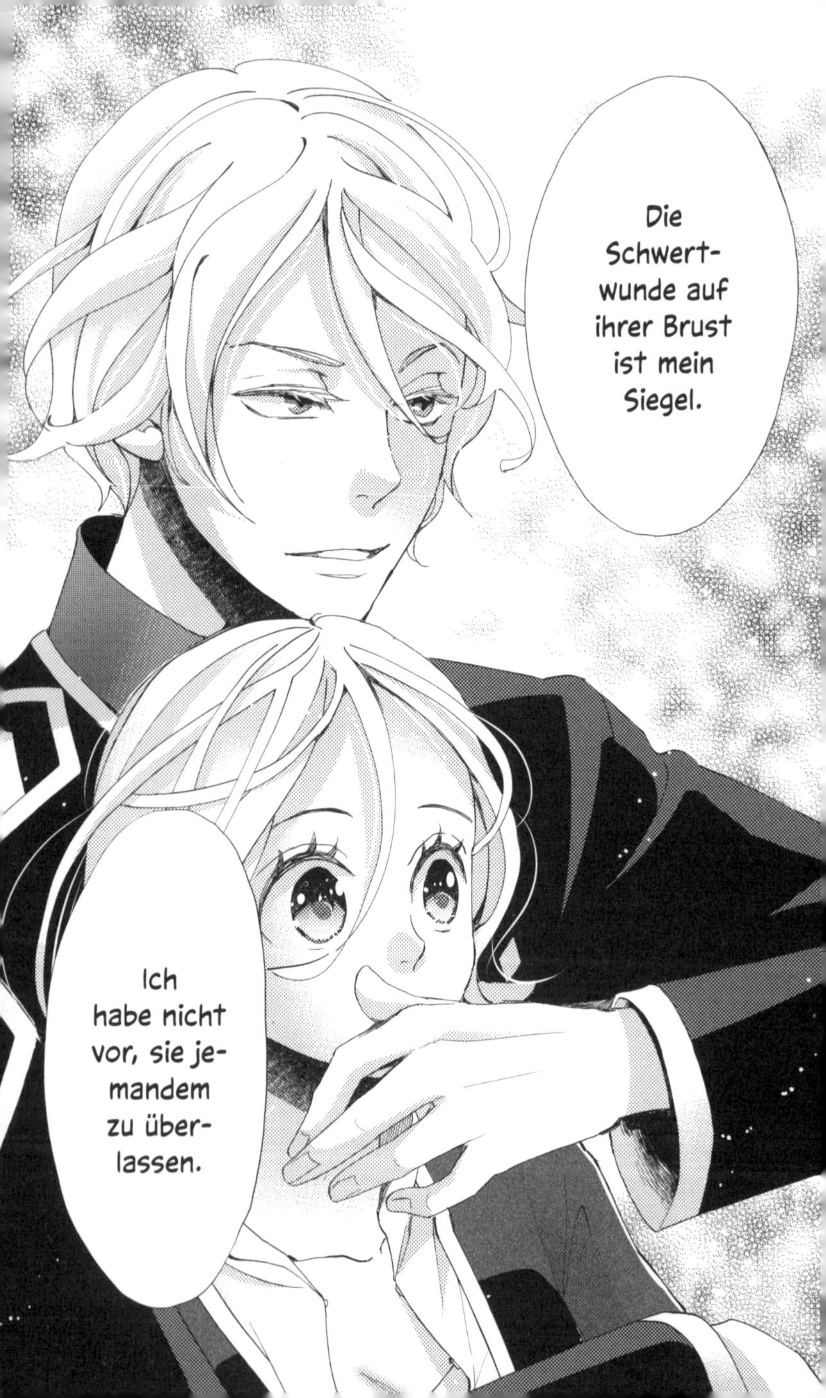
Die Schwert-wunde auf ihrer Brust ist mein Siegel.
Ich habe nicht vor, sie je-mandem zu über-lassen.

NINA

DIE STERNE SIND DEIN SCHICKSAL

Nina

Die Sterne sind dein Schicksal

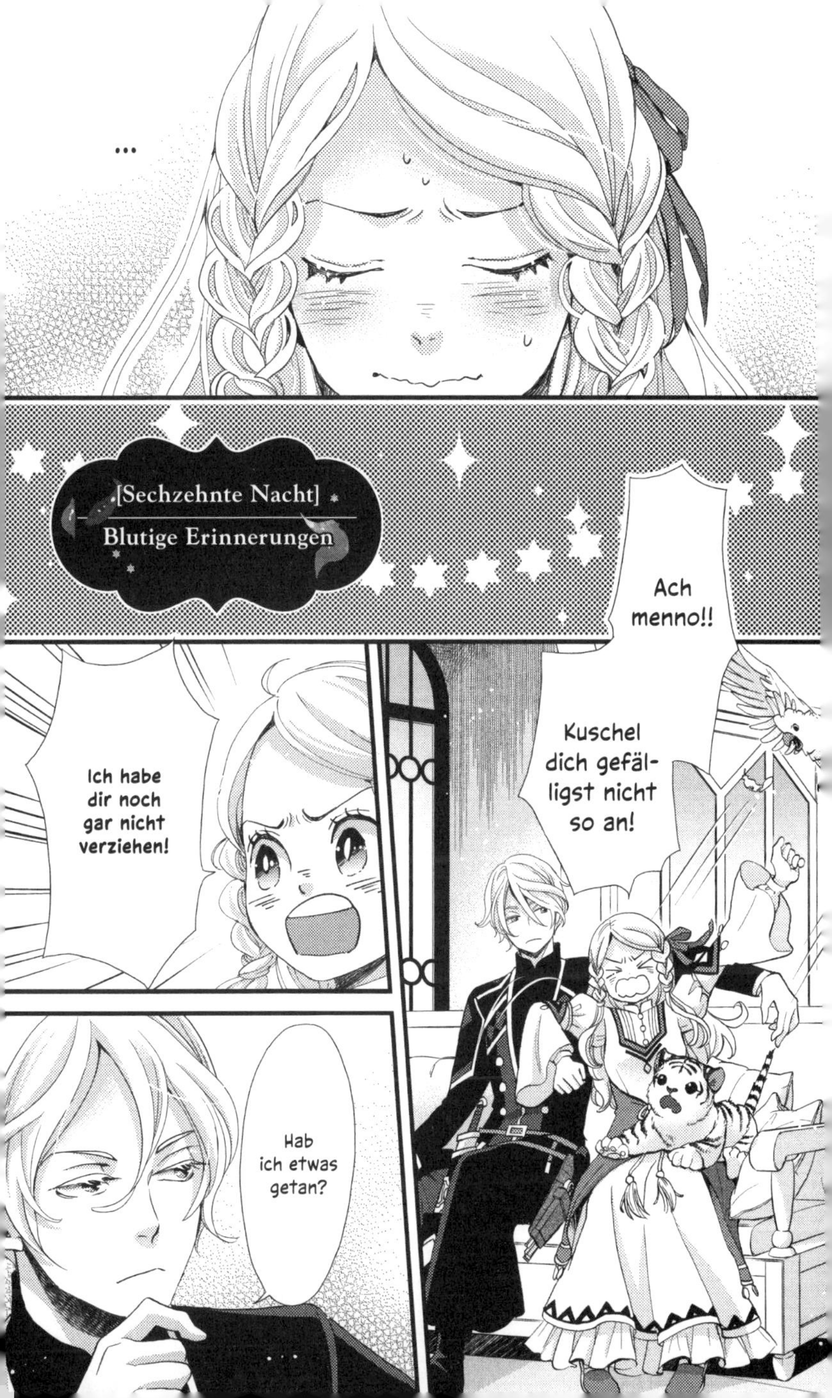
...
[Sechzehnte Nacht]
Blutige Erinnerungen
Ach menno!!
Kuschel dich gefälligst nicht so an!
Ich habe dir noch gar nicht verziehen!
Hab ich etwas getan?

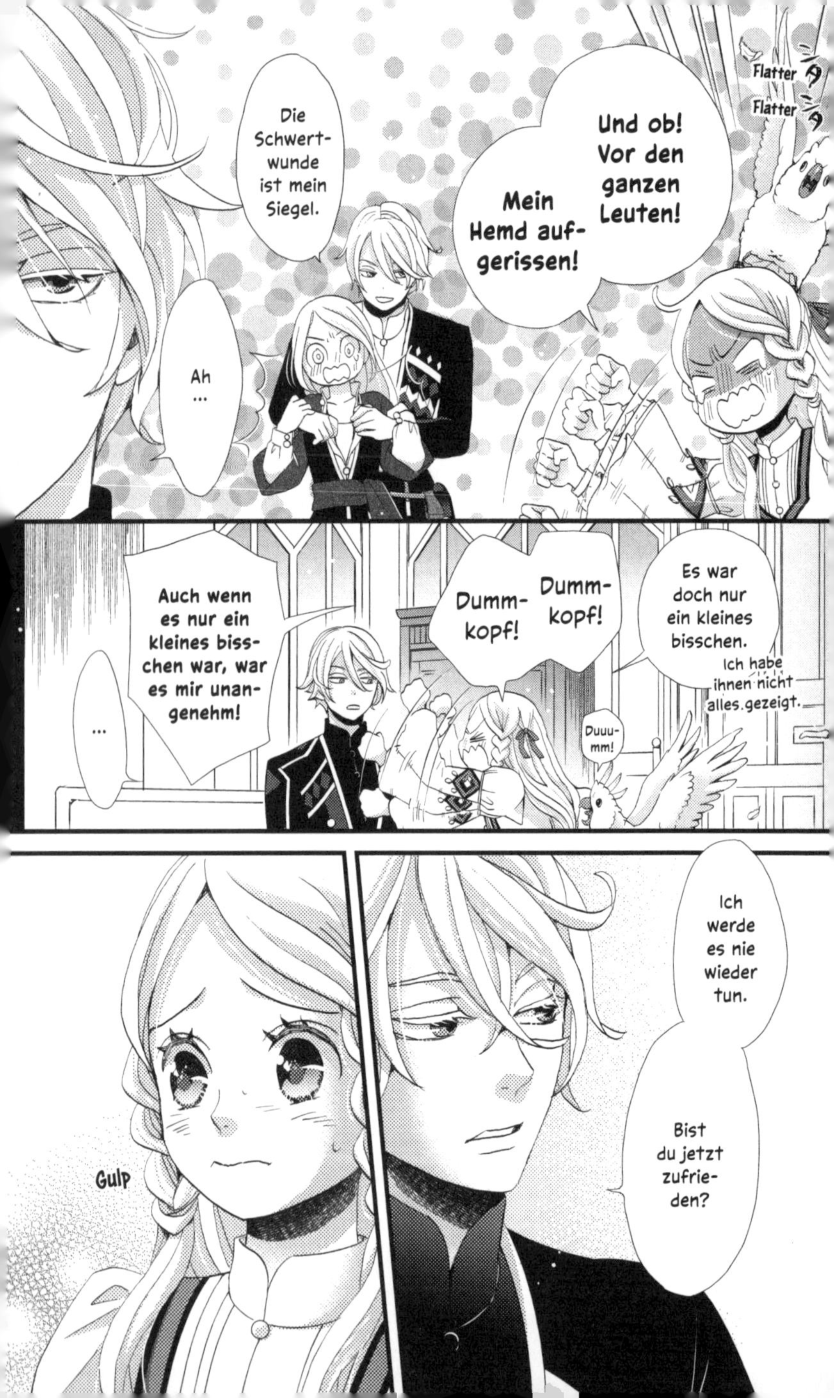
Flatter
Flatter
Und ob! Vor den ganzen Leuten!
Mein Hemd aufgerissen!
Die Schwertwunde ist mein Siegel.
Ah ...
Es war doch nur ein kleines bisschen.
Ich habe ihnen nicht alles gezeigt.
Dummkopf!
Dummkopf!
Duuu-mm!
Auch wenn es nur ein kleines bisschen war, war es mir unangenehm!
...
Ich werde es nie wieder tun.
Bist du jetzt zufrieden?
Gulp

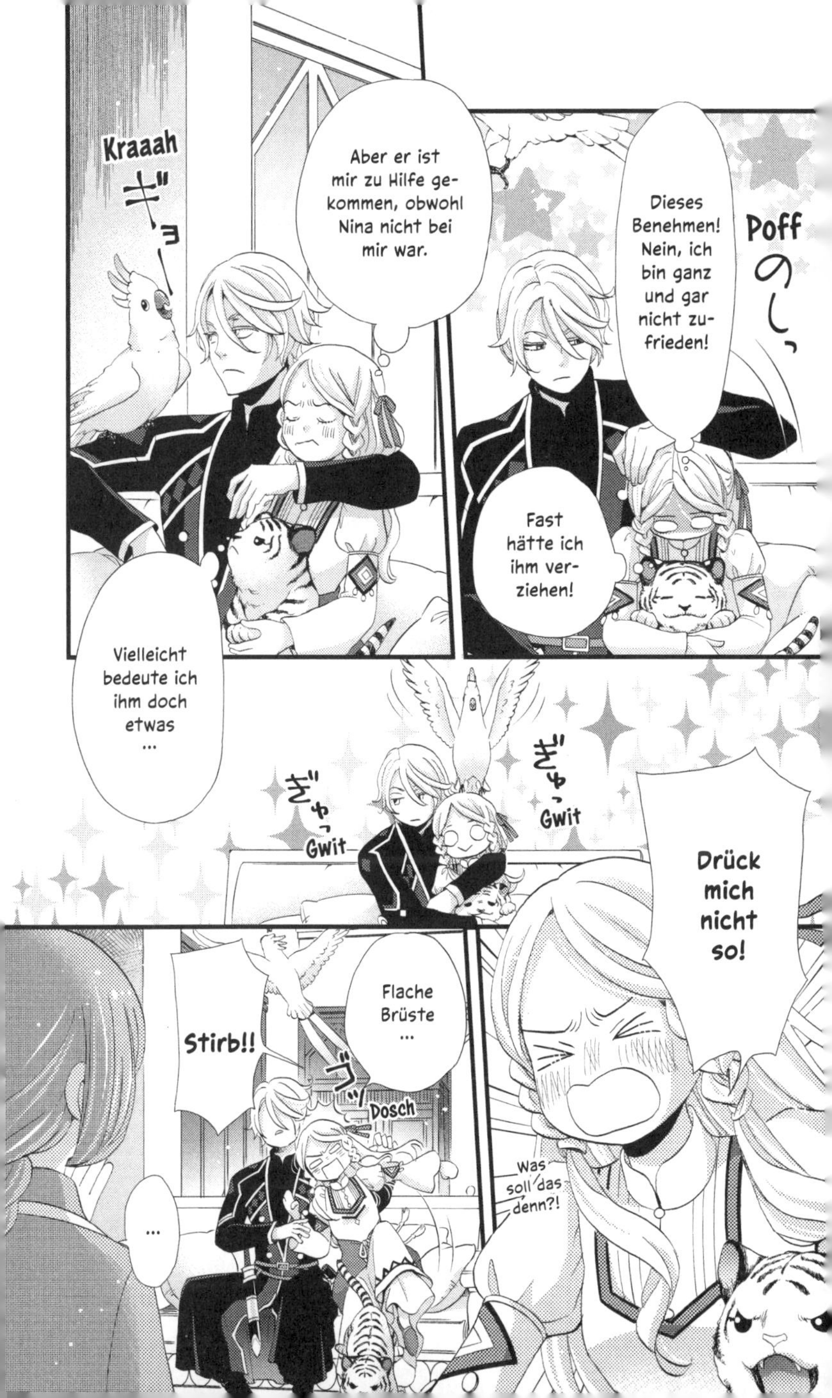

Poff
Dieses Benehmen! Nein, ich bin ganz und gar nicht zufrieden!
Fast hätte ich ihm verziehen!
Aber er ist mir zu Hilfe gekommen, obwohl Nina nicht bei mir war.
Kraaah
Vielleicht bedeute ich ihm doch etwas …
Gwit
Gwit
Drück mich nicht so!
Was soll das denn?!
Flache Brüste …
Dosch
Stirb!!
…

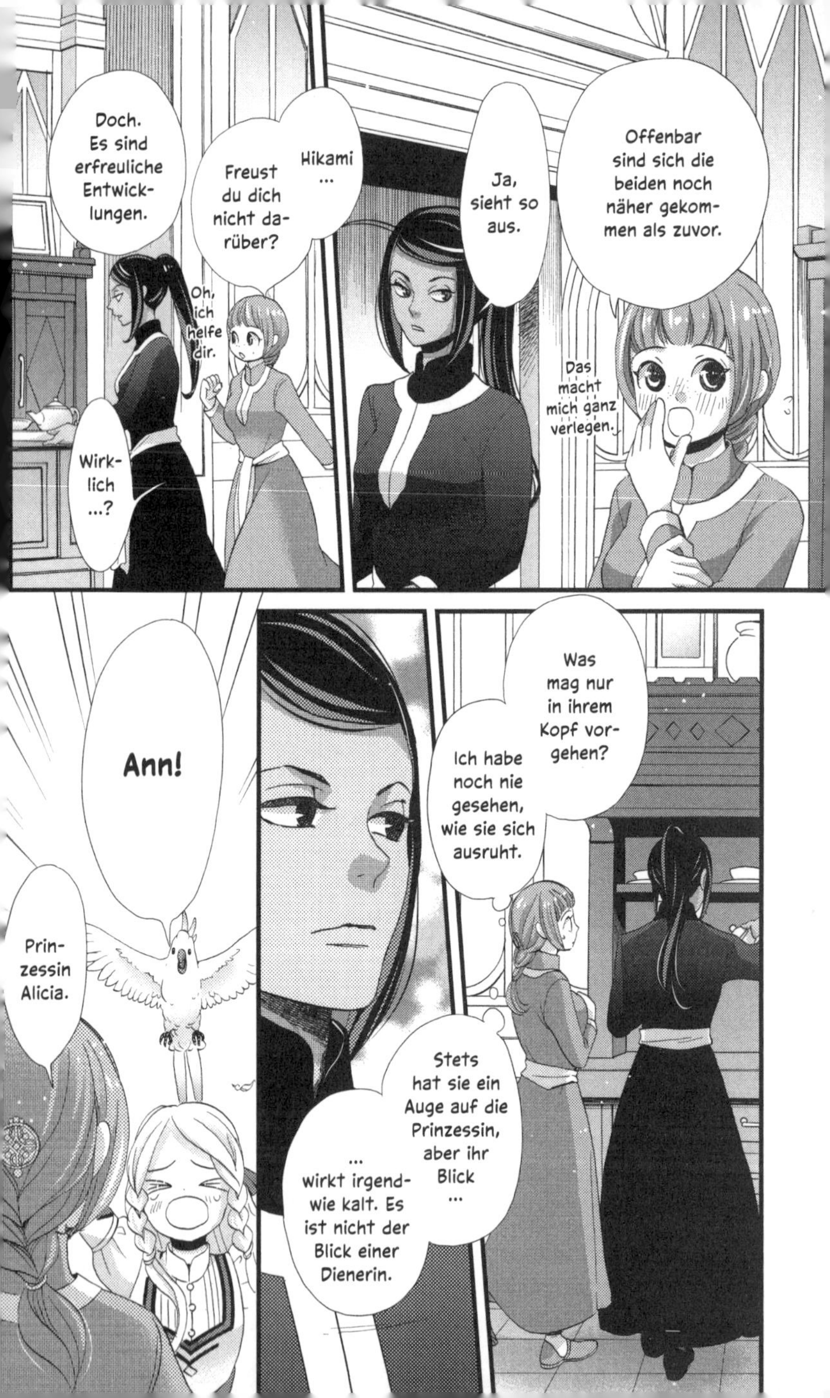

Offenbar sind sich die beiden noch näher gekommen als zuvor.
Das macht mich ganz verlegen.
Ja, sieht so aus.
Hikami ...
Freust du dich nicht darüber?
Oh, ich helfe dir.
Doch. Es sind erfreuliche Entwicklungen.
Wirklich ...?
Was mag nur in ihrem Kopf vorgehen?
Ich habe noch nie gesehen, wie sie sich ausruht.
Stets hat sie ein Auge auf die Prinzessin, aber ihr Blick ...
... wirkt irgendwie kalt. Es ist nicht der Blick einer Dienerin.
Ann!
Prinzessin Alicia.

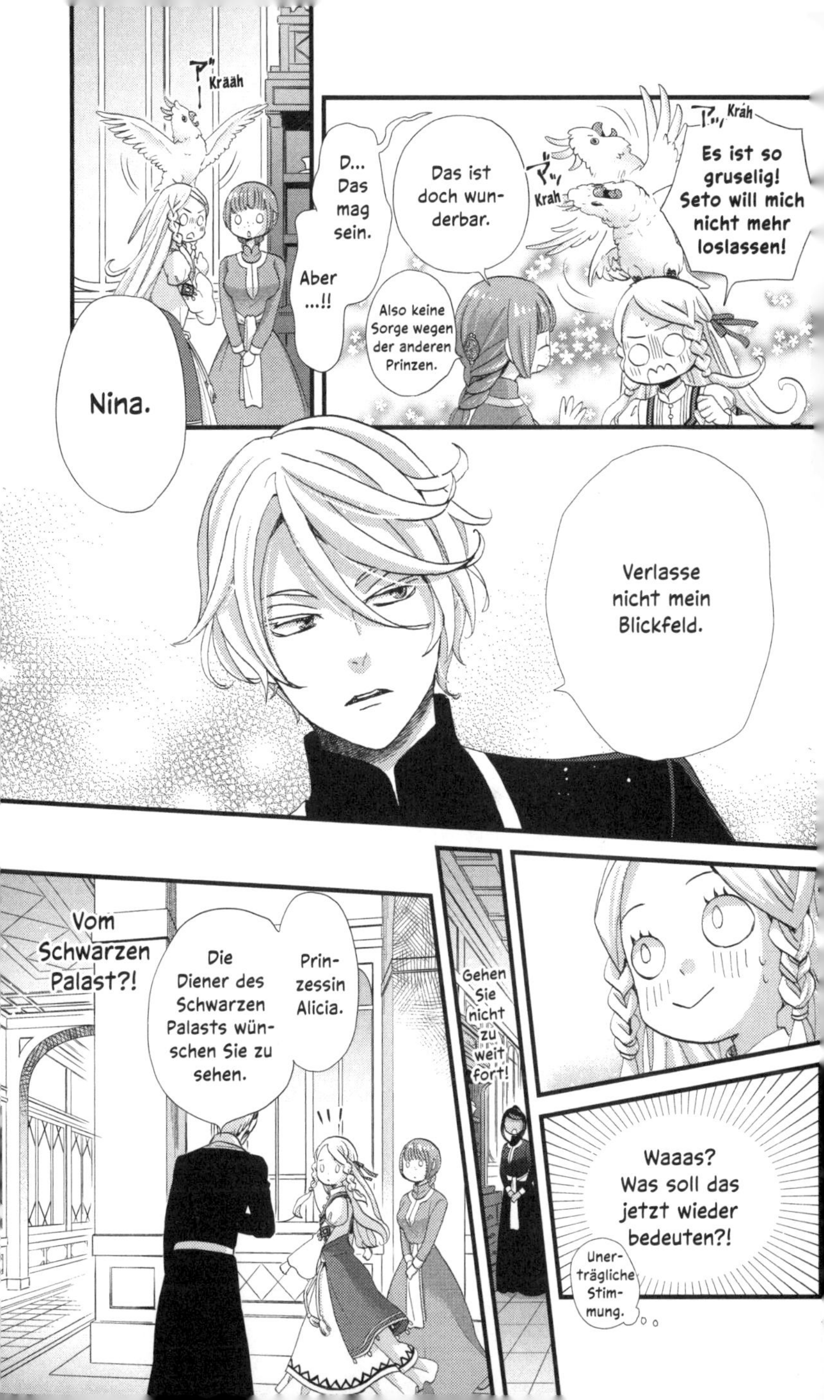
Kräh
Krah
Es ist so gruselig! Seto will mich nicht mehr loslassen!
Das ist doch wunderbar.
Also keine Sorge wegen der anderen Prinzen.
D... Das mag sein.
Aber ...!!
Krääh
Nina.
Verlasse nicht mein Blickfeld.
Waaas? Was soll das jetzt wieder bedeuten?!
Unerträgliche Stimmung.
Prinzessin Alicia.
Die Diener des Schwarzen Palasts wünschen Sie zu sehen.
Vom Schwarzen Palast?!
Gehen Sie nicht zu weit fort!

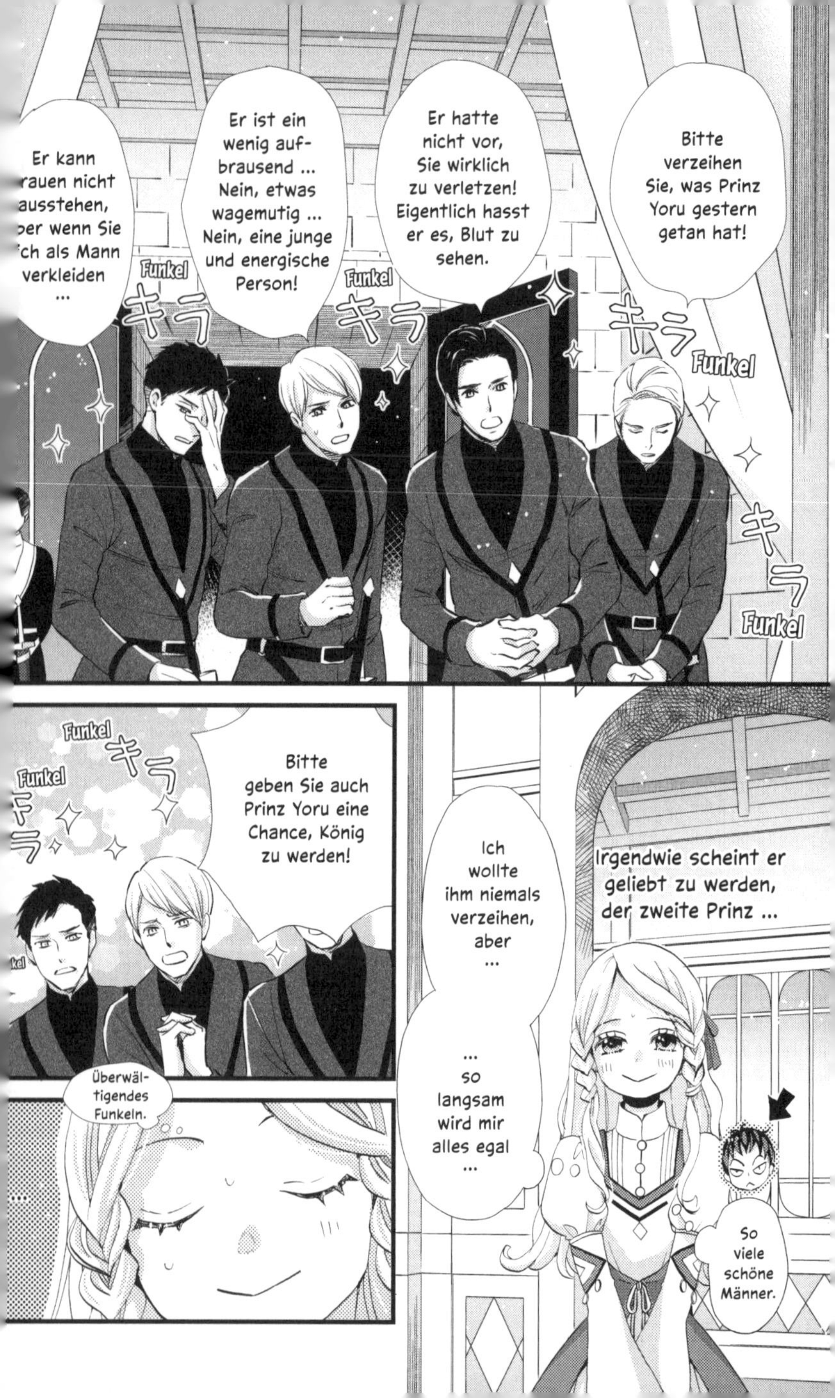
Bitte verzeihen Sie, was Prinz Yoru gestern getan hat!
Funkel
キラ
Er hatte nicht vor, Sie wirklich zu verletzen! Eigentlich hasst er es, Blut zu sehen.
Funkel
キラ
Er ist ein wenig auf-brausend ... Nein, etwas wagemutig ... Nein, eine junge und energische Person!
Funkel
キラ
Er kann rauen nicht ausstehen, ber wenn Sie ch als Mann verkleiden ...
キラ
Funkel
Irgendwie scheint er geliebt zu werden, der zweite Prinz ...
Ich wollte ihm niemals verzeihen, aber ...
... so langsam wird mir alles egal ...
So viele schöne Männer.
Funkel
キラ
Funkel
キラ
Bitte geben Sie auch Prinz Yoru eine Chance, König zu werden!
Überwäl-tigendes Funkeln.
...

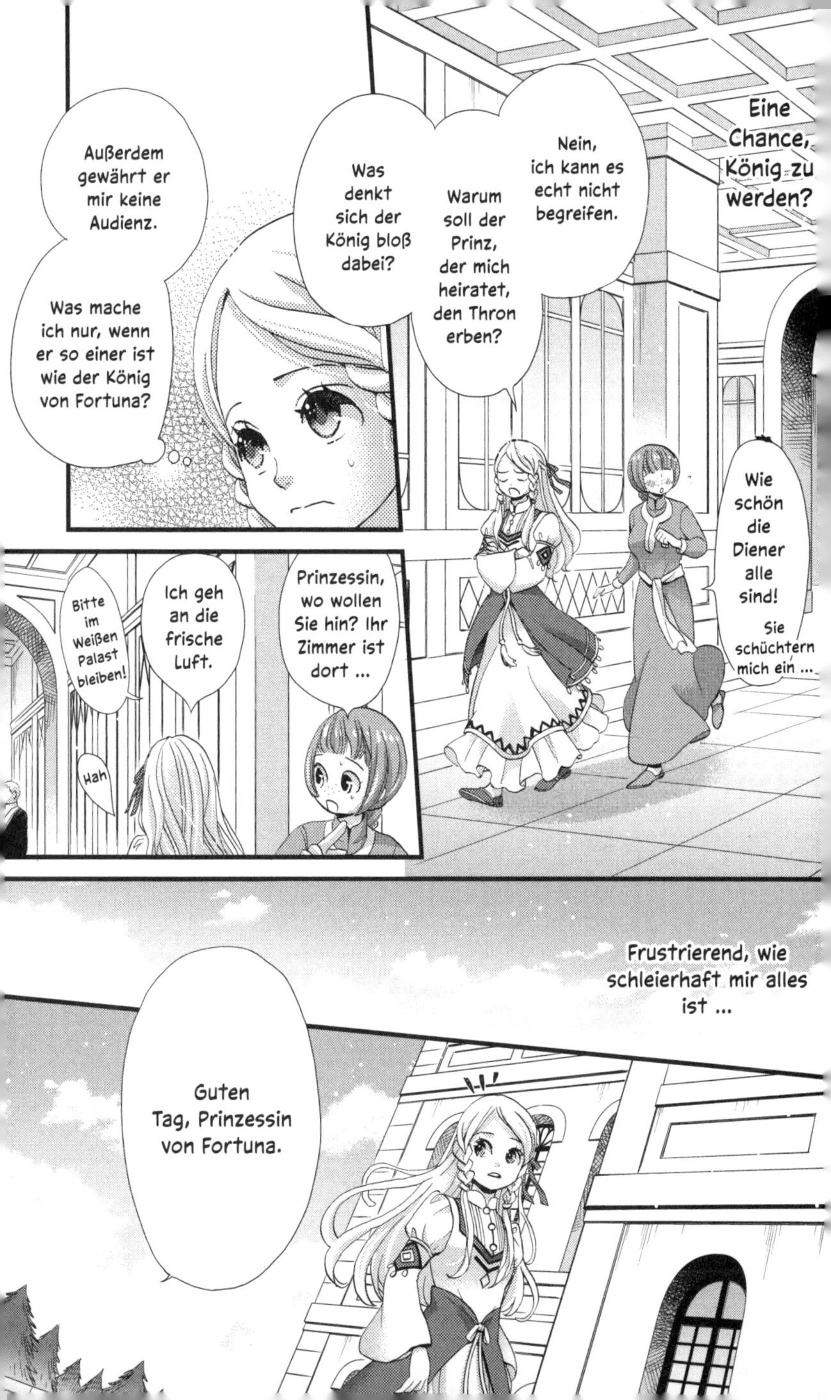
Eine Chance, König zu werden?
Nein, ich kann es echt nicht begreifen.
Warum soll der Prinz, der mich heiratet, den Thron erben?
Was denkt sich der König bloß dabei?
Außerdem gewährt er mir keine Audienz.
Was mache ich nur, wenn er so einer ist wie der König von Fortuna?
Wie schön die Diener alle sind!
Sie schüchtern mich ein ...
Prinzessin, wo wollen Sie hin? Ihr Zimmer ist dort ...
Ich geh an die frische Luft.
Bitte im Weißen Palast bleiben!
Hah
Frustrierend, wie schleierhaft mir alles ist ...
Guten Tag, Prinzessin von Fortuna.

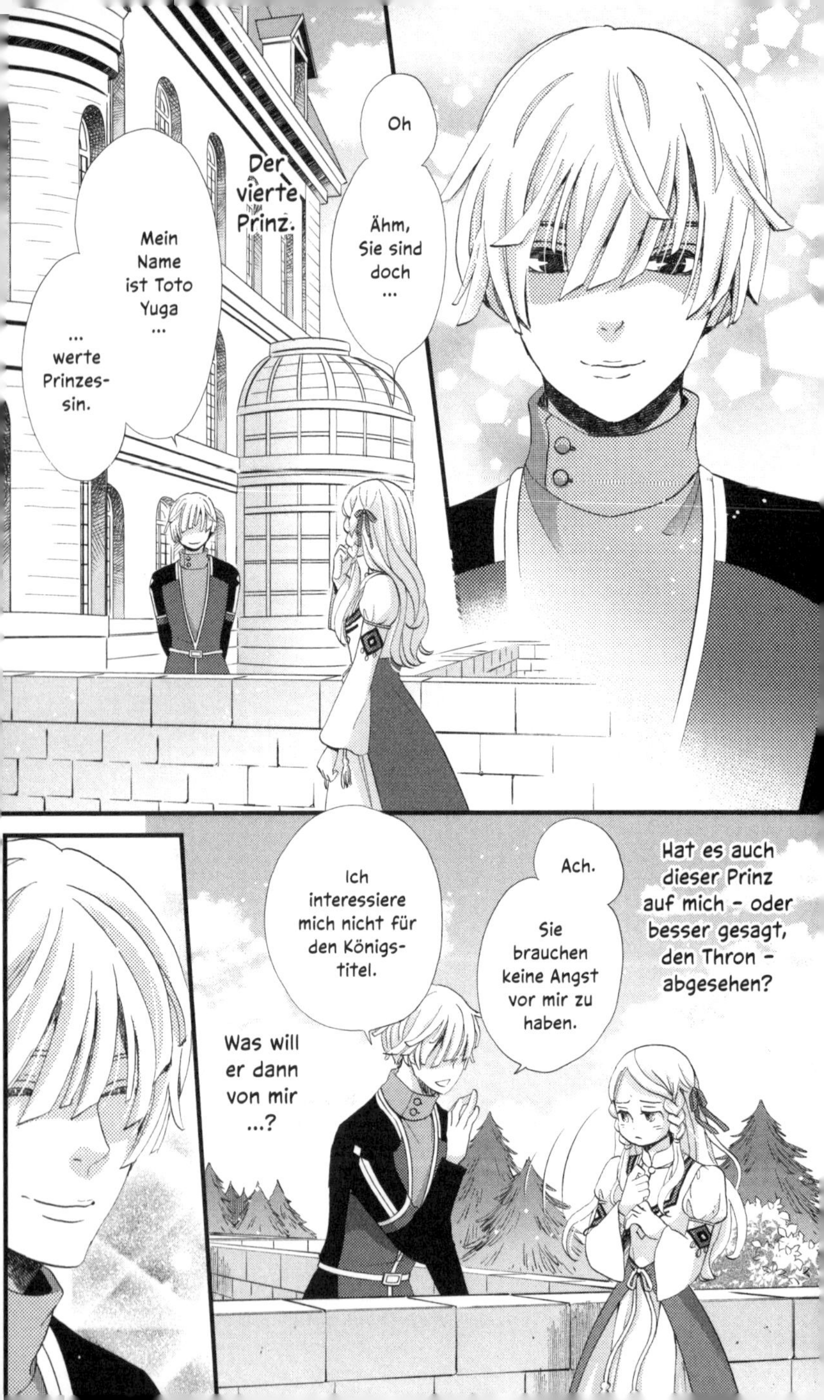
Oh
Ähm, Sie sind doch ...
Der vierte Prinz.
Mein Name ist Toto Yuga ...
... werte Prinzessin.
Hat es auch dieser Prinz auf mich – oder besser gesagt, den Thron – abgesehen?
Ach.
Sie brauchen keine Angst vor mir zu haben.
Ich interessiere mich nicht für den Königstitel.
Was will er dann von mir ...?

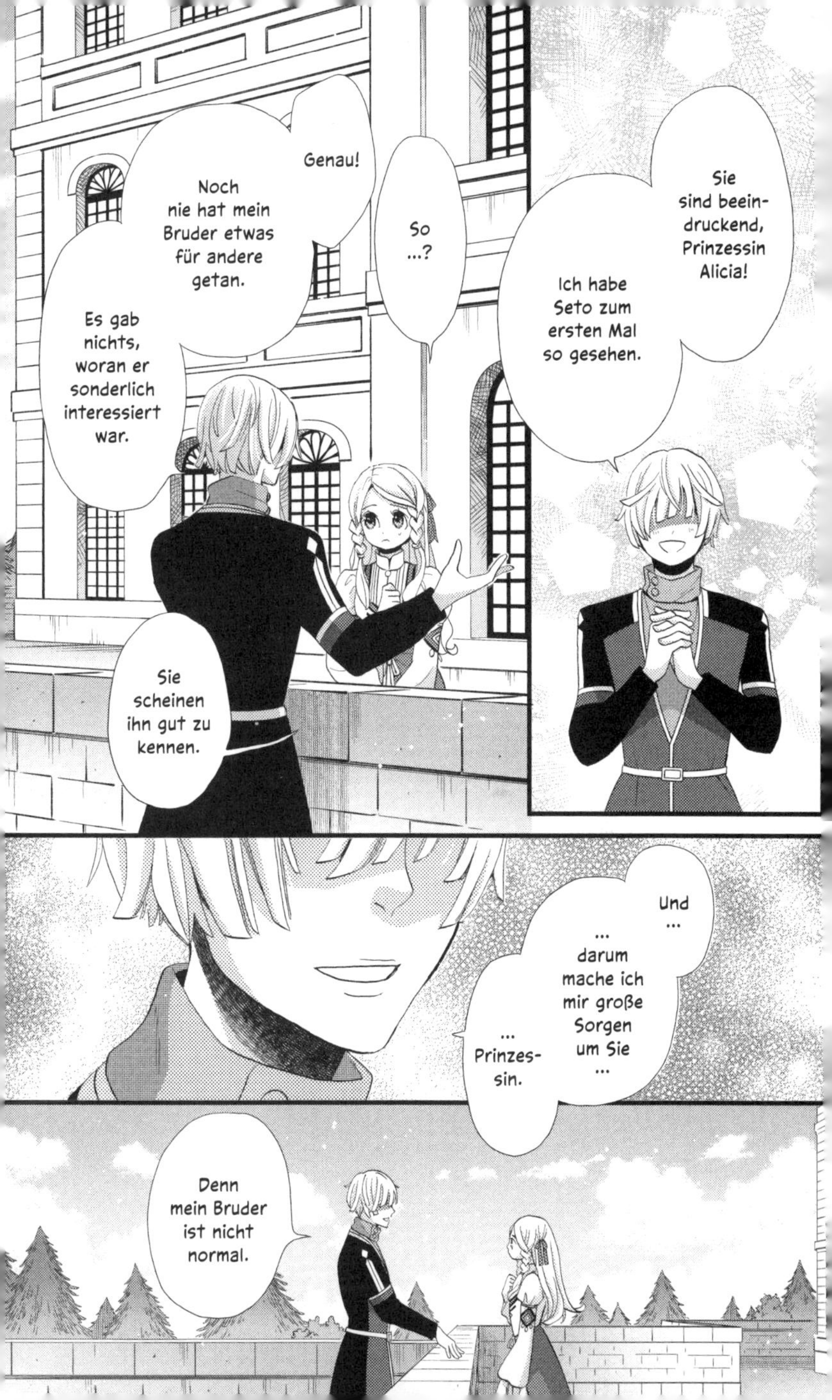
Sie sind beeindruckend, Prinzessin Alicia!
Ich habe Seto zum ersten Mal so gesehen.
So ...?
Genau!
Noch nie hat mein Bruder etwas für andere getan.
Es gab nichts, woran er sonderlich interessiert war.
Sie scheinen ihn gut zu kennen.
Und ...
... darum mache ich mir große Sorgen um Sie ...
... Prinzessin.
Denn mein Bruder ist nicht normal.

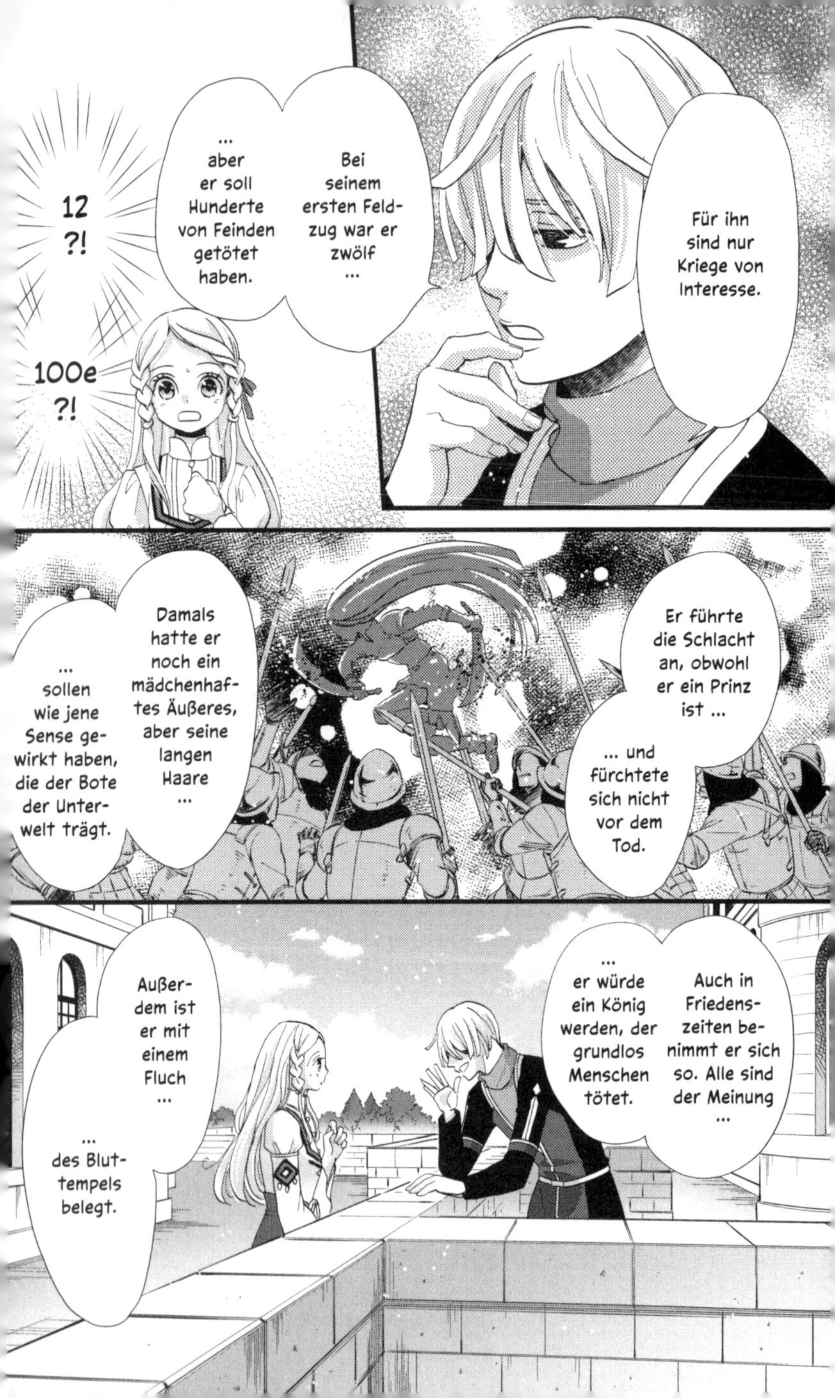
Für ihn sind nur Kriege von Interesse.
Bei seinem ersten Feldzug war er zwölf ...
... aber er soll Hunderte von Feinden getötet haben.
12 ?!
100e ?!
Er führte die Schlacht an, obwohl er ein Prinz ist ...
... und fürchtete sich nicht vor dem Tod.
Damals hatte er noch ein mädchenhaftes Äußeres, aber seine langen Haare ...
... sollen wie jene Sense gewirkt haben, die der Bote der Unterwelt trägt.
Auch in Friedenszeiten benimmt er sich so. Alle sind der Meinung ...
... er würde ein König werden, der grundlos Menschen tötet.
Außerdem ist er mit einem Fluch ...
... des Bluttempels belegt.

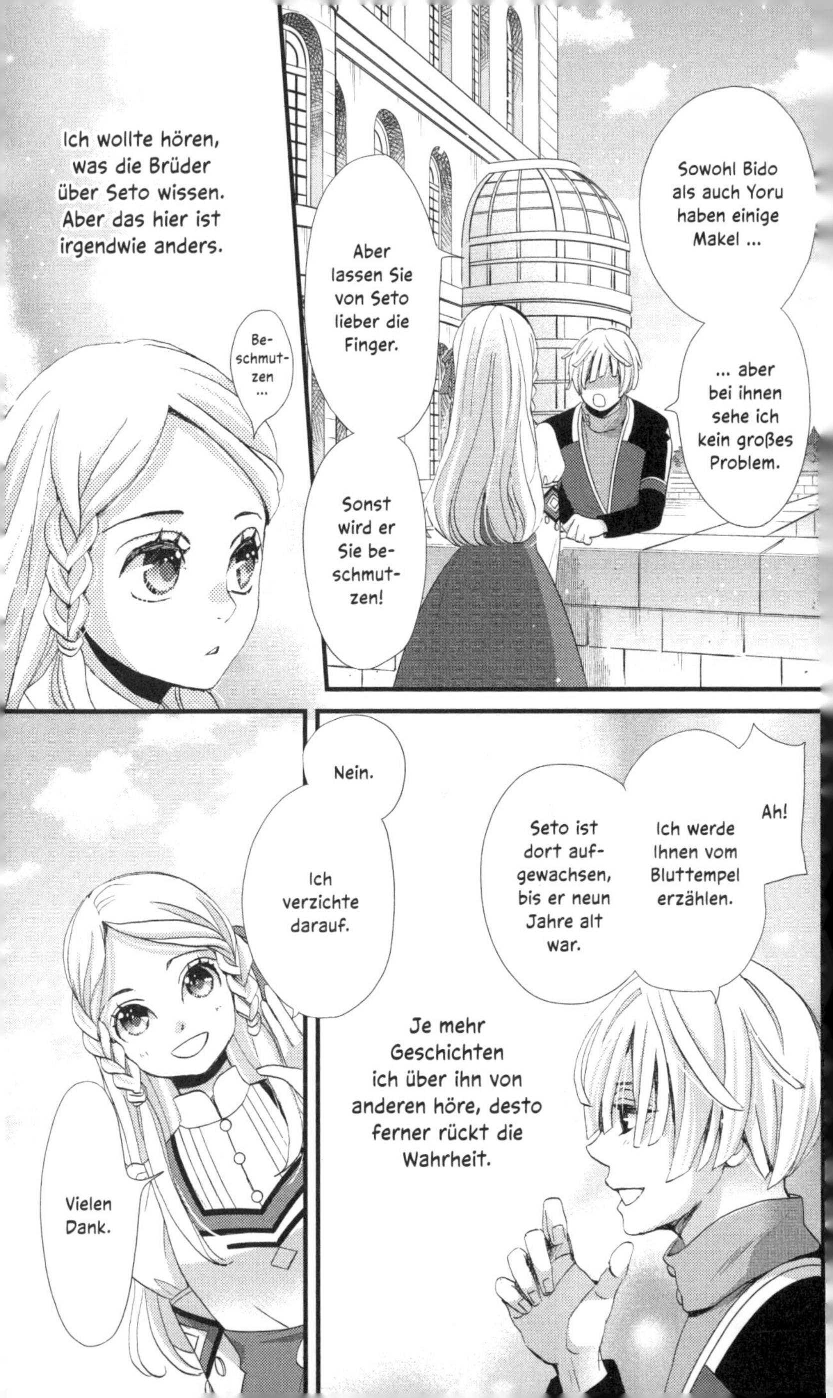
Sowohl Bido als auch Yoru haben einige Makel ...
... aber bei ihnen sehe ich kein großes Problem.
Aber lassen Sie von Seto lieber die Finger.
Sonst wird er Sie beschmutzen!
Beschmutzen ...
Ich wollte hören, was die Brüder über Seto wissen. Aber das hier ist irgendwie anders.
Ah!
Ich werde Ihnen vom Bluttempel erzählen.
Seto ist dort aufgewachsen, bis er neun Jahre alt war.
Nein.
Ich verzichte darauf.
Je mehr Geschichten ich über ihn von anderen höre, desto ferner rückt die Wahrheit.
Vielen Dank.

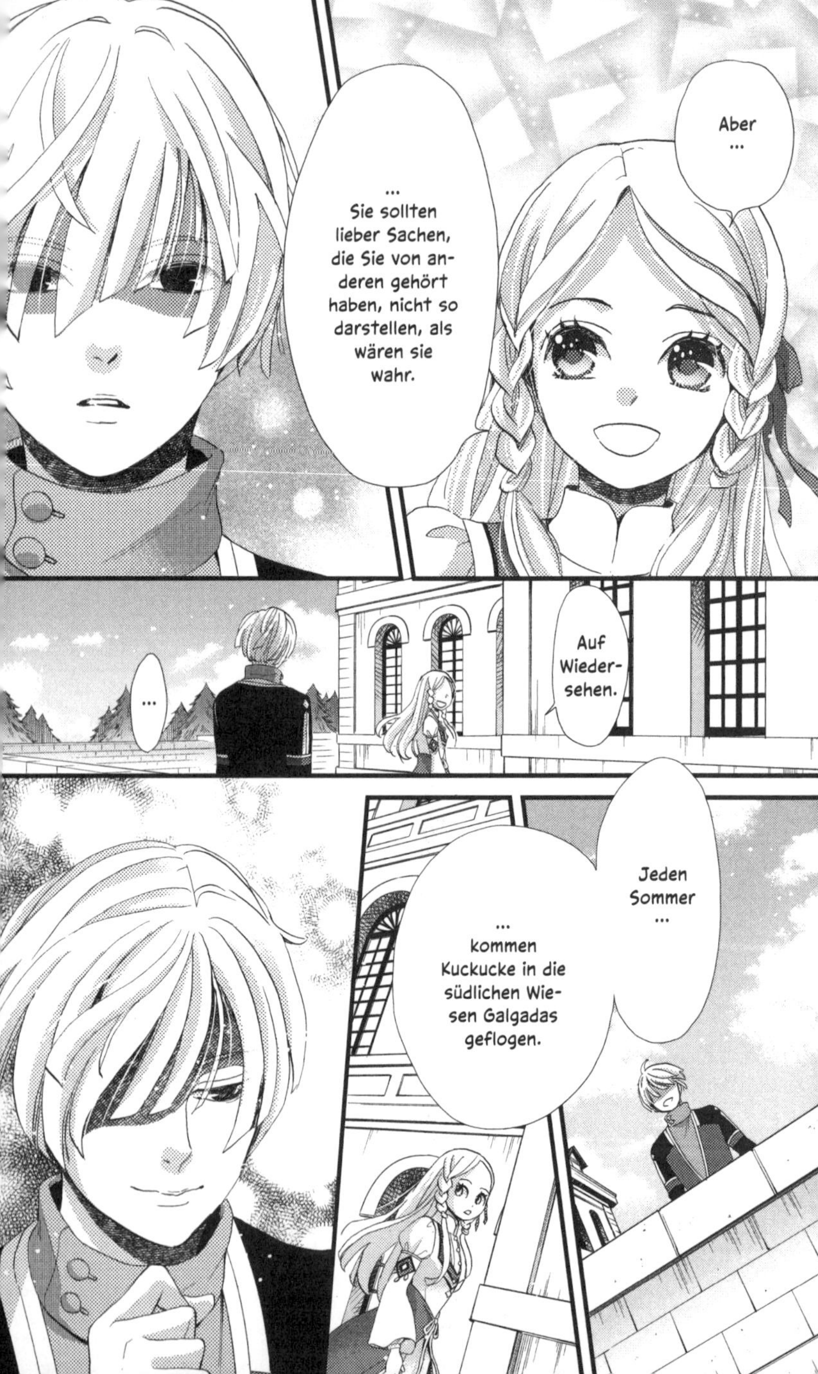
Aber …
… Sie sollten lieber Sachen, die Sie von anderen gehört haben, nicht so darstellen, als wären sie wahr.
Auf Wiedersehen.
…
Jeden Sommer …
… kommen Kuckucke in die südlichen Wiesen Galgadas geflogen.

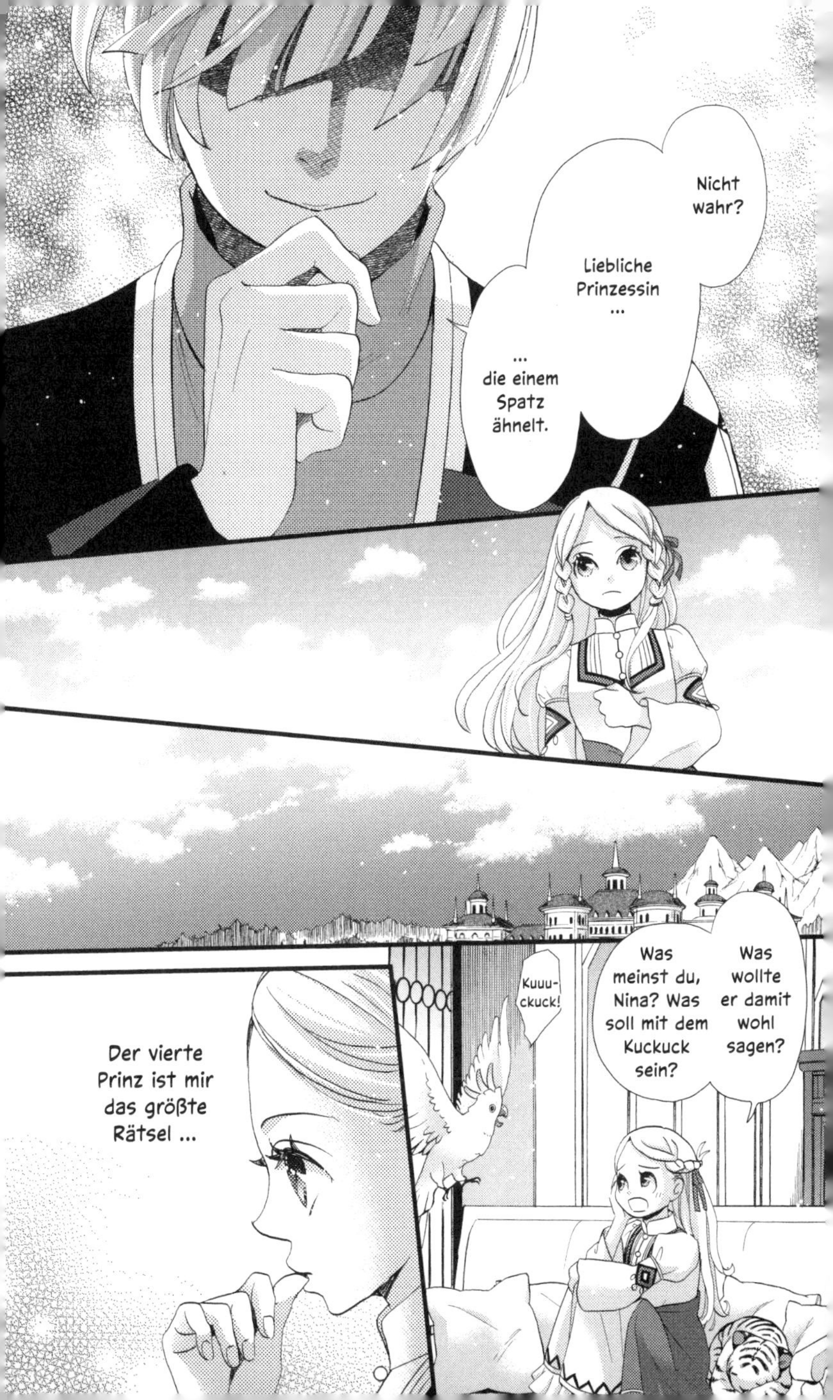
Nicht wahr?
Liebliche Prinzessin ...
... die einem Spatz ähnelt.
Kuuu-ckuck!
Was wollte er damit wohl sagen?
Was meinst du, Nina? Was soll mit dem Kuckuck sein?
Der vierte Prinz ist mir das größte Rätsel ...

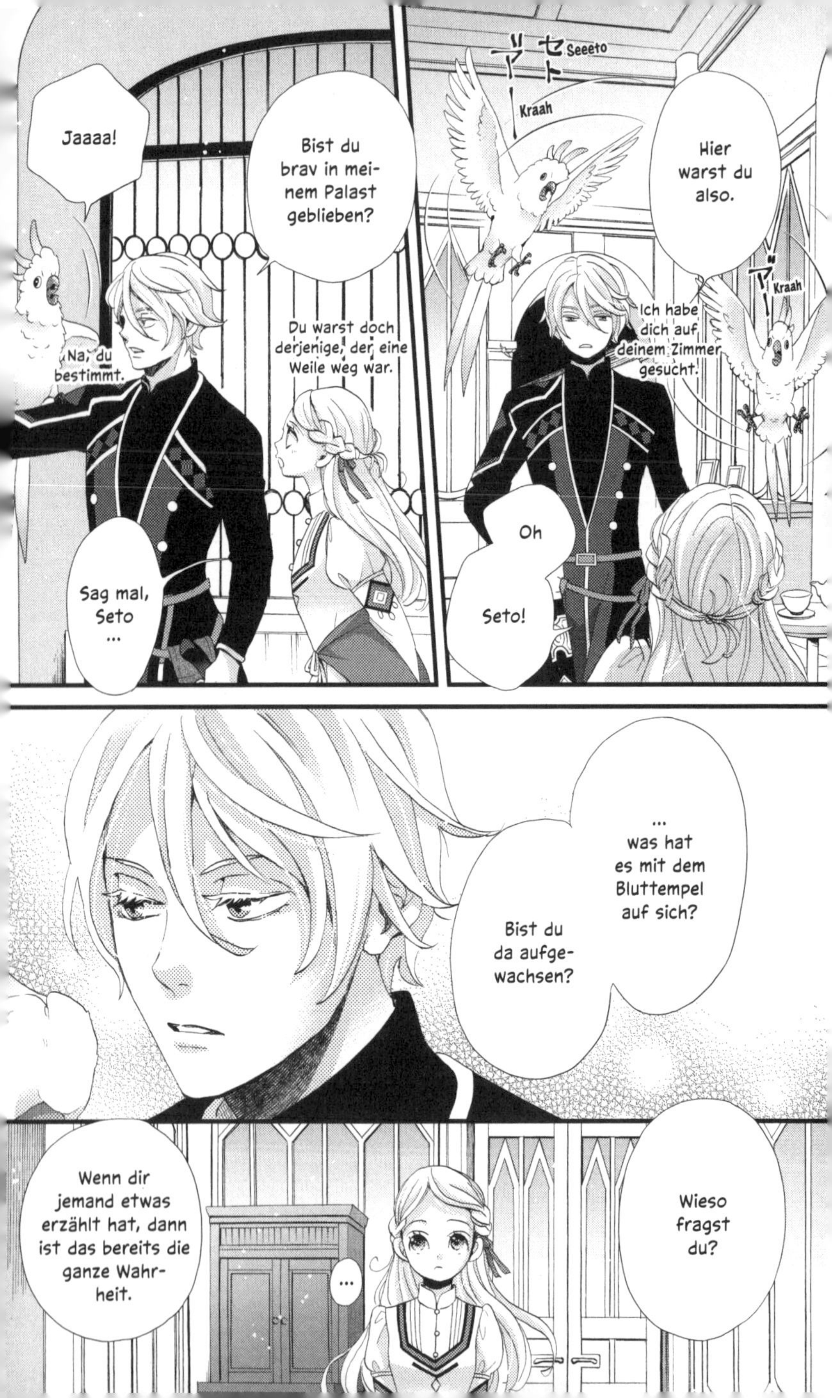
Seeeto
Kraah
Hier warst du also.
Kraah
Ich habe dich auf deinem Zimmer gesucht.
Oh
Seto!
Jaaaa!
Bist du brav in meinem Palast geblieben?
Na, du bestimmt.
Du warst doch derjenige, der eine Weile weg war.
Sag mal, Seto ...
... was hat es mit dem Bluttempel auf sich?
Bist du da aufgewachsen?
Wieso fragst du?
...
Wenn dir jemand etwas erzählt hat, dann ist das bereits die ganze Wahrheit.

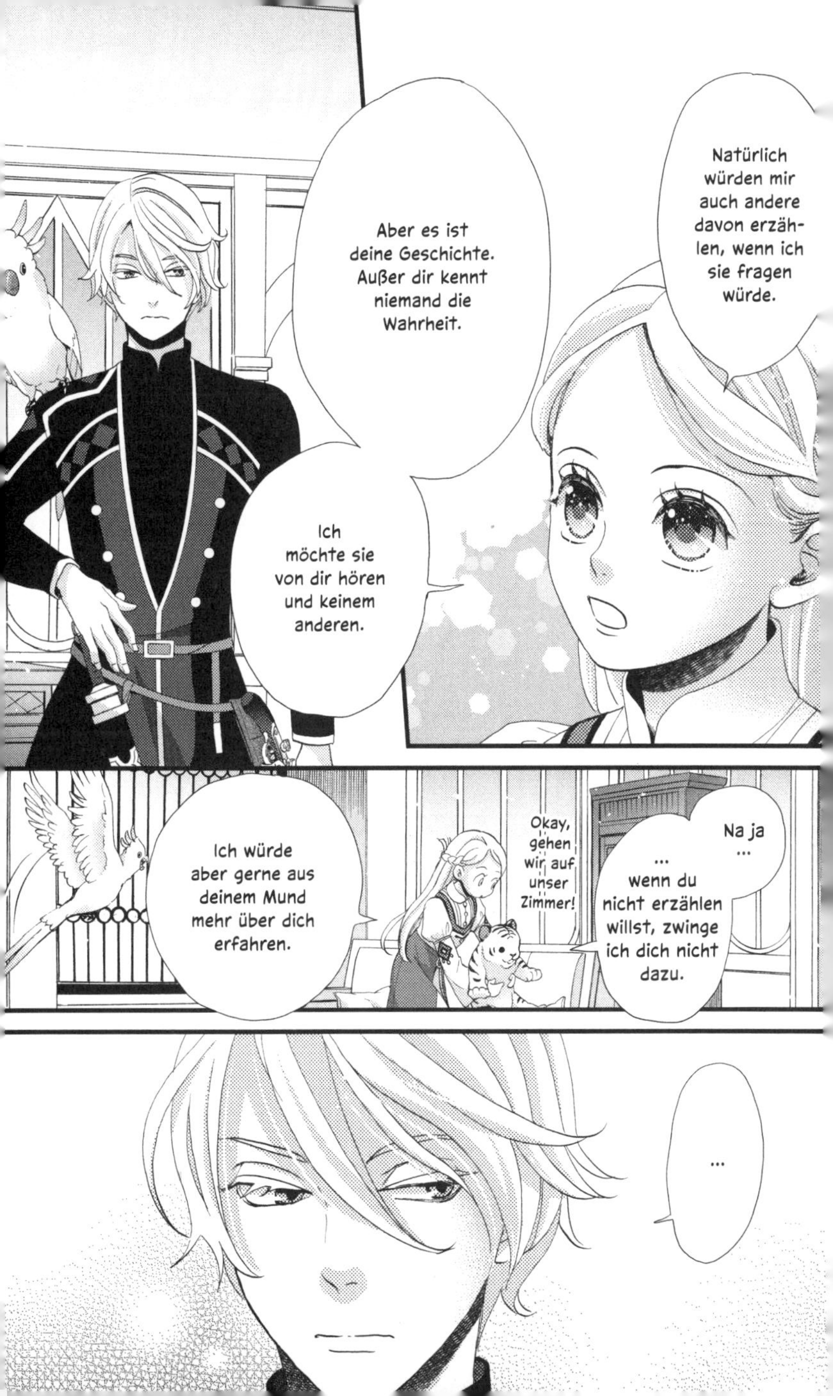
Natürlich würden mir auch andere davon erzählen, wenn ich sie fragen würde.
Aber es ist deine Geschichte. Außer dir kennt niemand die Wahrheit.
Ich möchte sie von dir hören und keinem anderen.
Na ja ...
... wenn du nicht erzählen willst, zwinge ich dich nicht dazu.
Okay, gehen wir auf unser Zimmer!
Ich würde aber gerne aus deinem Mund mehr über dich erfahren.
...

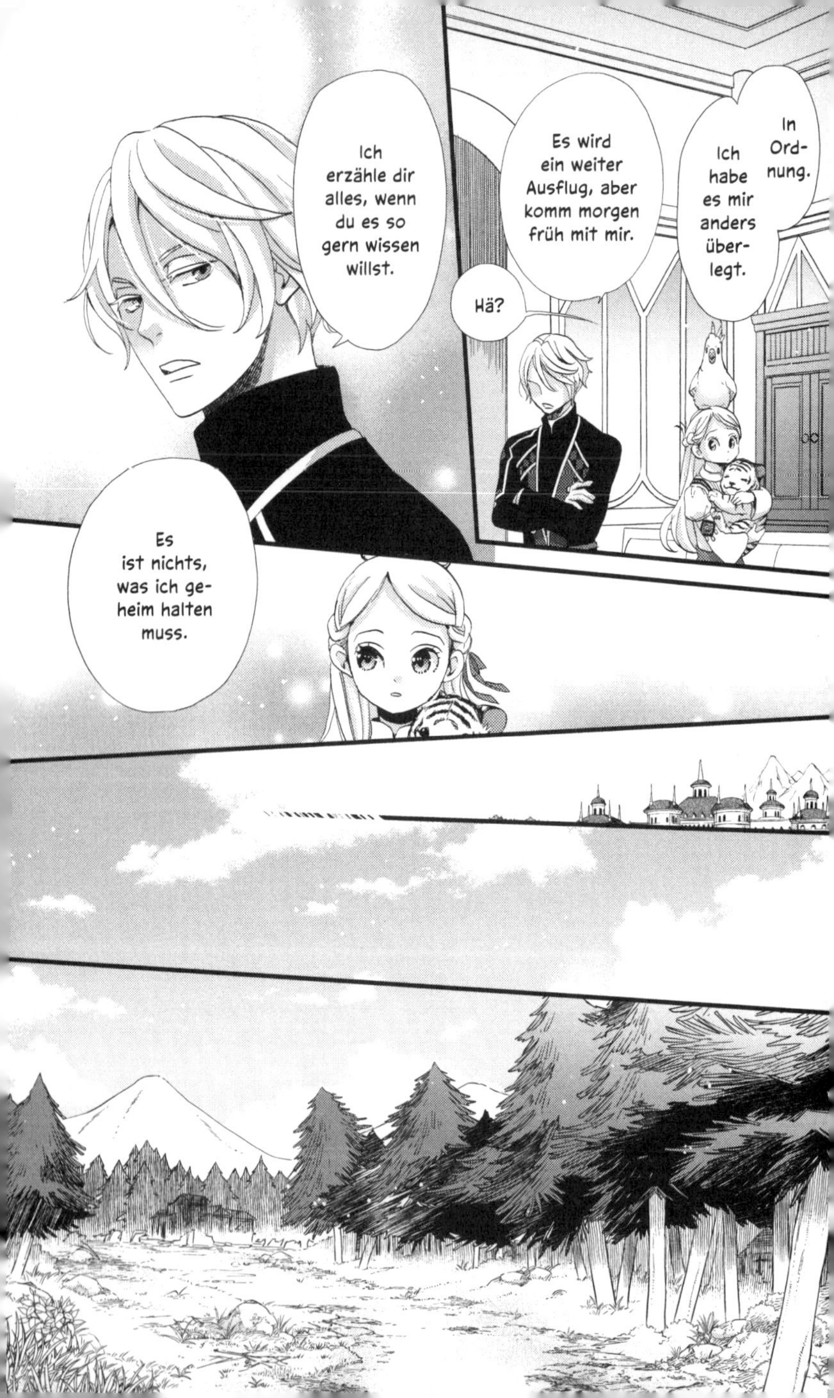

In Ordnung.
Ich habe es mir anders überlegt.
Es wird ein weiter Ausflug, aber komm morgen früh mit mir.
Hä?
Ich erzähle dir alles, wenn du es so gern wissen willst.
Es ist nichts, was ich geheim halten muss.

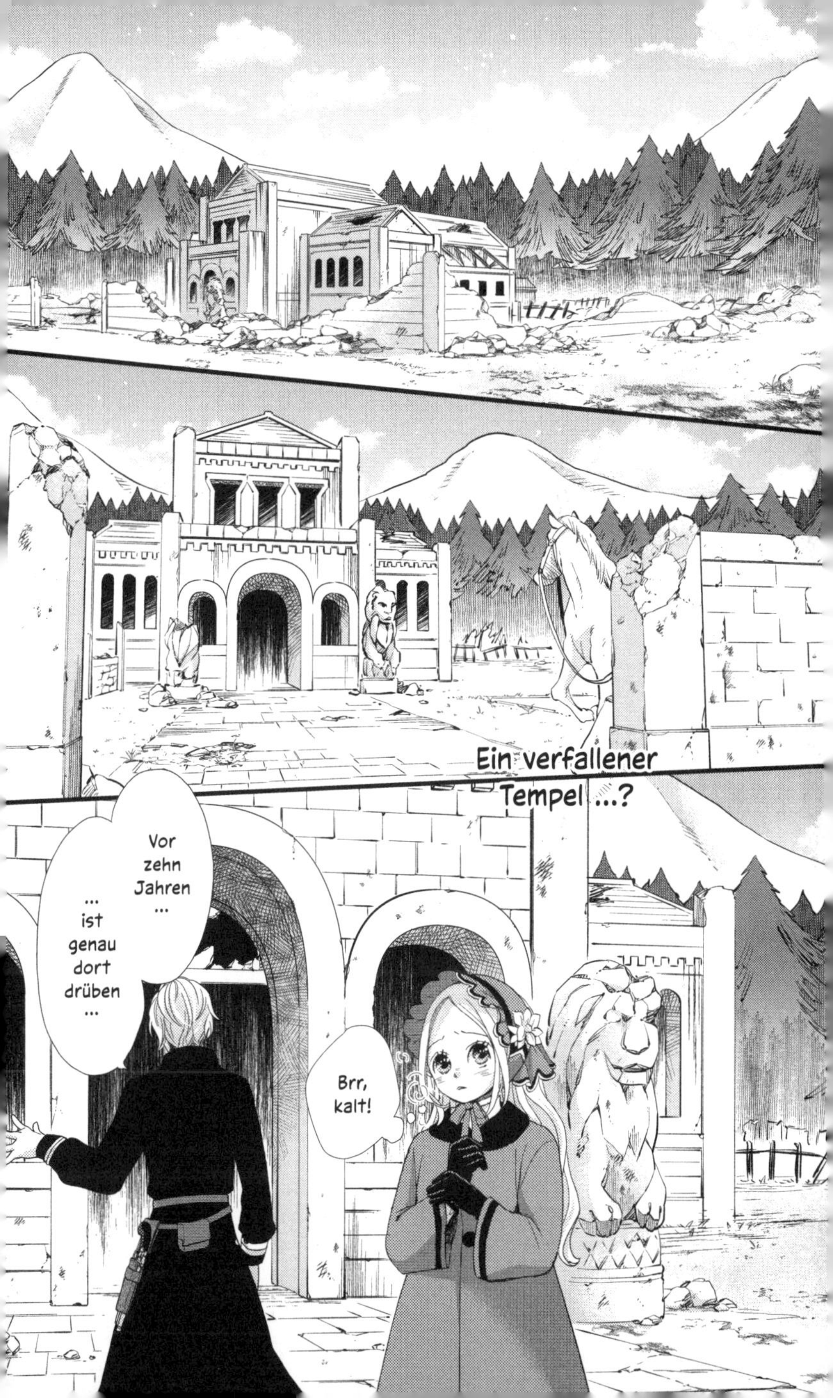
Ein verfallener Tempel ...?
Brr, kalt!
Vor zehn Jahren ...
... ist genau dort drüben ...

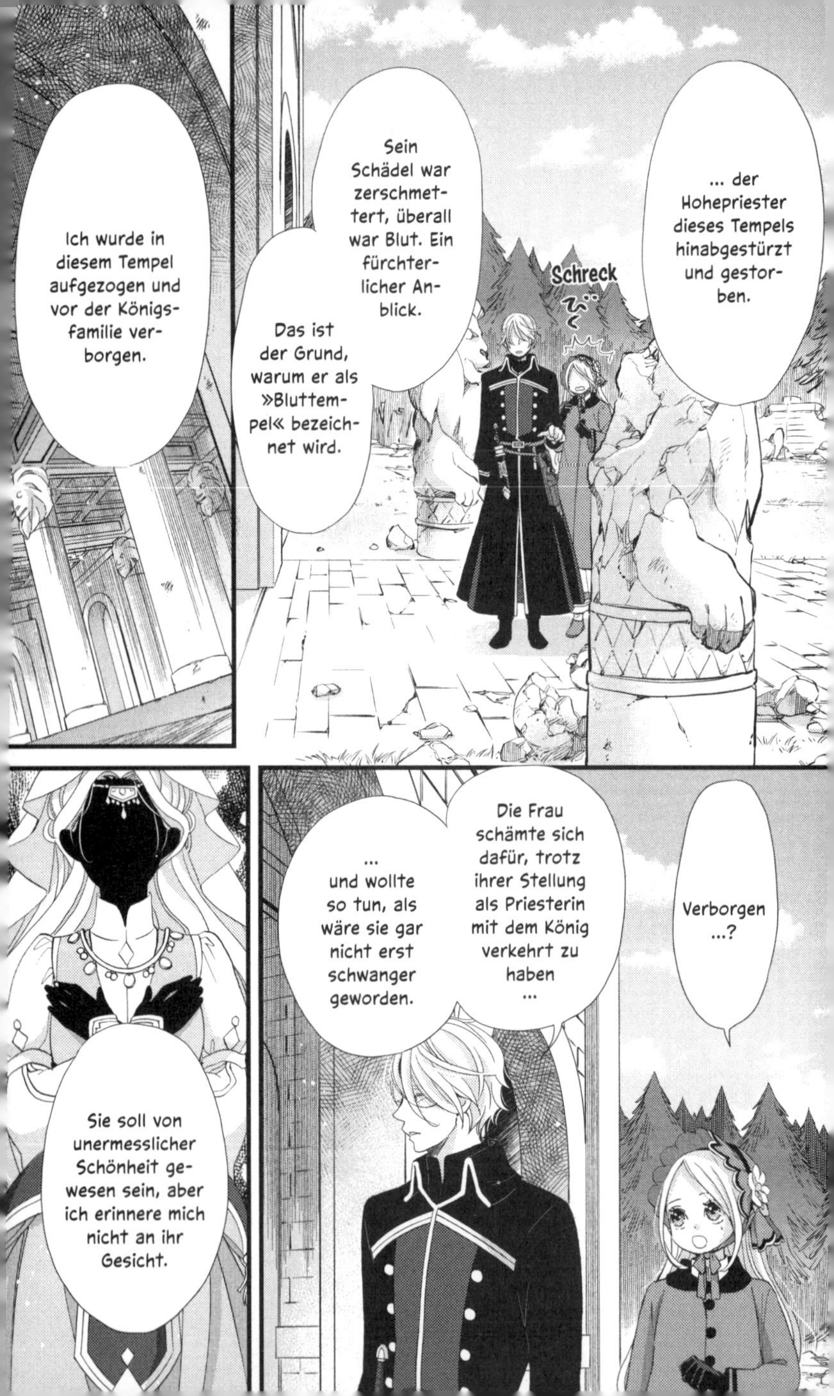

... der Hohepriester dieses Tempels hinabgestürzt und gestorben.
Sein Schädel war zerschmettert, überall war Blut. Ein fürchterlicher Anblick.
Schreck
Das ist der Grund, warum er als »Bluttempel« bezeichnet wird.
Ich wurde in diesem Tempel aufgezogen und vor der Königsfamilie verborgen.
Verborgen ...?
Die Frau schämte sich dafür, trotz ihrer Stellung als Priesterin mit dem König verkehrt zu haben ...
... und wollte so tun, als wäre sie gar nicht erst schwanger geworden.
Sie soll von unermesslicher Schönheit gewesen sein, aber ich erinnere mich nicht an ihr Gesicht.

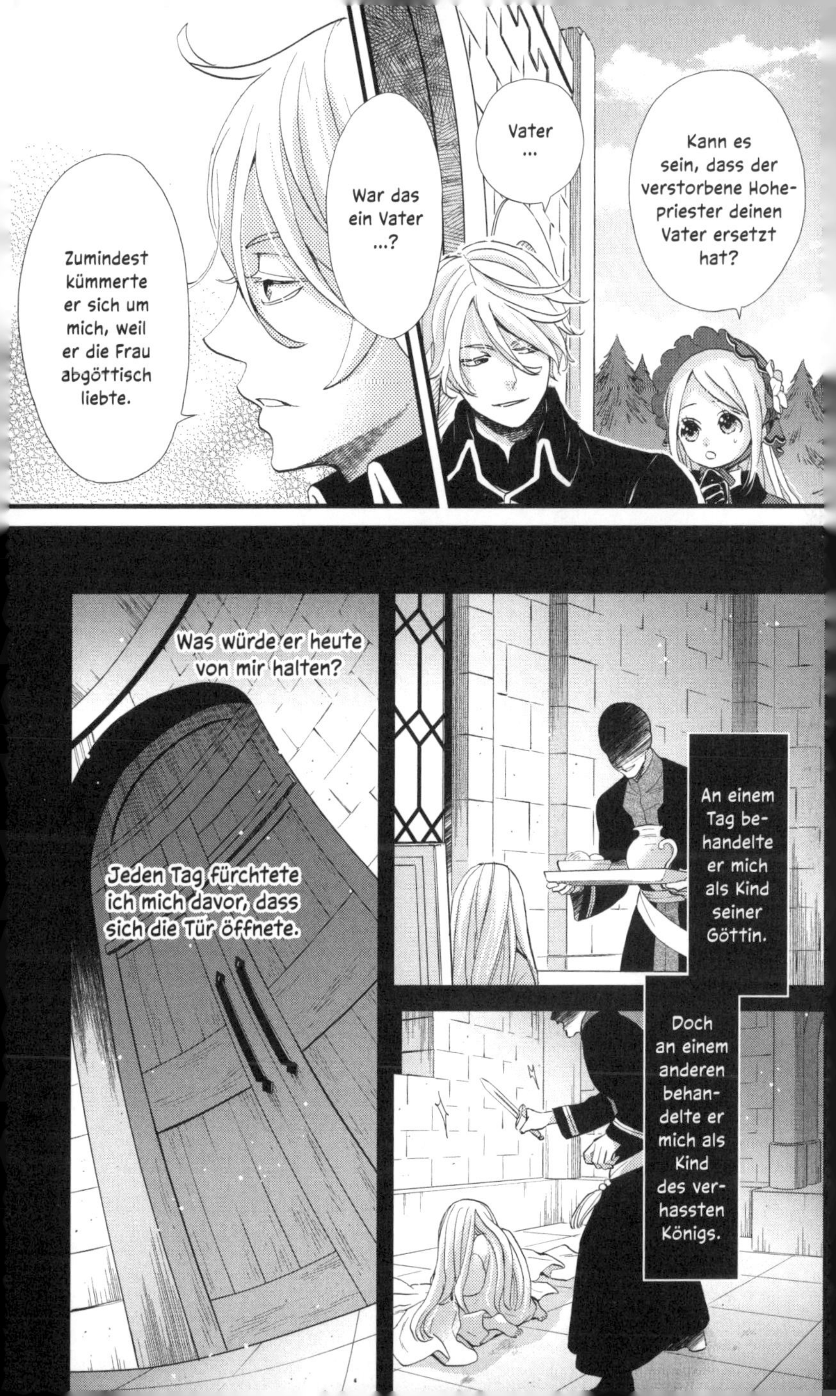
Kann es sein, dass der verstorbene Hohepriester deinen Vater ersetzt hat?
Vater ...
War das ein Vater ...?
Zumindest kümmerte er sich um mich, weil er die Frau abgöttisch liebte.
An einem Tag behandelte er mich als Kind seiner Göttin.
Doch an einem anderen behandelte er mich als Kind des verhassten Königs.
Was würde er heute von mir halten?
Jeden Tag fürchtete ich mich davor, dass sich die Tür öffnete.

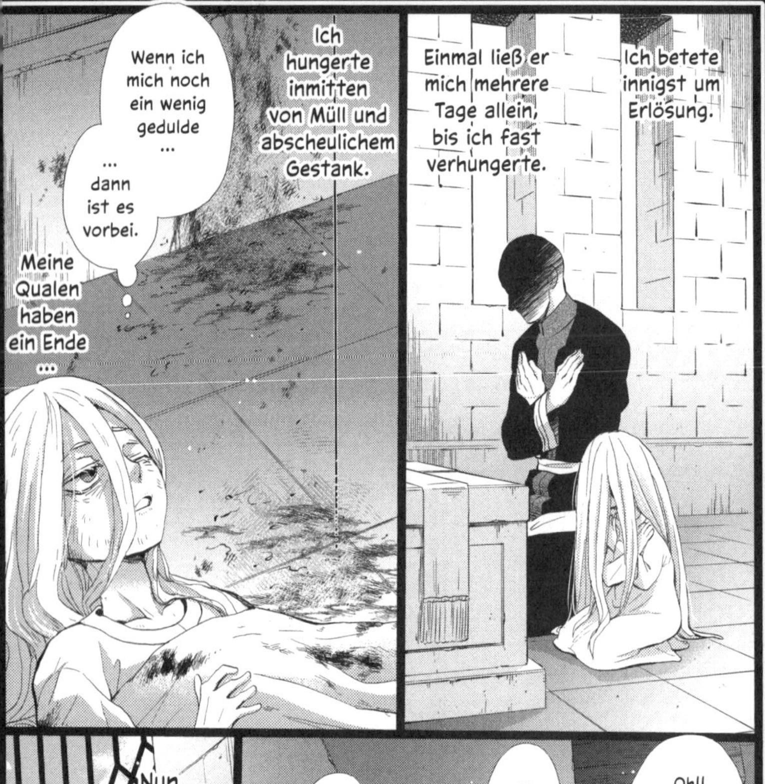

Ich betete innigst um Erlösung.
Einmal ließ er mich mehrere Tage allein, bis ich fast verhungerte.
Ich hungerte inmitten von Müll und abscheulichem Gestank.
Wenn ich mich noch ein wenig gedulde …
… dann ist es vorbei.
Meine Qualen haben ein Ende …
Oh!! Ein Glück, dass du wohlauf bist!
Verzeih mir, verstorbene Meje! Ich wollte dich nicht traurig machen!
Mir wurde nicht ge-stattet …
… zu sterben.
Es bringt nichts …
… zu beten.
Nun empfand ich nichts mehr.

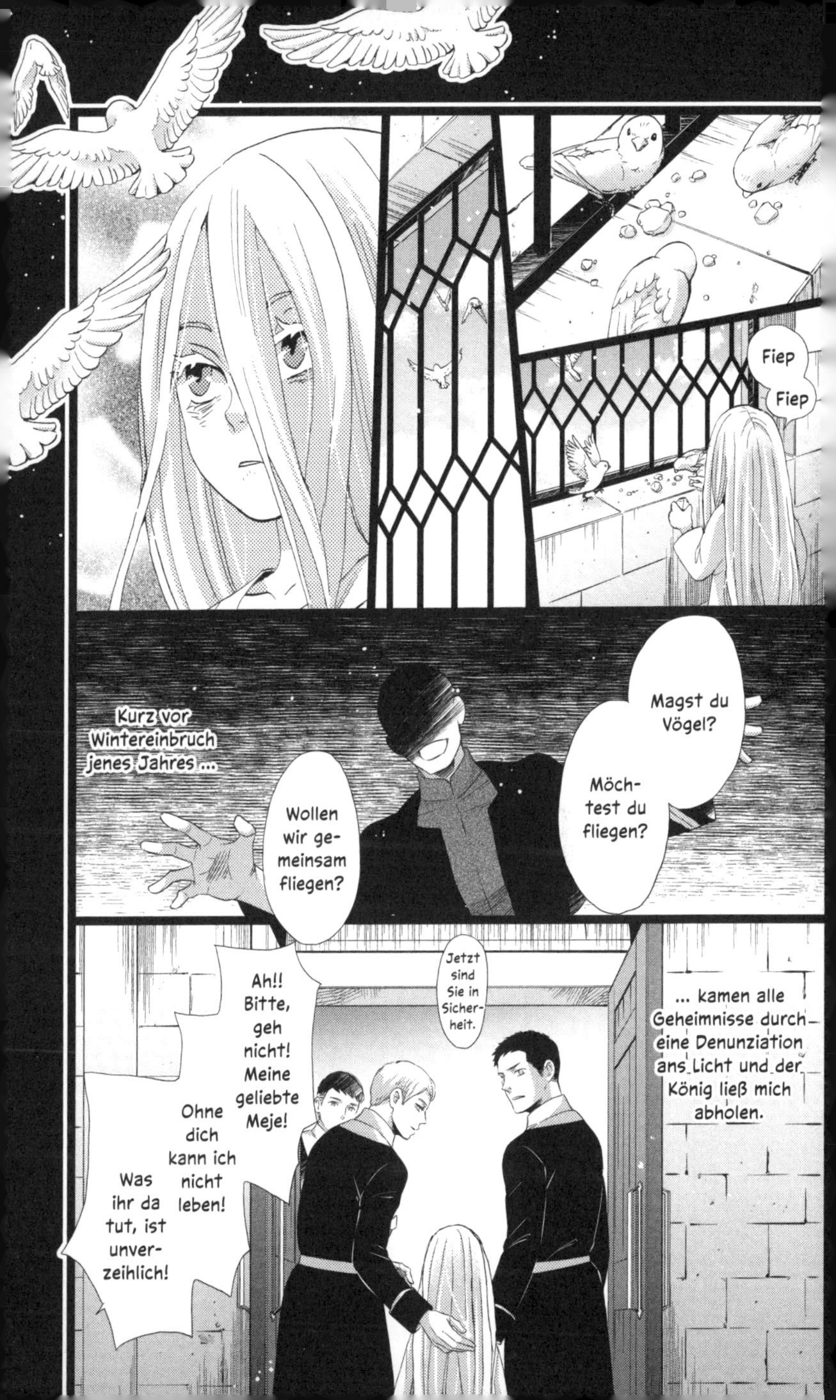

Fiep
Fiep
Magst du Vögel?
Möch-
test du
fliegen?
Wollen
wir ge-
meinsam
fliegen?
Kurz vor
Wintereinbruch
jenes Jahres ...
... kamen alle
Geheimnisse durch
eine Denunziation
ans Licht und der
König ließ mich
abholen.
Jetzt
sind
Sie in
Sicher-
heit.
Ah!!
Bitte,
geh
nicht!
Meine
geliebte
Meje!
Ohne
dich
kann ich
nicht
leben!
Was
ihr da
tut, ist
unver-
zeihlich!

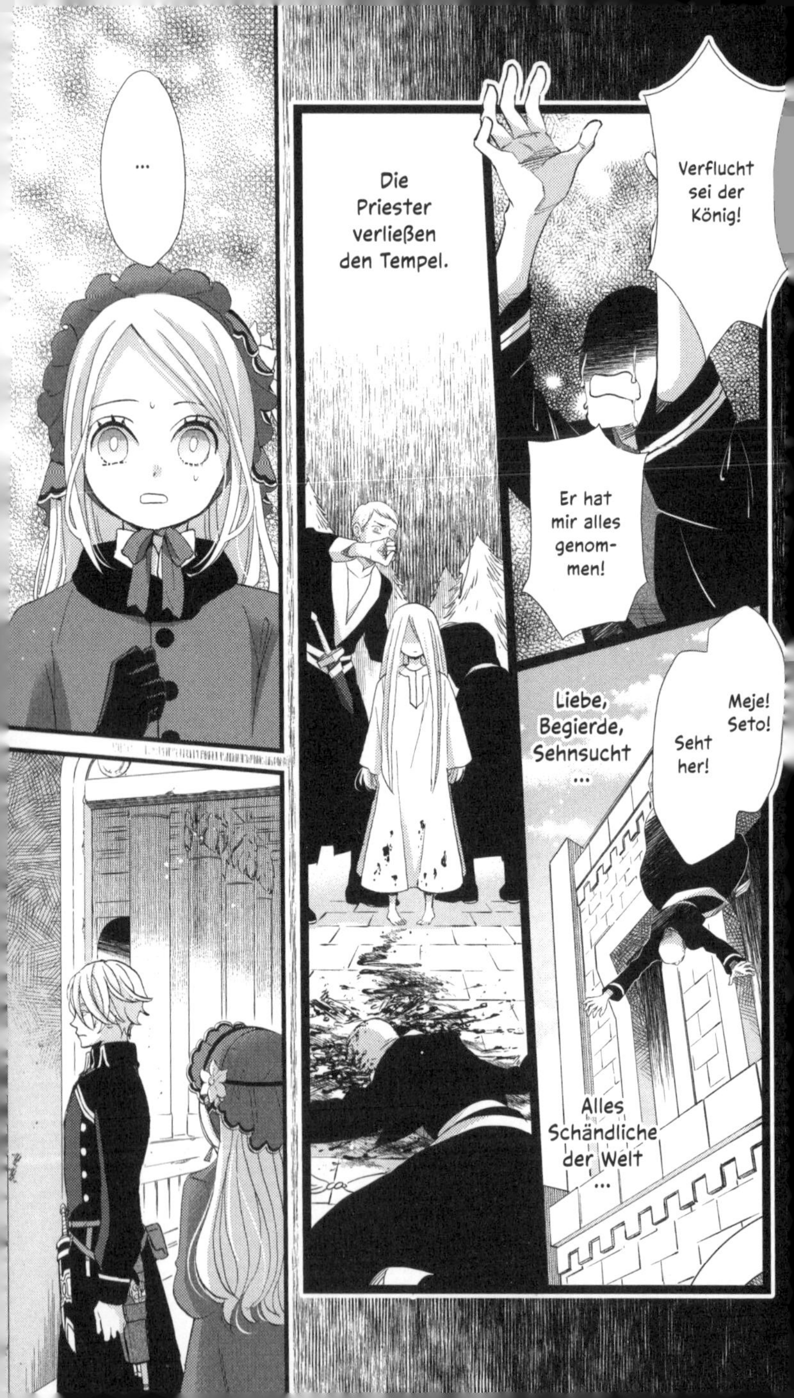
Verflucht sei der König!
Er hat mir alles genommen!
Die Priester verließen den Tempel.
Meje! Seto!
Seht her!
Liebe, Begierde, Sehnsucht ...
Alles Schändliche der Welt ...
...

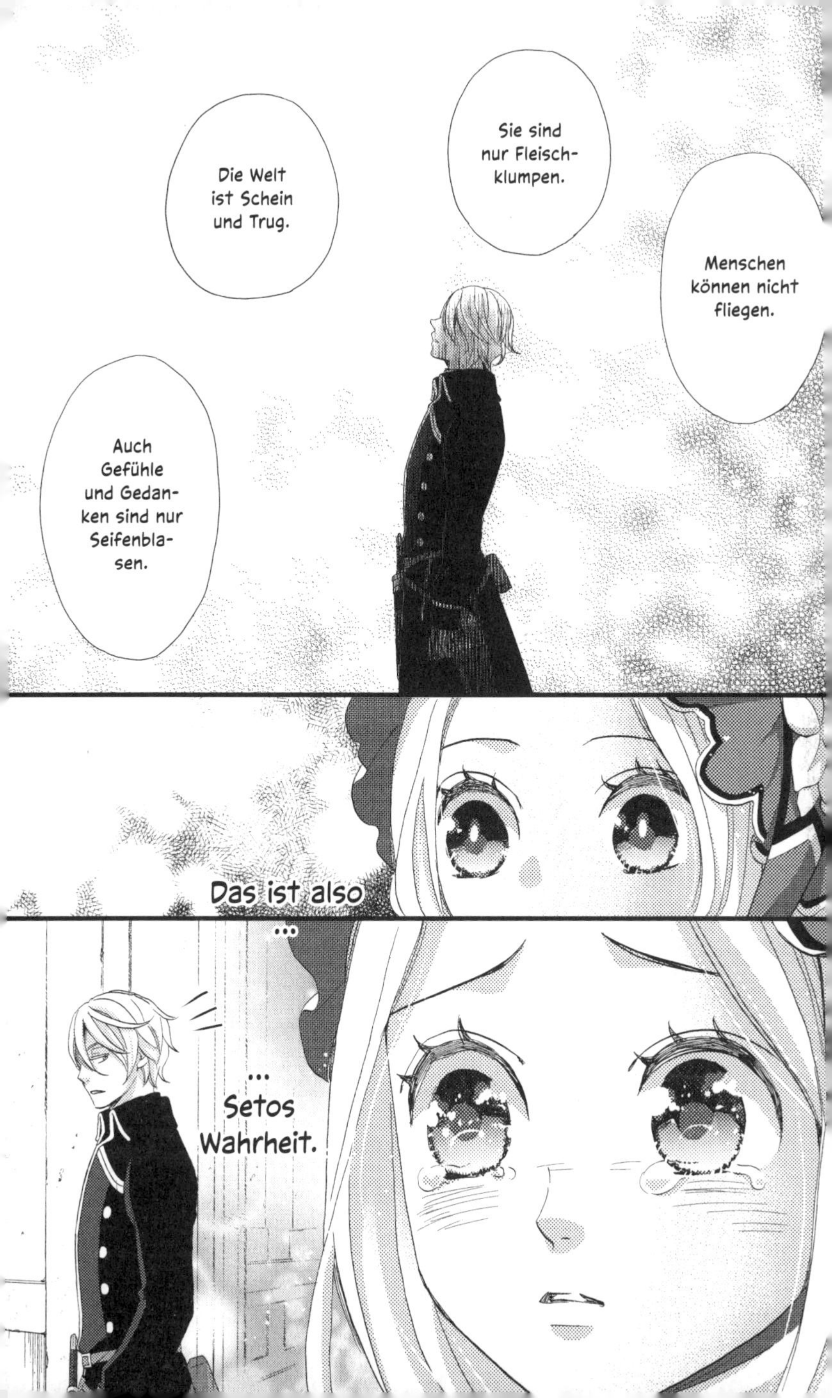
Menschen können nicht fliegen.
Sie sind nur Fleischklumpen.
Die Welt ist Schein und Trug.
Auch Gefühle und Gedanken sind nur Seifenblasen.
Das ist also …
… Setos Wahrheit.

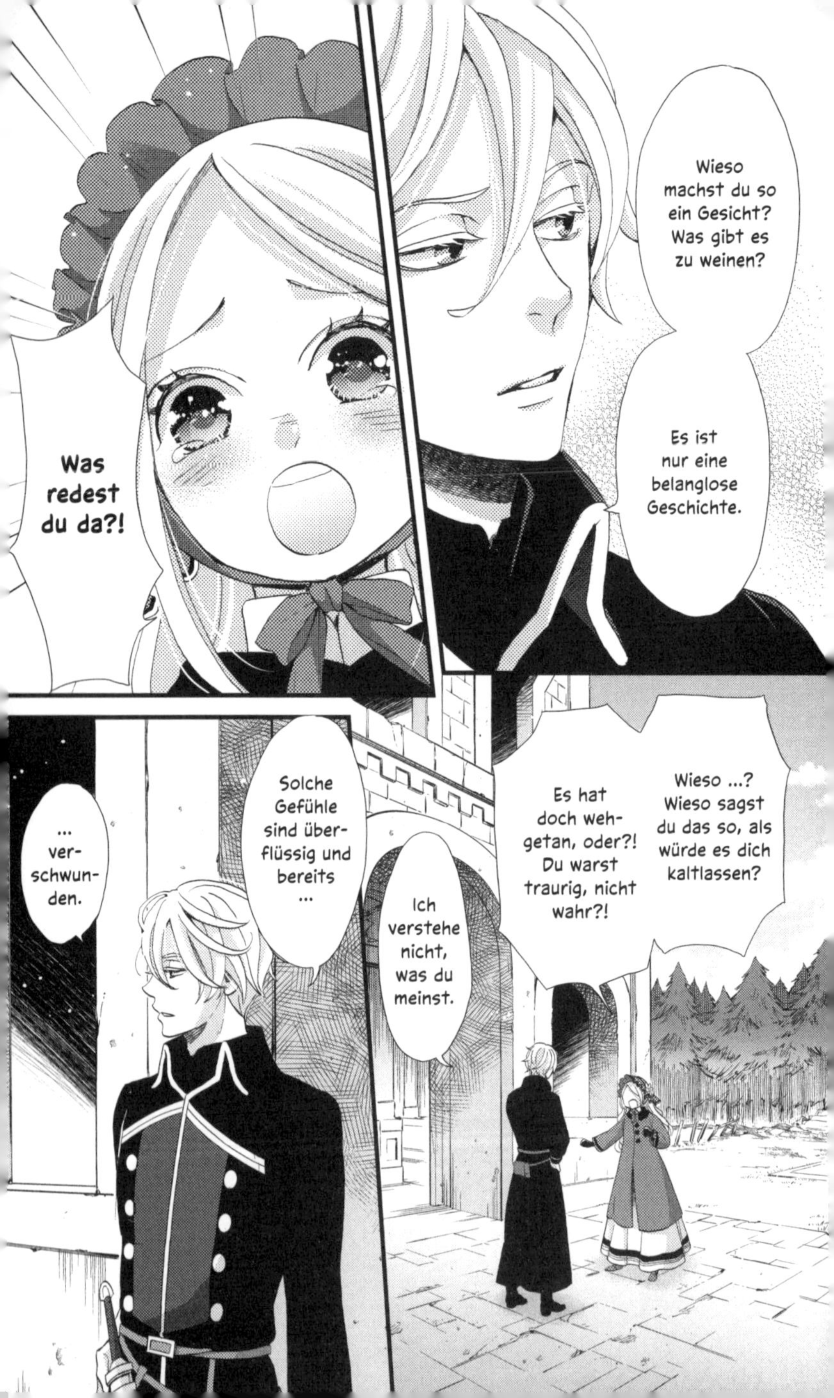
Wieso machst du so ein Gesicht? Was gibt es zu weinen?
Es ist nur eine belanglose Geschichte.
Was redest du da?!
Wieso ...? Wieso sagst du das so, als würde es dich kaltlassen?
Es hat doch wehgetan, oder?! Du warst traurig, nicht wahr?!
Ich verstehe nicht, was du meinst.
Solche Gefühle sind überflüssig und bereits ...
... verschwunden.

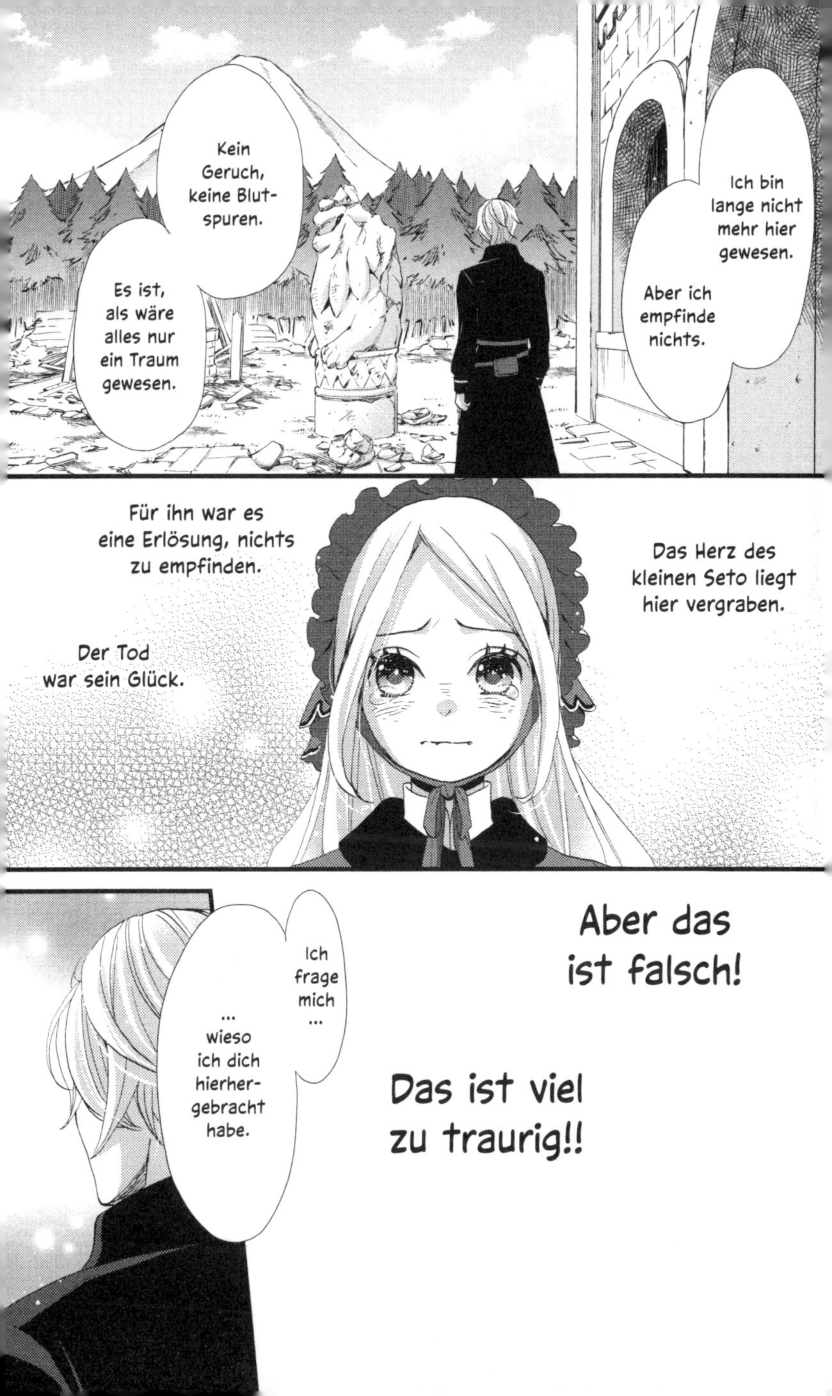

Ich bin lange nicht mehr hier gewesen.
Aber ich empfinde nichts.
Kein Geruch, keine Blutspuren.
Es ist, als wäre alles nur ein Traum gewesen.
Das Herz des kleinen Seto liegt hier vergraben.
Für ihn war es eine Erlösung, nichts zu empfinden.
Der Tod war sein Glück.
Aber das ist falsch!
Ich frage mich ...
... wieso ich dich hierhergebracht habe.
Das ist viel zu traurig!!

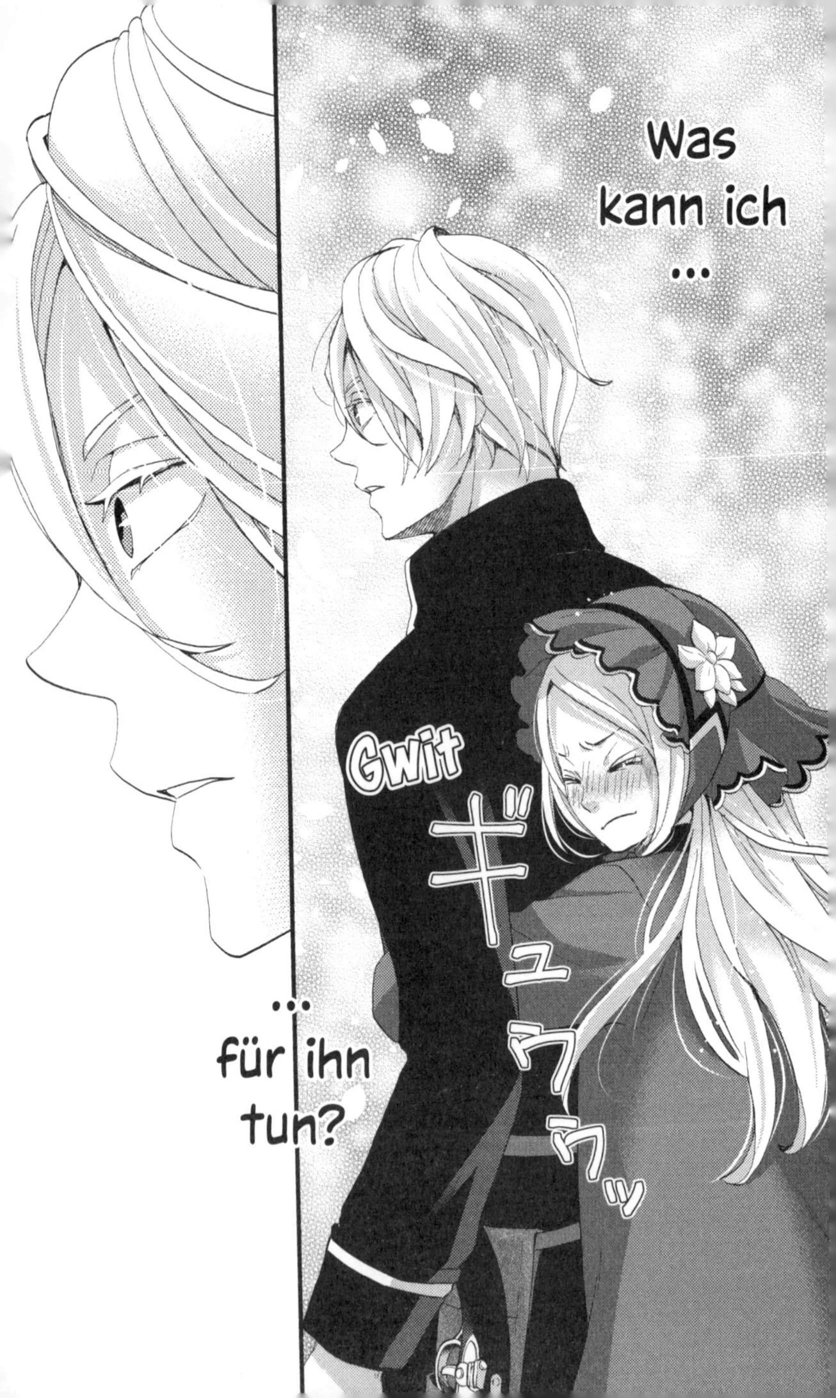
Was kann ich …
Gwit
ギュウウウッ
… für ihn tun?

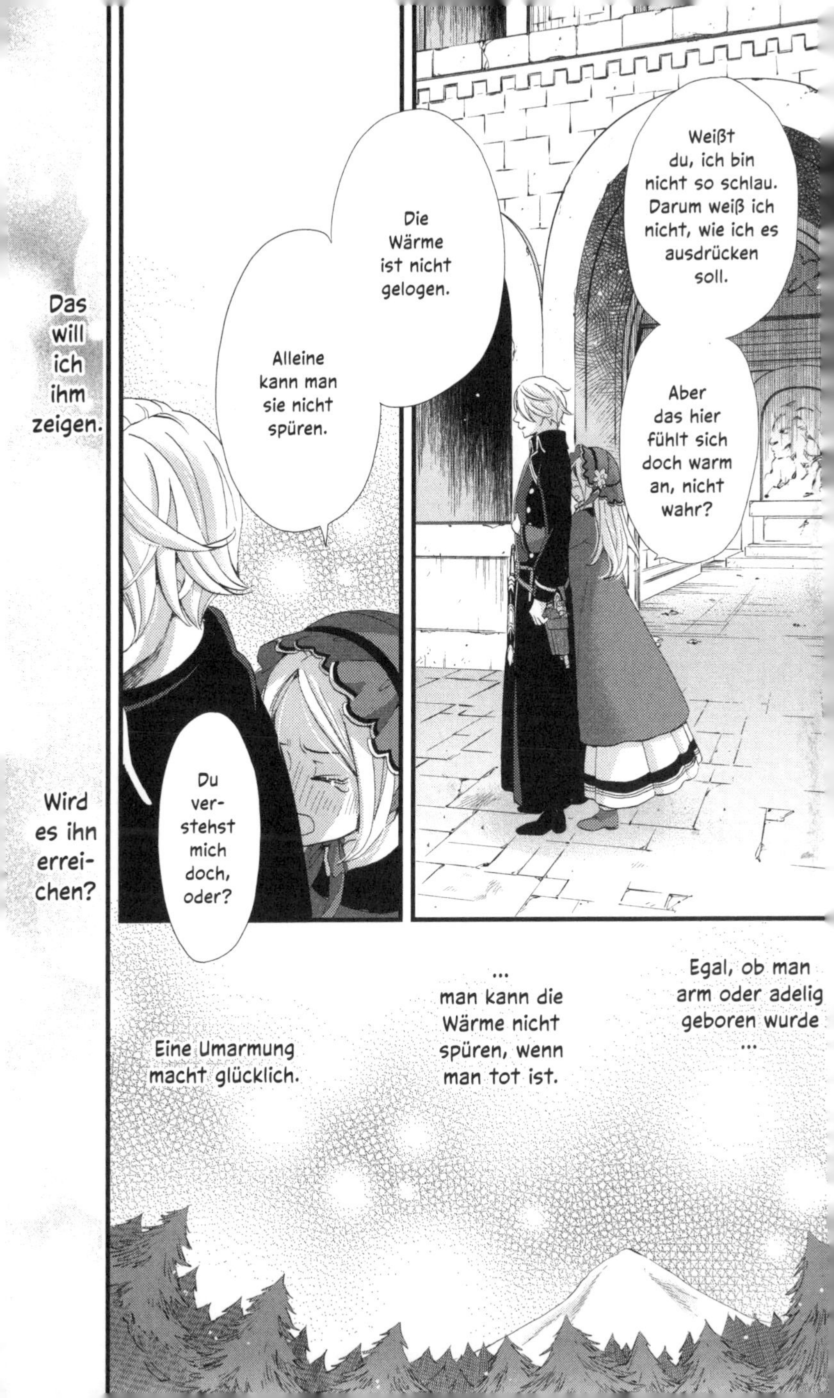
Weißt du, ich bin nicht so schlau. Darum weiß ich nicht, wie ich es ausdrücken soll.
Aber das hier fühlt sich doch warm an, nicht wahr?
Die Wärme ist nicht gelogen.
Alleine kann man sie nicht spüren.
Du ver-stehst mich doch, oder?
Das will ich ihm zeigen.
Wird es ihn errei-chen?
Egal, ob man arm oder adelig geboren wurde ...
... man kann die Wärme nicht spüren, wenn man tot ist.
Eine Umarmung macht glücklich.

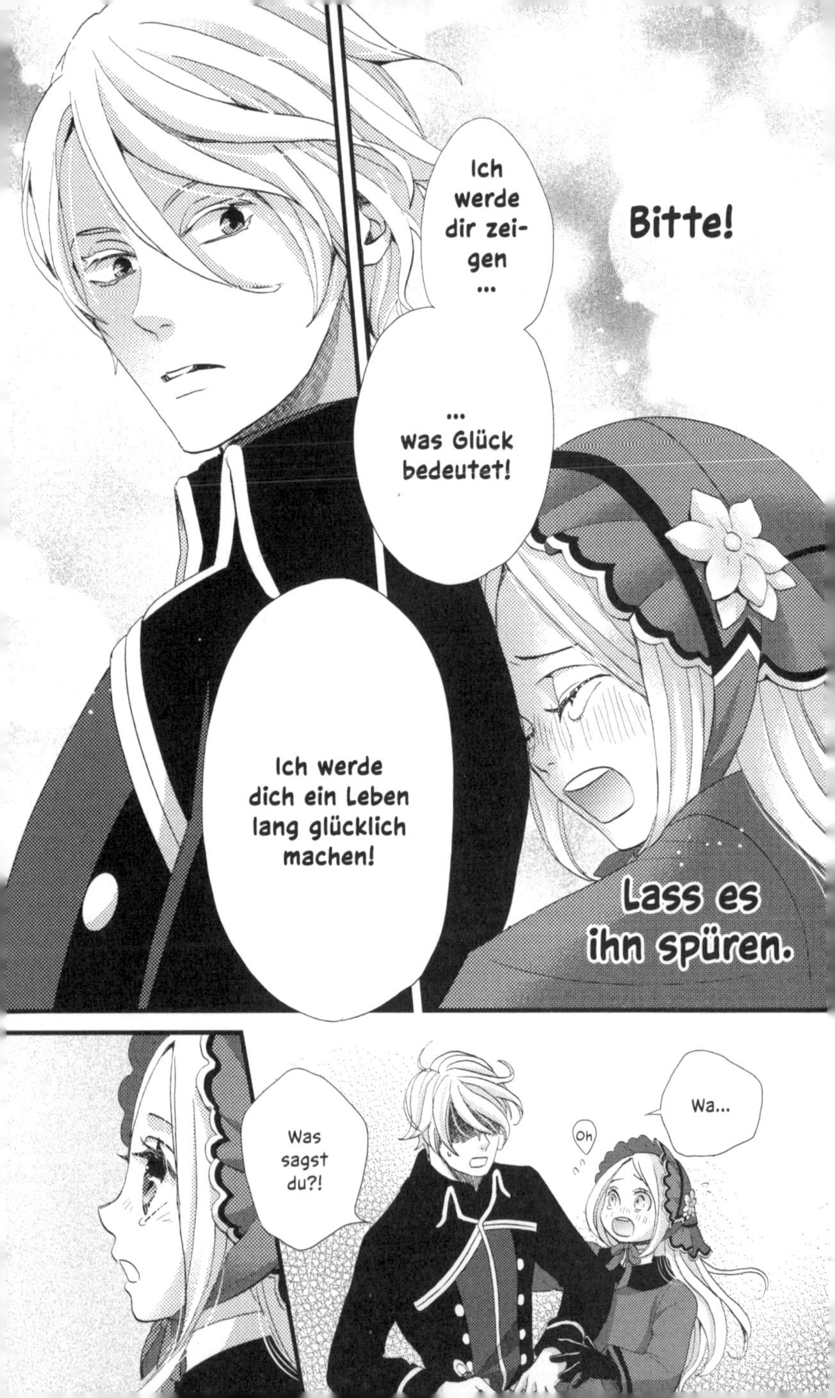
Bitte!
Ich werde dir zeigen ...
... was Glück bedeutet!
Ich werde dich ein Leben lang glücklich machen!
Lass es ihn spüren.
Wa...
Oh
Was sagst du?!

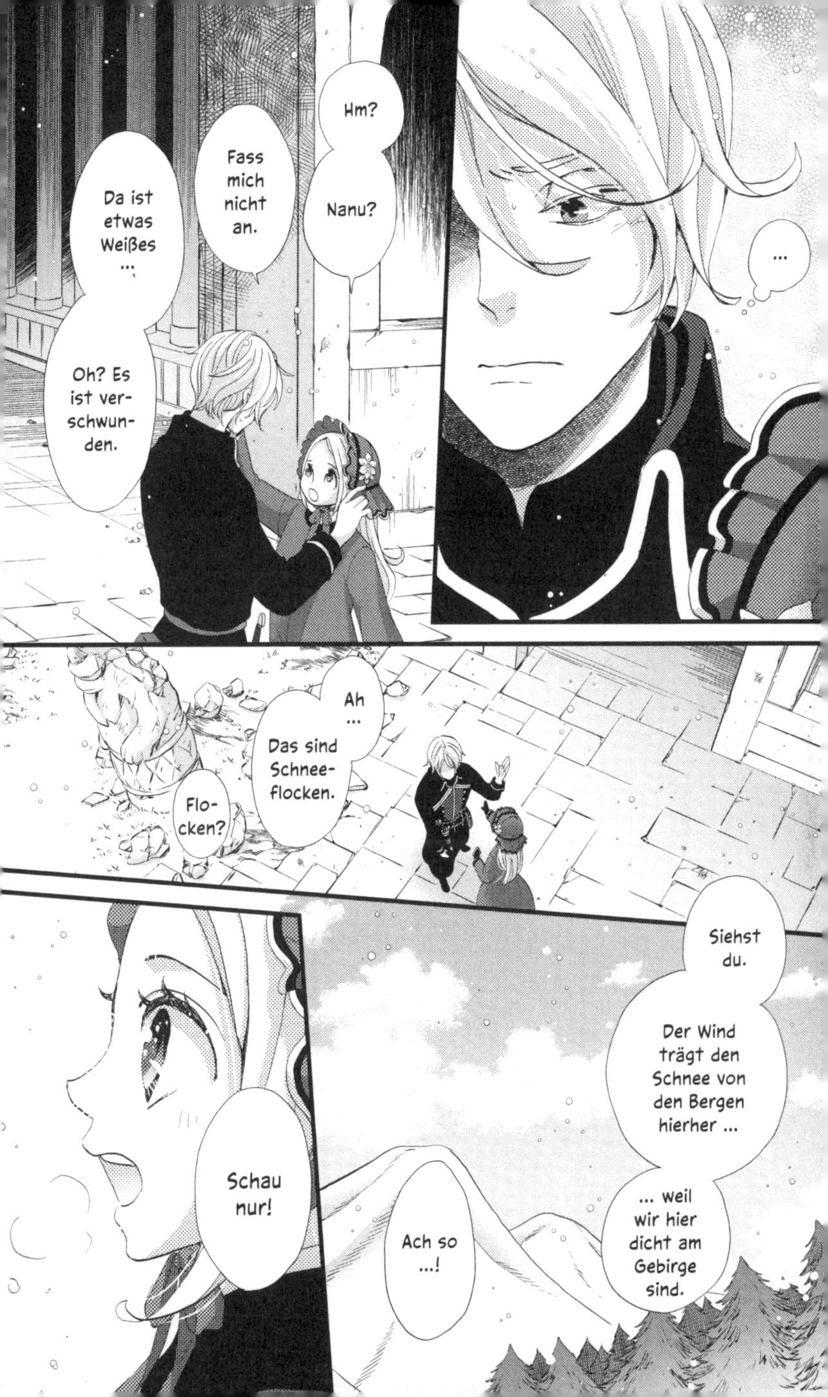
...
Hm?
Nanu?
Fass mich nicht an.
Da ist etwas Weißes ...
Oh? Es ist verschwunden.
Ah ...
Das sind Schneeflocken.
Flocken?
Siehst du.
Der Wind trägt den Schnee von den Bergen hierher ...
... weil wir hier dicht am Gebirge sind.
Ach so ...!
Schau nur!

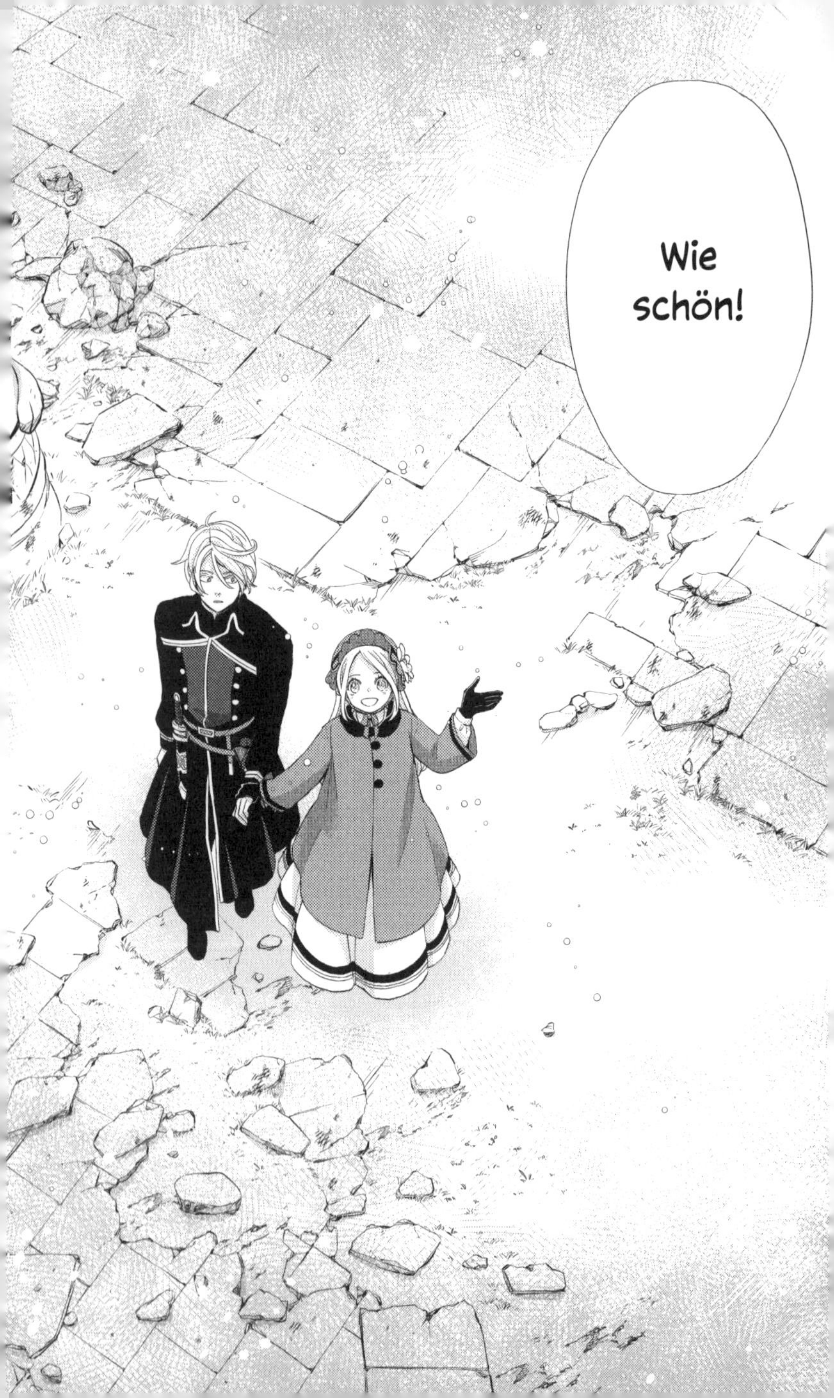
Wie schön!

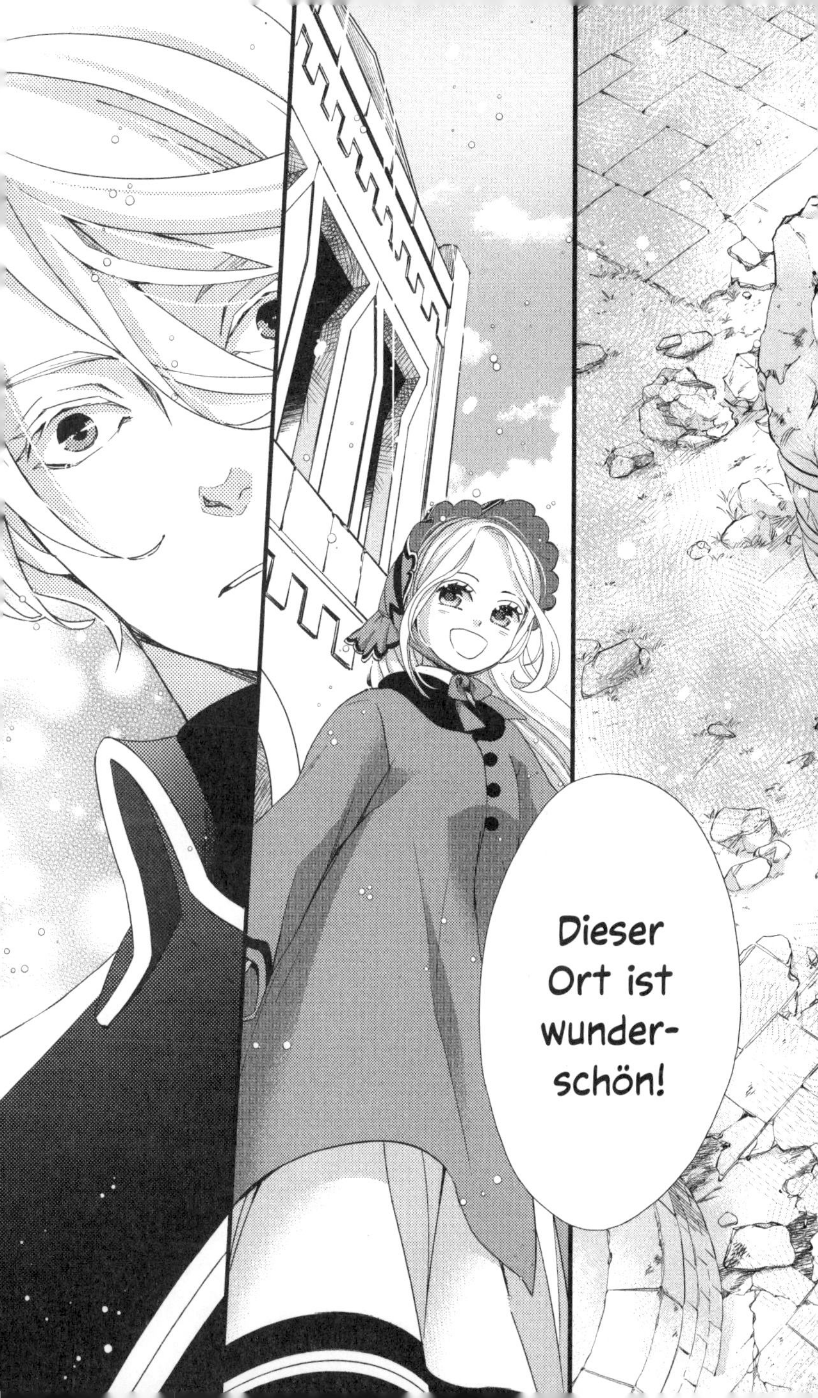
Dieser Ort ist wunder-schön!

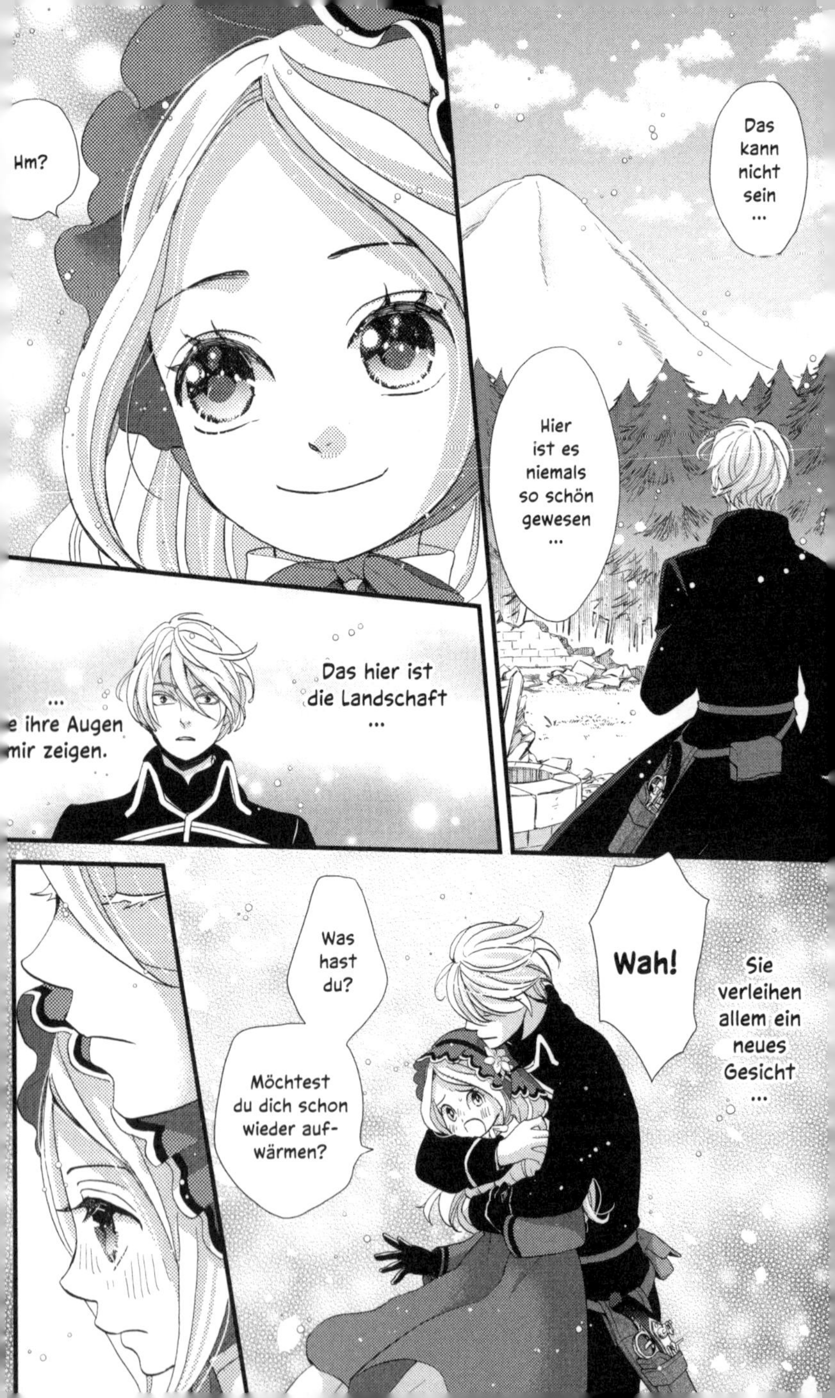
Das kann nicht sein ...
Hier ist es niemals so schön gewesen ...
Hm?
Das hier ist die Landschaft ...
... e ihre Augen mir zeigen.
Sie verleihen allem ein neues Gesicht ...
Wah!
Was hast du?
Möchtest du dich schon wieder auf-wärmen?

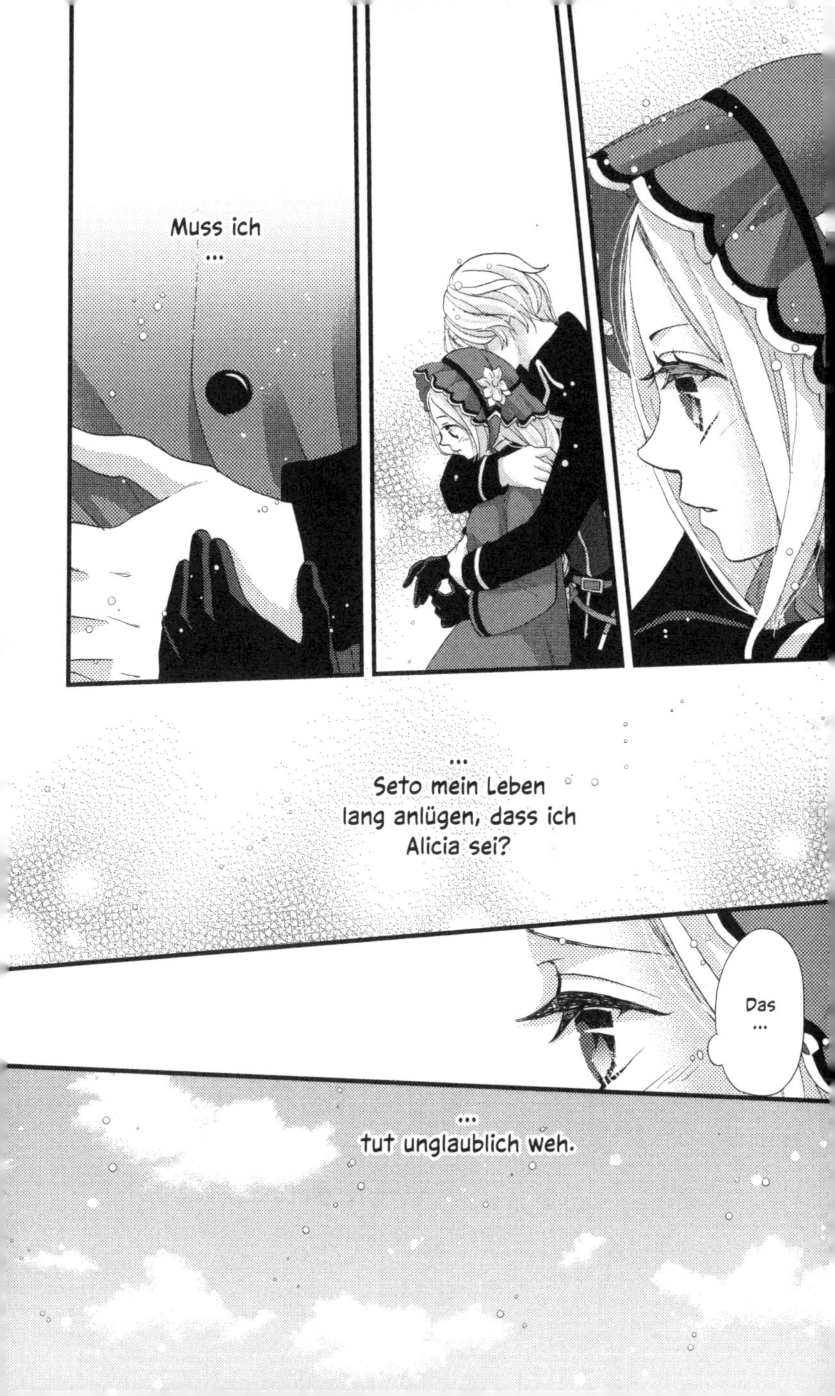
Muss ich
...
...
Seto mein Leben
lang anlügen, dass ich
Alicia sei?
Das
...
...
tut unglaublich weh.

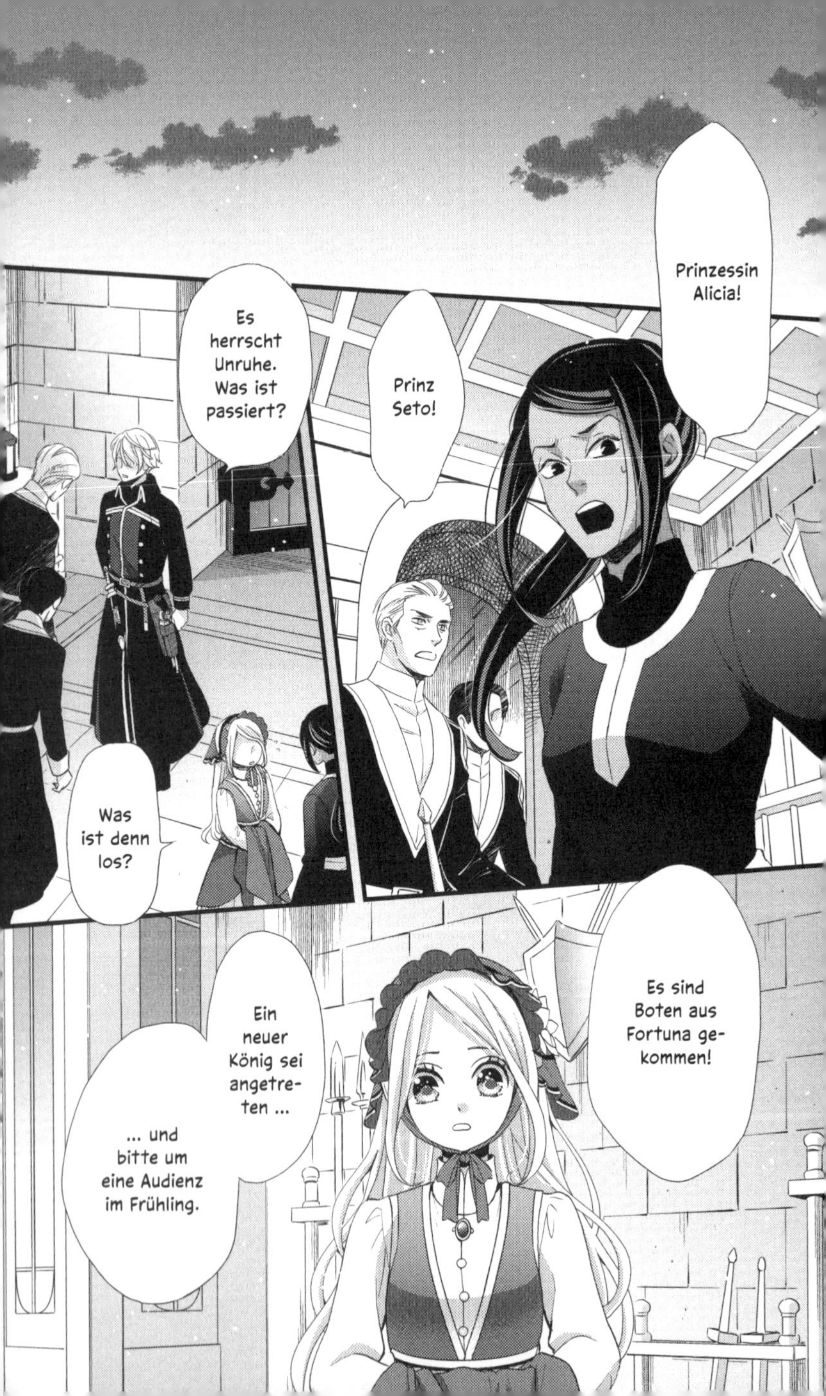
Prinzessin Alicia!
Prinz Seto!
Es herrscht Unruhe. Was ist passiert?
Was ist denn los?
Es sind Boten aus Fortuna gekommen!
Ein neuer König sei angetreten ...
... und bitte um eine Audienz im Frühling.

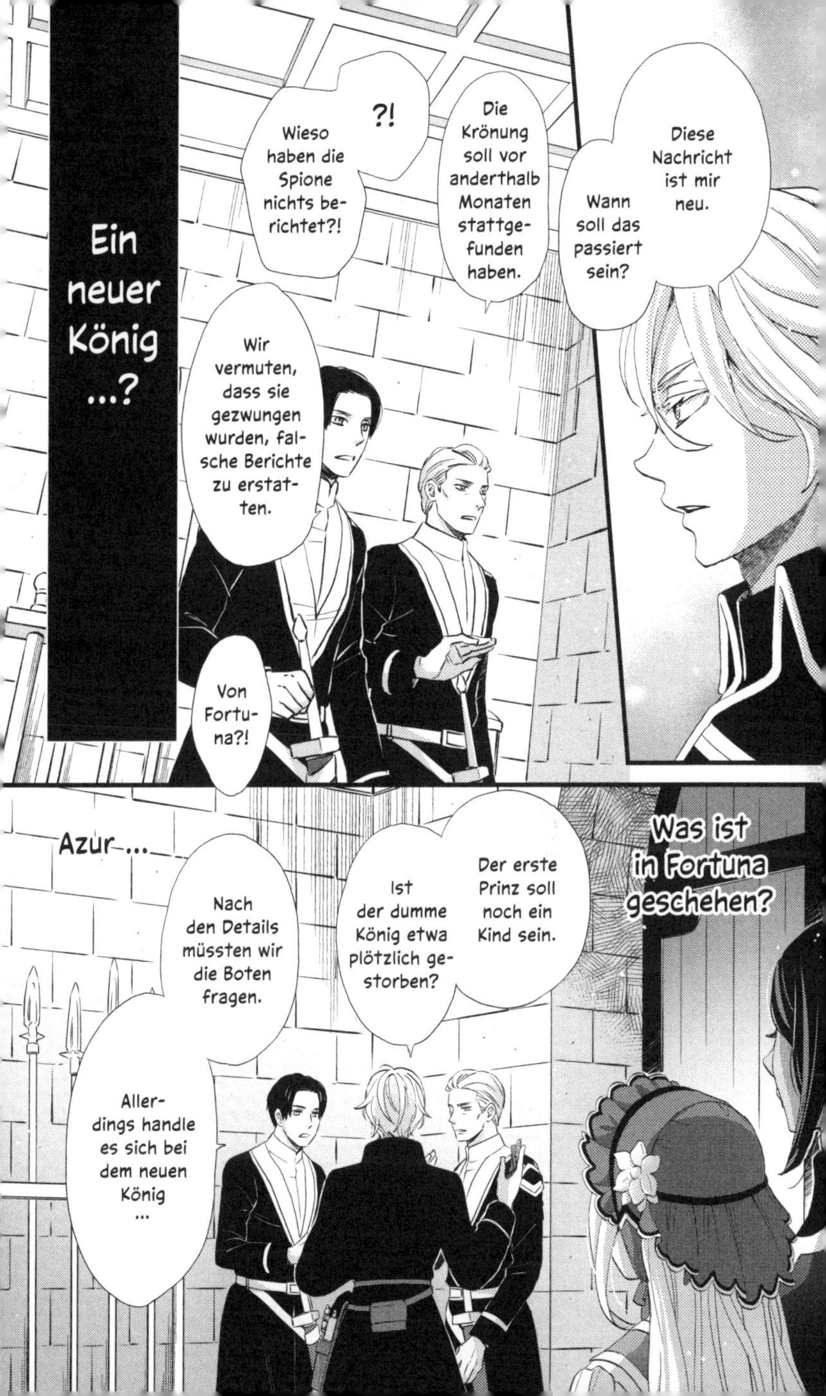

Diese Nachricht ist mir neu.
Wann soll das passiert sein?
Die Krönung soll vor anderthalb Monaten stattgefunden haben.
?!
Wieso haben die Spione nichts berichtet?!
Ein neuer König ...?
Wir vermuten, dass sie gezwungen wurden, falsche Berichte zu erstatten.
Von Fortuna?!
Was ist in Fortuna geschehen?
Der erste Prinz soll noch ein Kind sein.
Ist der dumme König etwa plötzlich gestorben?
Nach den Details müssten wir die Boten fragen.
Azur ...
Allerdings handle es sich bei dem neuen König ...

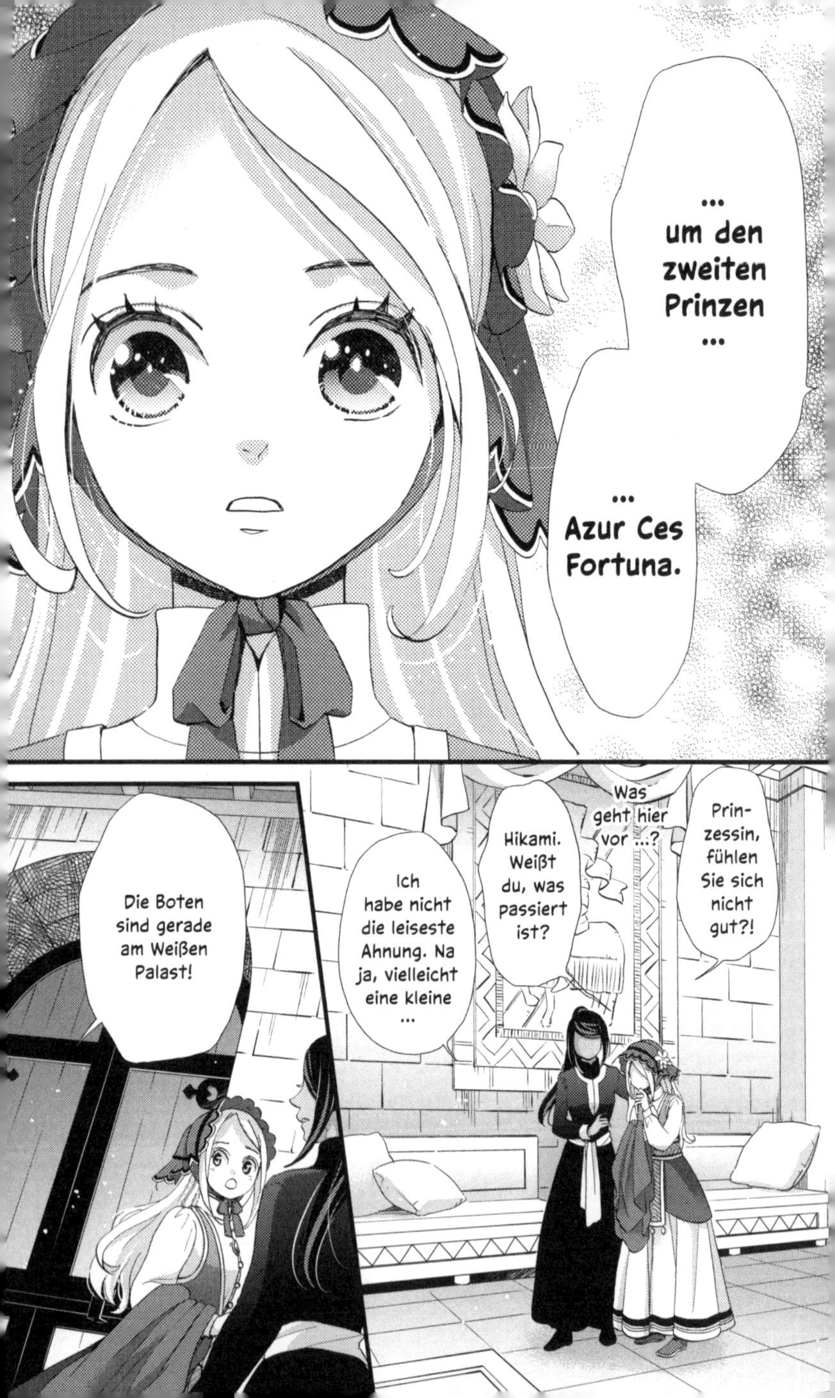
... um den zweiten Prinzen ...
... Azur Ces Fortuna.
Prinzessin, fühlen Sie sich nicht gut?!
Was geht hier vor ...?
Hikami. Weißt du, was passiert ist?
Ich habe nicht die leiseste Ahnung. Na ja, vielleicht eine kleine ...
Die Boten sind gerade am Weißen Palast!

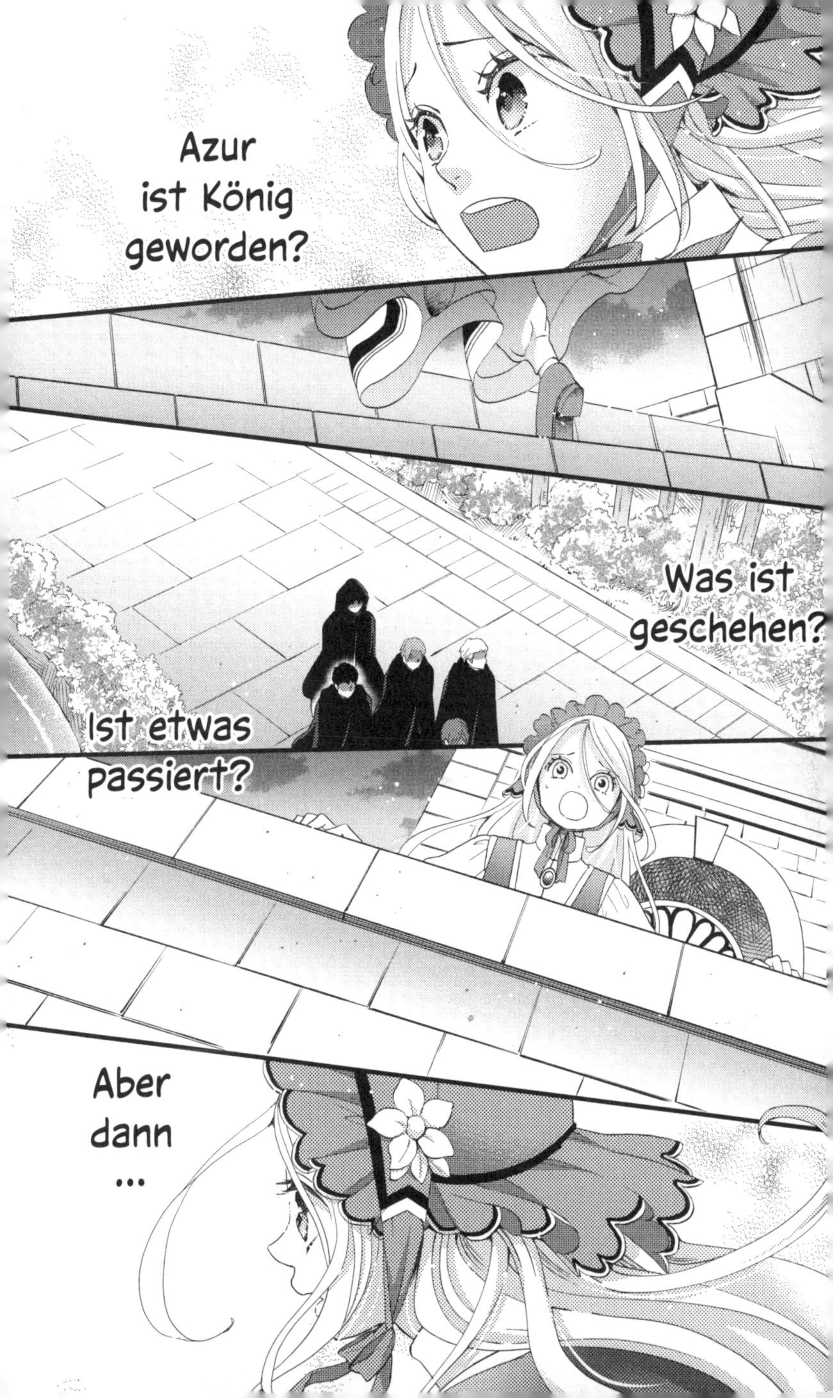
Azur ist König geworden?
Was ist geschehen?
Ist etwas passiert?
Aber dann …

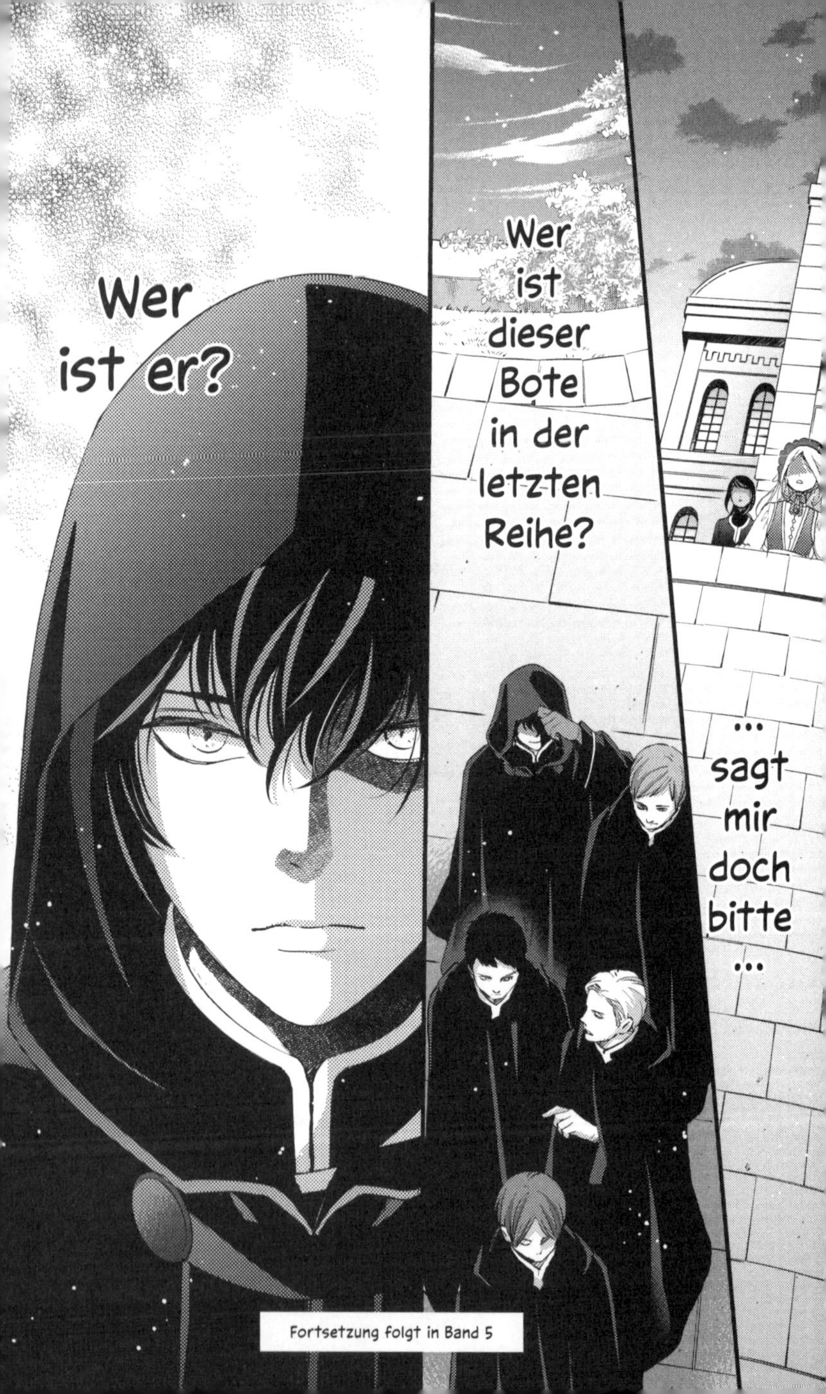
... sagt mir doch bitte ...
Wer ist dieser Bote in der letzten Reihe?
Wer ist er?
Fortsetzung folgt in Band 5

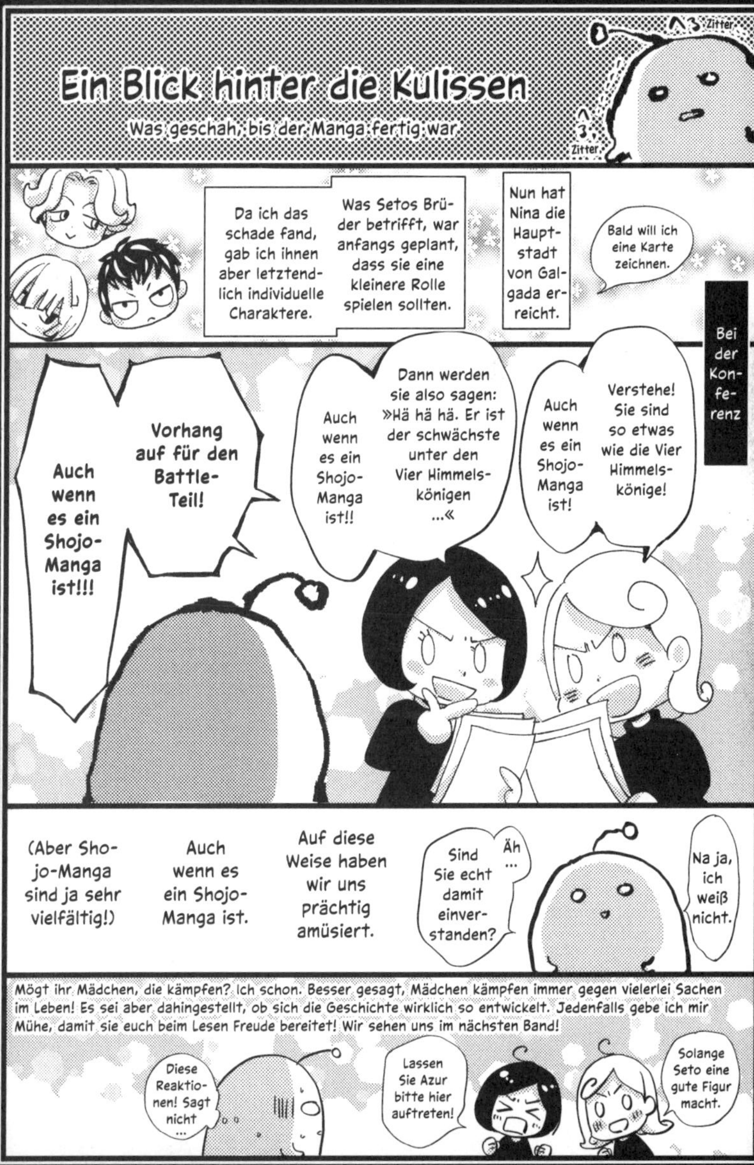

Unter Mitarbeit von → Hintergrunddesign / Hintergrund: Mitsumata
Kostümdesign / Kostüme / Hintergrund: Ishikawa
Nachzeichnen der Konturen etc.: Chiemi / Ausarbeitung: Mikan

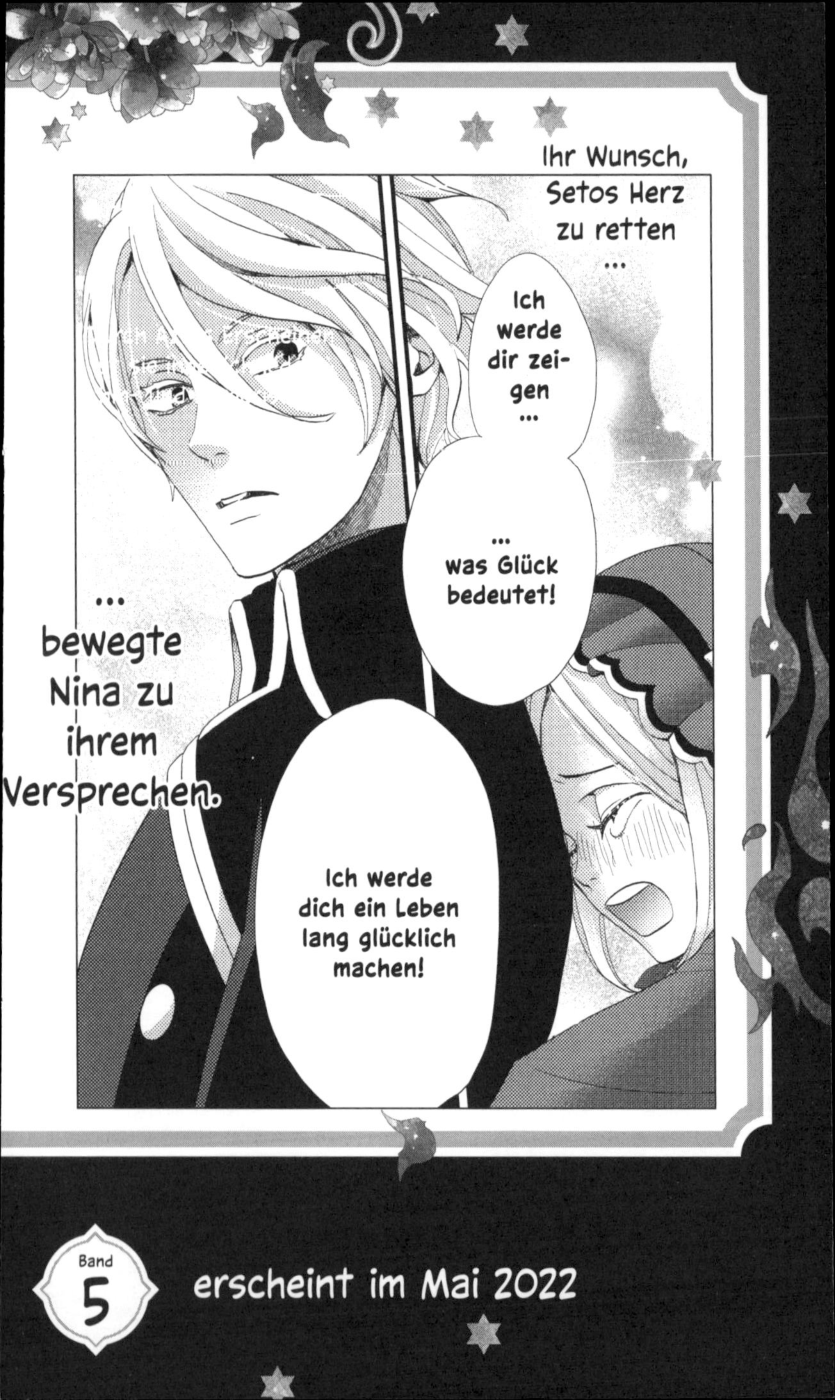

Ihr Wunsch, Setos Herz zu retten ...
... bewegte Nina zu ihrem Versprechen.
Ich werde dir zeigen ...
... was Glück bedeutet!
Ich werde dich ein Leben lang glücklich machen!
Band 5 erscheint im Mai 2022

Durch Azurs Erscheinen ist sie innerlich jedoch hin- und hergerissen.

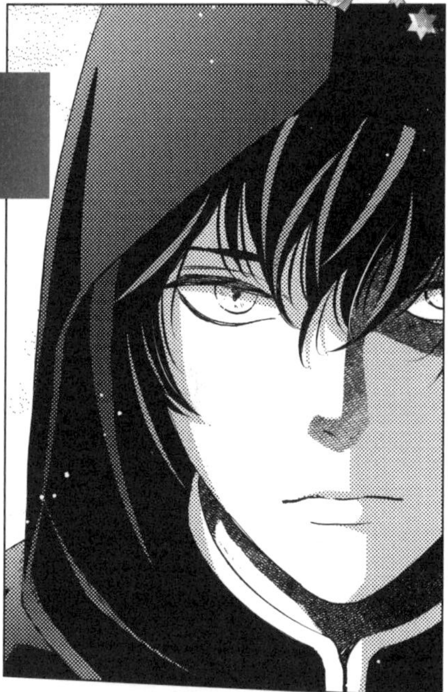

Welches Schicksal erwartet die drei Protagonisten, deren Gefühle sich kreuzen?!

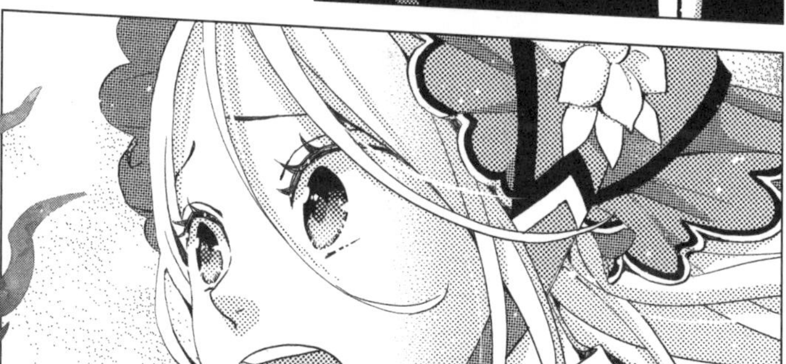

Nina – Die Sterne sind dein Schicksal

Fantasy 13 +

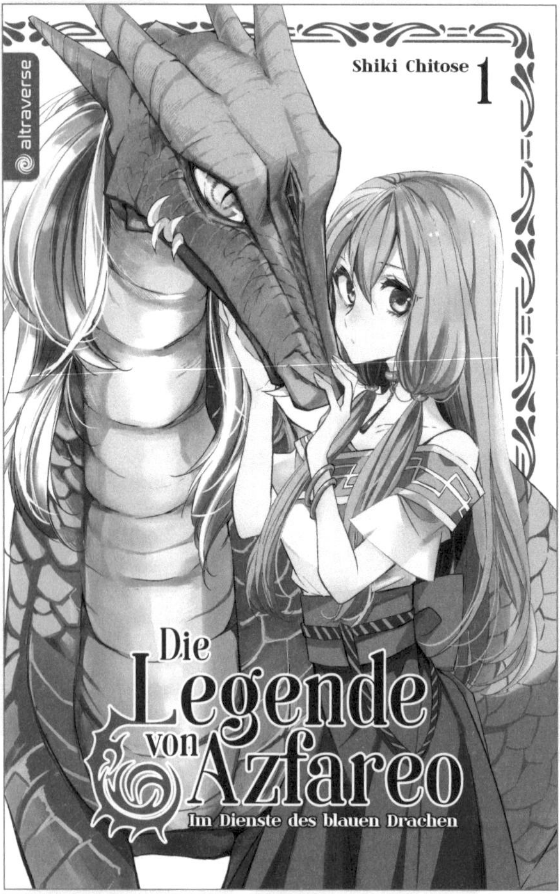

Die Legende von Azfareo

Shiki Chitose

Im Schloss des Königreichs Azfareo haust ein fürchterlicher Drache. Rukul wird auserwählt, ihm zu dienen. Das aufbrausende Temperament der Bestie verschreckt sie zunächst, doch sie bemerkt schnell, dass sich hinter seiner rauen Schale eine sanfte Seele verbirgt. Jedoch rankt sich um den Drachen und den verschwundenen König noch ein großes Geheimnis ...

Fantasy 15+

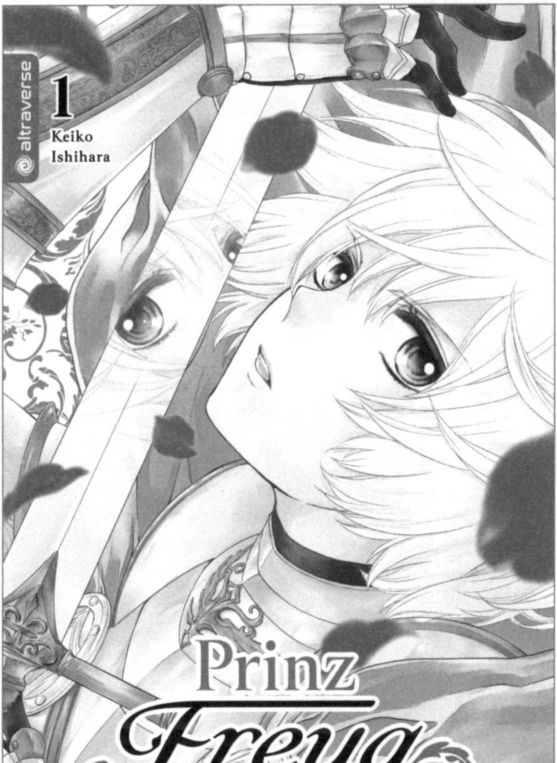

Prinz Freya

Keiko Ishihara

Das Land Tyr ist in großer Gefahr! Die ganze Hoffnung der Menschen ruht auf dem Prinzen, der sich dem feindlichen Nachbarland mutig entgegenstellt. Als er überraschend stirbt, nimmt die junge Freya, die dem Prinzen zum Verwechseln ähnlich sieht, heimlich seinen Platz ein. Zum Wohle des Landes muss sie über sich hinauswachsen. Von nun an ist ihr Leben ein einziges großes Abenteuer!

altraverse

Deutsche Ausgabe / German Edition
Altraverse GmbH – Hamburg 2022
Aus dem Japanischen von Nana Umino

HOSHIFURU OUKOKU NO NINA

First published in Japan in 2021 by Kodansha Ltd., Tokyo.
Publication rights for this German edition arranged
through Kodansha Ltd., Tokyo.

Redaktion: Gwyneth Minte
Herstellung: Madlyn Weyhe
Lettering: Vibrant Publishing Studio

Druck: CPI books GmbH, Leck
Printed in Germany

FSC MIX Papier FSC® C083411

ISBN 978-3-7539-0426-9
1. Auflage 2022

www.altraverse.de